U0462701

聚焦三农：农业与农村经济发展系列研究（典藏版）

中国农业生物产业技术创新路径及政策研究

马春艳　著

科学出版社

北　京

内 容 简 介

本书针对当前新兴产业——农业生物产业的技术创新展开研究，详细探讨中国农业生物产业技术创新的实现路径及政策支撑。首先，本书通过构建农业生物产业技术创新能力评价模型对现阶段中国的创新能力做出客观评价；其次，通过借鉴国外经验、结合现实国情，从技术创新途径及途径的实现模式两个方面研究中国农业生物产业技术创新的路径，并对这种路径的运作进行实证考察；最后，以理论为指导、以现实为依据，从技术创新系统和制度的角度分别探索推进中国农业生物产业技术创新的体系保障和政策保障。

本书可供相关涉农学科的科研部门的管理人员、技术人员和政策制定者及高等院校师生参考。

图书在版编目(CIP)数据

中国农业生物产业技术创新路径及政策研究／马春艳著. —北京：科学出版社，2012.1（2017.3 重印）

（聚焦三农：农业与农村经济发展系列研究：典藏版）

ISBN 978-7-03-033082-6

Ⅰ.①中…　Ⅱ.①马…　Ⅲ.①农业生物工程－技术革新－研究－中国　Ⅳ.①S188-12

中国版本图书馆 CIP 数据核字（2011）第 269057 号

丛书策划：林　剑

责任编辑：林　剑／责任校对：邹慧卿

责任印制：钱玉芬／封面设计：王　浩

科 学 出 版 社 出版

北京东黄城根北街 16 号

邮政编码：100717

http://www.sciencep.com

北京京华虎彩印刷有限公司 印刷

科学出版社发行　各地新华书店经销

*

2012 年 1 月第 一 版　开本：B5（720×1000）

2012 年 1 月第一次印刷　印张：13

2017 年 3 月印　　刷　字数：244 000

定价：88.00 元

（如有印装质量问题，我社负责调换）

总　序

农业是国民经济中最重要的产业部门，其经济管理问题错综复杂。农业经济管理学科肩负着研究农业经济管理发展规律并寻求解决方略的责任和使命，在众多的学科中具有相对独立而特殊的作用和地位。

华中农业大学农业经济管理学科是国家重点学科，挂靠在华中农业大学经济管理学院和土地管理学院。长期以来，学科点坚持以学科建设为龙头，以人才培养为根本，以科学研究和服务于农业经济发展为己任，紧紧围绕农民、农业和农村发展中出现的重点、热点和难点问题开展理论与实践研究，21世纪以来，先后承担完成国家自然科学基金项目23项，国家哲学社会科学基金项目23项，产出了一大批优秀的研究成果，获得省部级以上优秀科研成果奖励35项，丰富了我国农业经济理论，并为农业和农村经济发展作出了贡献。

近年来，学科点加大了资源整合力度，进一步凝练了学科方向，集中围绕"农业经济理论与政策"、"农产品贸易与营销"、"土地资源与经济"和"农业产业与农村发展"等研究领域开展了系统和深入的研究，尤其是将农业经济理论与农民、农业和农村实际紧密联系，开展跨学科交叉研究。依托挂靠在经济管理学院和土地管理学院的国家现代农业柑橘产业技术体系产业经济功能研究室、国家现代农业油菜产业技术体系产业经济功能研究室、国家现代农业大宗蔬菜产业技术体系产业经济功能研究室和国家现代农业食用菌产业技术体系产业经济功能研究室等四个国家现代农业产业技术体系产业经济功能研究室，形成了较为稳定的产业经济研究团队和研究特色。

为了更好地总结和展示我们在农业经济管理领域的研究成果，出版了这套农业经济管理国家重点学科《农业与农村经济发展系列研究》丛书。丛书当中既包含宏观经济政策分析的研究，也包含产业、企业、市场和区域等微观层面的研究。其中，一部分是国家自然科学基金和国家哲学社会科学基金项目的结题成果，一部分是区域经济或产业经济发展的研究报告，还有一部分是青年学者的理论探索，每一本著作都倾注了作者的心血。

本丛书的出版，一是希望能为本学科的发展奉献一份绵薄之力；二是希望求教于农业经济管理学科同行，以使本学科的研究更加规范；三是对作者辛勤工作的肯定，同时也是对关心和支持本学科发展的各级领导和同行的感谢。

李崇光
2010 年 4 月

序

近年来，现代分子生物学的迅速发展不仅把农业生物技术推到了解决各国经济发展所面临的资源、环境等问题的"浪尖"，也使农业成为现代生物技术应用最广、最具商业前景、竞争最激烈的领域之一。能否抓住生物经济兴起的机遇，将在很大程度上决定世界各国在未来农业国际竞争中的地位。为此，发达国家纷纷制定宏观政策，促进农业生物产业技术创新，抢占农业生物技术的制高点与产业主导权。

面对激烈的国际竞争，中国政府高度重视农业生物技术及其产业的发展，从20世纪90年代以来就陆续制定相关扶持政策措施，并将农业生物产业列为实施专项支持的高技术产业工程之一，大力推动农业生物技术的创新和发展。然而，面对复杂的国际形势，考虑现实的中国国情，中国应该选择一条什么样的农业生产技术创新道路，又如何实现这种创新道路，是摆在我们面前亟须解决的重要课题。

正是基于这个背景，本书作者以农业生物产业技术创新路径的选择与实现为主线，在产业技术创新理论框架下对中国农业生物产业技术创新问题进行了系统研究，花费了大量的时间和精力，并最终形成了《中国农业生物产业技术创新路径及政策研究》一书。作者在分析与总结国内外技术创新理论与实践经验的基础上，从中国的实际出发，分析中国农业生物产业技术创新的现状和能力，提出如何提高中国农业生物产业技术创新的思路。本书具有以下突出特点：

一是充分考虑中国国情。作者既分析借鉴国外技术创新理论的精华，又不生搬硬套西方的技术创新理论及相关经济理论、管理理论，而是结合中国的经济发展阶段、农业生物产业技术发展水平、经济制度、社会背景和文化传统，重点探讨推动和促进中国农业生物产业技术创新的具体模式、实现路径以及所需要的政策环境。

二是灵活运用多门学科知识和多种分析方法。本书研究涉及经济学、管理学及生物学等多学科的知识和原理。作者紧紧围绕农业生物产业技术创新这个研究主题和方向，将多种学科知识有机地结合在一起，既丰富了研究内容，又提升了研究层次。同时，作者以国内外最新文献资料为基础，综合应用归纳、实证分析与规范分析方法，通过建立农业生物产业创新能力评价模型进行定量分析，并结合对中国农业生物企业进行典型调查等方法开展具体研究，增强研究的准确性和可信度。

三是突破传统的研究框架。与国内学者研究主要集中在农业生物产业发展的相关问题上，如取得的成效、存在的问题、发展方向及相应对策等方面有所不同，本书从促进农业生物产业技术创新的角度，系统地研究中国农业生物产业技术创新的路径选择及其政策支撑，构建关于农业生物产业技术创新方面的研究框架，是一个较新的研究视角。此外，作者从宏观和微观两方面入手，将创新途径与实现模式一同纳入研究框架，并通过典型案例实证分析创新模式在现实经济中的运作方式及实践效果。相对于以往的研究侧重于创新途径的选择而言，这种"创新途径—创新模式—实证分析"的研究在思路上较为新颖。

四是理论性与实践性的紧密结合。作者在对他人研究的总结和借鉴中提出自己的见解，在实际案例分析中提炼出自己的观点，具有理论探索性，又具有实践指导性。例如，作者根据农业生物产业技术创新的特点，从产业技术创新能力形成的全过程出发，设计面向农业生物产业的技术创新能力评价模型，对中国农业生物产业技术创新能力进行实证分析，为中国合理选择创新路径及制定政策提供较科学的依据；又如，鉴于目前各国产业技术创新更多呈现出国家创新的特点，作者将产业创新体系纳于国家创新体系的理论框架之下，构建面向中国农业生物产业的"一体多翼双力"的自主创新体系，有机地将国家创新体系与产业创新体系融合在一起；再如，在农业生物产业技术创新政策研究中，作者既从理论层面分析农业生物产业技术创新政策的作用机理，又从实践层面上探讨促进中国农业生物产业技术创新的政策体系、政策机制及政策措施，为政府部门制定相应的政策提供了重要的参考。

该书是作者多年研究的成果。它的出版，对进一步推动中国农业生物产业创新的理论和政策研究具有积极的促进作用，对相关政府部门和企业具有重要的参考价值。我相信读者朋友一定能从中获得丰富的信息和有益的启迪。

读后所感，欣然作序！

冯中朝

2011 年 8 月 9 日

前　言

现代分子生物学的一连串突破性进展，特别是转基因技术和克隆技术的一系列突破，不仅使农业成为现代生物技术应用最广、最具商业前景、竞争最激烈的领域之一，还把农业生物技术推到解决各国经济发展所面临的资源、环境等问题的"浪尖"。为此，世界各国都纷纷加大技术创新的力度，以抢占农业生物技术的制高点与产业主导权。中国也非常重视农业生物产业的技术创新，然而，采取何种路径实现技术创新，又如何实现这种创新道路，是摆在我们面前的重要课题。鉴于此，本书的研究从中国的国情出发，探索具有中国特色的农业生物产业技术创新路径及相应支撑，无疑具有非常重要的意义。

本书对中国农业生物产业技术创新路径和政策进行系统的研究。首先，本书在对技术创新和产业技术创新理论进行梳理的基础上，展开对中国农业生物产业技术创新现状的全面分析与考察，并通过构建农业生物产业技术创新能力评价模型对现阶段中国的创新能力做出客观评价；其次，本书考察国外典型国家在农业生物产业技术创新过程中所选择的道路与具体模式，通过借鉴国外经验、结合现实国情，从技术创新途径及途径的实现模式两个方面研究中国农业生物产业技术创新的路径，并运用典型案例分析法对这种路径的运作进行实证考察；最后，以理论为指导、以现实为依据，本书从技术创新系统和制度的角度分别探索了推进中国农业生物产业技术创新的体系保障和政策保障。本书主要内容与结论如下：

导论部分，也是对本书的一个鸟瞰。首先，该部分对本书的研究背景、研究目的和研究意义做出说明。其次对本书所涉及的相关理论及演变进行阐述，还对相关领域的国内外研究动态进行述评；此外，该部分还详细交代本书的组织布局，包括研究思路、结构框架、技术路线与研究方法；最后，是对本书的总结性述评，除了总结在前人工作基础上可能取得的创新以外，还包括所存在的不足之处。

第 1 章提供了一个关于中国农业生物产业技术创新方面的总体印象，即对农业生物产业技术创新的成就、现状和能力进行分析总结。这是研究的现实基础和逻辑起点。该章首先对农业生物产业的概念及创新特点进行界定和分析，然后对 20 多年来中国在该领域技术方面、产业方面和人力资本方面的进展进行总结分析；在此基础上，该章着眼于产业技术创新的全过程，分别从创新资源配置、技术研发、科技成果转化、产业发展四个方面分析中国农业生物产业技术创新的现状；最后，也是该章的重点之一，即构建农业生物产业技术创新能力评价模型，并运用此模型对中国在该领域的创新能力进行实证分析，结果表明，中国的总体创新能力较强，处于能力最强的第一梯队中，但与美国还存在着 18% 的差距，这种差距主要是由研发投入低、研究成果不足、劳动生产率低及产业化水平低等原因造成的。

第 2 章考察世界典型国家农业生物产业技术创新的路径，旨在为中国农业生物产业技术创新路径的选择提供参考和借鉴。该章分别对美国、欧盟及典型发展中国家的农业生物产业创新历程、创新途径及实现模式进行考察与比较。研究发现，尽管这些国家的情况不尽相同，但它们都纷纷通过自主创新分享世界生物经济的"盛宴"。美国拥有雄厚的技术经济实力，通过企业自主创新、产学研合作创新、跨国公司等多种模式共同实现自主创新；欧盟鉴于严格的生物安全管理制度，选择"企业自主创新 + 跨国公司"模式进行自主创新；而发展中国家由于企业实力不强，普遍采用产学研合作创新和国际合作模式提高自身自主创新能力。

第 3 章探寻中国农业生物产业技术创新的途径。首先，该章在对产业技术创新途径进行划分的基础上，对自主创新与模仿创新两大途径进行比较，然后采用博弈分析方法基于寡头模型下技术扩散与不扩散、产业实力等方面对产业创新途径选择进行理论分析，并总结出规律性的结论。其次，该章从中国农业生物产业的创新实力、创新环境、产品生命周期等方面对中国农业生物产业技术创新途径的选择进行实证博弈分析。通过理论与实证博弈，发现自主创新是当前中国的最优选择。最后，该章从世界行情、中国国情、产业产情等方面进一步验证中国走自主创新道路的正确性。

第 4 章探寻中国农业生物产业实现自主创新道路的具体模式。该章在对产业自主创新模式进行界定和分类的基础上，利用二元最优模型分析总结出中国农业生物产业自主创新的总体模式，并根据中国国情，在借鉴国外经验的基础上，选择中国农业生物产业自主创新的具体模式。分析认为，目前，实现中国自主创新道路的总体模式应该是原始创新与集成创新的有效结合。在原始创新过程中，中国可以选择专家办企业、共建模式、战略技术联盟等具体模式，在集成创新过程中，中国可以尝试国际合作研发、能力移植型模式及技术交叉许可等模式。当然，具体模式的选择不是固定不变的，不同的创新主体应该根据自身情况酌情选择或组合。

第 5 章对中国农业生物产业技术创新模式进行实证分析。该章通过对典型农业生物企业进行实地调查等方式，剖析其技术创新的实现模式、运作方式和实践效果，并总结创新模式选择及应用的相关经验。

第 6 章构建中国农业生物产业自主创新道路实现的体系保障。该章首先考察中国农业生物产业技术创新面临的系统失灵和政策失灵问题，在此基础上，根据国家创新体系与产业创新体系的理论框架，结合农业生物产业的知识领域、技术体系和中国国情，从总体上构建了"一体多翼双力"的农业生物产业自主创新体系，并根据各创新要素在创新中的功能与作用的不同，具体构建了技术创新、知识传播、制度保障、创新服务四个子体系。

第 7 章从制度层面探讨促进中国农业生物产业技术创新的政策保障。该章首先从理论层面分析农业生物产业技术创新政策实施的必要性与作用机理，然后在考察国外典型国家生物产业技术创新政策的基础上，比较中国与国外典型国家的政策实施情况，发现中国在组织管理、政府投入、融资渠道、法律规范、税收优惠、人才培养及促进中小企业创新等政策方面较欧美等发达国家存在着一定的差距。鉴于此，该章探讨促进中国农业生物产业技术创新的政策机制，并从制度层面上对以上不足提出相应的措施及建议。

本书的研究得到了教育部新世纪人才支持计划项目（NCET-07-0342）的支持，是新世纪人才支持计划项目的最终研究成果。

马春艳
2011 年 9 月 25 日

目　　录

导　　论

0.1　研究背景、目的与意义

0.1.1　研究背景

0.1.1.1　农业生物领域的国际竞争呈白热化趋势

现代分子生物学的一连串突破性进展，特别是基因重组技术和基因克隆技术（包括基因鉴别、定位、绘制、转移等技术）的突破，在分子水平上建立了现代生物技术的平台，为生物产业的成长和壮大提供了广阔的空间，而以动植物和微生物为劳动对象的农业是现代生物技术应用最广、最直接和最具产业前景的领域。转基因技术和克隆技术不断打开农业上的"潘多拉之盒"，不仅成为各国解决人口、食物、能源、资源、环境等问题的重要工具，而且还具有巨大的商业前景。据农业生物技术应用国际服务组织（ISAAA）测算，自 1993 年美国 Calgene 公司延熟保鲜转基因番茄批准上市到 2006 年，已有 50 多个国家相继培育成功了 200 多种转基因作物，种植面积达 1 亿公顷，近十年增长了 60 倍，整个农业生物产业市场价值已超过 1000 亿美元，世界范围内现代农业生物产业已逐步形成。据测算，其投资利润率可达 17.60%，是信息产业的两倍，远高于计算机制造业（7%），被公认为 21 世纪最有前途的产业之一。

能否抓住生物经济兴起的机遇，抢占农业生物技术的制高点与产业主导权，将在很大程度上决定世界各国在未来农业国际竞争中的地位。为此，发达国家纷纷投入巨资，制定宏观配套措施，促进农业生物产业技术创新。美国是农业生物技术的发祥地，从"面向 21 世纪的生物技术"、"生物科技周"到 2003 年的"生物盾计划"，美国政府一直将促进生物技术创新及产业化作为经济发展的新增长点。当前，美国已经成为农业生物产业及技术创新的"领头羊"，从转基因西红柿的率先上市到玉米、棉花、大豆、油菜、土豆、番茄、甜瓜、水稻、亚麻、甜菜、南瓜和木瓜等转基因作物的研制成功，从转基因小鼠到克隆牛、克隆猪的出现，美国始终坚持走依靠技术创新发展农业生物产业的道路。目前，美国已拥有 5 个生物谷，市场产值占世界市场的 47%，在世界前 20 大农业生物技术公司中占了 10 席，形成了从基础设施到研究投入、产品开发、应用、推广一体化的产业化体系，并形成了美国特色的创新型风险投资机制。

美国的经验表明，要想在具有高技术特性的世界生物经济盛宴中分一杯羹，必须依靠技术创新，拥有相关的技术专利。为此，其他国家都不甘落后，纷纷加大投入，制定配套政策，通过促进本国生物产业技术创新发展生物技术及产业，并取得了一定成效。例如，欧盟在"尤里卡计划"、"生命科学计划"等的推动下，在生物食品工业和生物农药方面取得了骄人的成绩，其依赖生物技术的食品工业的销售总额已超过百亿美元，世界上顶尖的生物农药公司绝大多数都在欧盟国家。日本自 2002 年明确提出生物技术立国战略后，强调把"科研重点转向生命科学和生物技术"，以改变基础研究薄弱的状况，取得了巨大的突破。另外，印度在本国创新举措的推动下也显示出了巨大的潜力，在茄子、玉米、棉花、水稻等作物性状改良方面取得了一连串的突破，2006 年转基因种植面积首次超过中国，位居世界第五位，产业化已经走在了中国前面。

随着世界农业生物产业技术创新的发展，竞争格局初现，目前已形成了以美国康奈尔大学植物生物技术综合研究中心、英国 Johninnes 植物基因资源研究中心、澳大利亚农业生物技术联合研究中心等为代表的世界级研发中心和孟山都、杜邦、艾格福等为代表的大型跨国生物公司，农业生物技术及产业进入了一个崭新的发展时期。

0.1.1.2　中国面临的机遇与挑战

中国也非常重视农业生物技术及其产业的发展。早在 1999 年《中共中央国务院关于加强技术创新、发展高科技、实现产业化的决定》中就明确提出，要加强生物技术与农业的结合，在优良品种培育和节水农业两大领域中尽快实现新的突破，并提出要促进技术创新和高新科技成果商品化、产业化，形成生产力。"十五"期间，国家又将农业生物产业列为实施专项支持的高技术产业工程之一。在国家的支持下，中国农业生物技术虽然起步较晚，但发展较快。例如，人工合成胰岛素；在超级杂交稻研究与组合应用上已实现了杂种优势与理想株型的结合；植物基因工程方面，已有 6 种自主研制的转基因植物通过了国家商品化生产许可，20 余种转基因植物进入环境释放阶段；转基因鱼研究达到国际领先水平，同时获得了山羊、牛等一大批克隆动物。到 2006 年，中国转基因作物栽种面积已达到 350 万公顷，位居全球第五、发展中国家第二。

中国在农业生物技术创新上具有许多优势。首先，作为一个生物资源大国，中国拥有全球 10% 的生物遗传资源，良好的独占性资源禀赋有利于推动技术创新；其次，13 亿人口的庞大市场需求可以诱致技术创新；再次，多年来，中国已形成一支水平较高的研发队伍，因而具有良好的人力资源禀赋。这些优势在当今农业生物领域激烈竞争的世界形势下，为中国的农业生物技术创新及产业跨越式发展赢得了历史性的机遇。一方面是时代机遇。当前，世界生物技术发展尚未形成类似汽车、软件等产业由少数跨国公司控制的垄断格局，但农业生物产业正沿着成长曲线的初级阶段逐步接近快速增长的"拐点"，我们可以充分利用这一成长期，发挥中国生物资源丰富、劳动力成本低、市场潜力大等比较优势，重点发展中国具有技术经济优势的领域，抢占某些制高点，形成自主知识产权，在国际分工格局中占据有利地位。另一方面是全球化机遇。农业生物产业技术创新对资源依赖性强，同时具有高投入、高风险等特性，从基础研究、应用研究到进入生物经济时代，需要庞大的人力、财力投入，有时单靠一个公司或国家难以承受。因此，我们可以利用中国的人才与资源优势，积极参与国际技术交流与合作，培育自身的创新实力。

当然，农业生物领域的创新与竞争是各国资源、资金、技术、人才、市场、企业及体制等综合实力的较量，我们必须清醒地看到，尽管中国在生物农业技术创新和产业化发展方面具有一定的优势和发展机遇，但在激烈竞争的全球经济形势下，中国也存在着诸多弱势，面临着巨大的挑战。一是经济全球化带来的挑战。随着经济全球化浪潮越演越烈，发达国家的跨国农业生物公司正逐渐增多，它们为了进一步获取更多的创新资源及不断扩大市场份额，纷纷将触角伸向他国。而中国巨大的农业市场和丰富的生物资源无疑对国外公司具有极大的吸引力，孟山都、杜邦等公司都纷纷瞄准了中国市场，抢夺中国的基因和市场。例如，美国孟山都公司利用中国的野生大豆品种，研究发现了与控制大豆高产性状密切相关的"标记基因"，向美国和包括中国在内的 100 个国家提出了 64 项专利保护申请。此外，河北地区已经成为孟山都公司转基因抗虫棉的重要种植区域，这使中国在生物竞争中处于被动局面。二是中国自身存在的问题也使中国农业生物领域的技术创新面临着巨大的挑战。这主要表现为仅重视基础研究，而对应用性和产业化研究不够；知识产权保护意识薄弱；研发经费不足，融资渠道狭窄；产业发展外部环境（政策、法规、市场机制等）不完善；中间环节薄弱，上游的研发与下游的成果转化及产业化脱节；农业生物企业规模小、创新能力不强等。总之，从研究开发、推广应用到产业化、市场开拓及相应政策等一整套卓有成效的创新体系和机制尚未真正形成。

面对激烈的国际竞争，我们要想在世界经济大潮中站稳脚跟，就必须抓住机遇，发挥优势，克服困难，加快农业生物产业技术创新的步伐。然而，面对国际形势，考虑中国国情，选择一条什么样的创新道路，又如何实现这种创新道路，是摆在我们面前的亟须解决的重要课题。本书正是基于以上背景，以农业生物产业技术创新路径的选择与实现为主线，在产业技术创新理论的框架下展开研究。

0.1.2 研究目的

在产业技术创新过程中，有三类要素发挥着决定性的作用：主体创新要素（企业、大学、研究机构、政府、金融机构）、功能要素（学习、合作、创新、开放）、环境要素（制度、机制、政策法规和文化）。它们之间的相互作用、相互影响所带来的方式及组合上的差异就形成了不同的创新路径。

从理论上看，一国技术创新最基本的路径有自主创新和模仿创新两种，并由此形成了相应的实现模式及技术体系。各国可以根据自身不同的资源禀赋及创新水平加以选择。模仿创新虽然可以减少风险和成本，但是经常涉及自主知识产权问题，难以抢到制高点；而自主创新虽然能获得自主知识产权和市场的先发优势，但是对一国的资金、人才等提出了很高的要求。中国作为一个人口大国和资源大国，在农业生物技术发展上具有优势，与国际水平差距较小，模仿空间有限。但同时，与国外发达国家相比，中国也存在着农业生物企业技术创新能力不强、资金"瓶颈"凸显、体制制约等问题，牵制着自主创新的步伐。尽管目前发达国家纷纷通过自主创新抢占技术与产业的制高点，但国情决定了我们不能完全照搬国外的道路与具体模式。

因此，本书的研究旨在通过对技术创新及产业技术创新理论的学习、研究和分析，揭示产业技术创新路径选择的规律性，并结合中国农业生物产业技术创新的现状与能力，寻求顺应世界经济发展潮流、切合中国国情的农业生物产业技术创新路径与路径实现的理想模式。同时，构建相应的农业生物产业技术创新体系以理顺创新过程各要素的关系，以确保创新道路及模式的顺利实施。此外，还通过比较国内外农业生物产业技术创新政策的差异，制定相应的政策法规，探索科学合理的运行机制等，以形成相应的政策环境支撑。

0.1.3 研究意义

0.1.3.1 理论意义

本书的研究是在技术创新与产业技术创新理论的基础上展开的，在研究过程中，从创新途径的选择及途径的实现模式两方面确定中国农业生物产业技术创新路径的总体研究框架，并将技术创新理论与农业生物领域相结合，针对农业生物产业进行了创新途径、自主创新模式、自主创新体系、创新政策机理及机制的研究，拓展产业技术创新的具体研究领域，有利于形成面向农业生物产业的自主创新研究体系。

0.1.3.2　现实意义

本书的研究紧紧围绕促进农业生物产业技术创新这一主题，以技术创新及产业技术创新理论为依据，对中国农业生物产业技术创新能力、创新途径及实现模式的选择、保障创新实现的体系及政策进行研究，具有非常重要的现实意义。

首先，本书的研究有助于全面了解中国农业生物产业技术创新的现状、创新的能力以及与国外的差距，对国家制定合理的农业生物产业发展规划及技术创新政策有重要的参考价值，同时，也能为中国其他生物产业技术创新道路的选择及政策制定提供借鉴。

其次，本书的研究有利于中国农业生物产业的跨越式发展。目前，世界生物技术正处在大规模产业化的开始阶段，发达国家与发展中国家都面临着一次全新的选择。在重大技术突破产生之初，后起国家极有可能获得技术跨越机会，如以色列、巴西等少数生物技术实力并不强的国家，集中力量首先发展某几项技术，已经获得了成功。中国要想在激烈的农业生物产业竞争中实现跨越式发展，唯一的出路就是加速农业生物技术创新及产业化的步伐。本书的研究正是基于以上形势，从中国的国情出发，探索具有中国特色的农业生物产业技术创新道路及相应支撑。因此，本书的研究可以为中国农业生物产业技术创新提供具体思路，有利于把握生物产业发展的良机，促进农业生物产业的跨越式发展。

再次，本书的研究有利于中国农业生物产业更好地参与经济全球化的竞争。经济全球化体现的是不同国家之间经济一体化程度的加深，其实质是经济技术水平高的国家可以凭借其技术优势和主导地位进入世界市场，获取高额利润的经济活动。目前，随着经济全球化浪潮的迅猛发展，发达国家的跨国农业生物公司正逐渐增多，产业的本土优势正逐步丧失，以市场换技术的发展道路将越走越窄。同时，由于生物资源的竞争日趋激烈，中国农业生物产业的发展面临着严峻的挑战。本书的研究从中国的现实国情入手，通过考察和借鉴国外典型国家的做法与经验，探索通过自主创新参与国际竞争的道路。因此，本书的研究有利于中国发挥优势，克服困难，积极应对和参与经济全球化带来的农业生物领域的国际竞争。

最后，本书的研究有利于解决中国农业发展面临的资源与环境问题，促进农业可持续发展。二十多年来，中国经济持续高速增长，农业也有了较大的发展。但伴随着经济的发展，耕地面积锐减、生态环境恶化、农产品质量不高、自然资源短缺等问题日渐显现出来，已成为农业发展的瓶颈。一方面，中国人均资源严重短缺。据统计，中国人均耕地面积只有1.41亩①，不足世界人均水平的40%；人均水资源量为1870立方米，仅为世界人均水平的27%左右；人均煤炭可采储量为世界人均水平的55.4%；人均石油可采储量为世界人均水平的11.1%。另一方面，随着生态环境的不断恶化，农产品质量安全问题日益凸显。目前，"三废"污染的耕地面积已达15亿亩，占全国耕地总量的8.3%，同时，中国农药与化肥使用量过大，已成为世界上农药和化肥污染最严重的国家之一，仅商品中农药的检出率就高达90%以上，农产品质量堪忧。中国要利用有限的资源解决占全球1/5人口大国的粮食安全并进一步提高农业的国际竞争力，就必须依靠技术创新，在生物育种、生物农药与生物肥料等方面重点突破并大力推广，走一条技术含量高、环境污染少、经济效益高、资源充分利用的新型农业发展道路。本研究就是针对如何实现并保障中国农业生物产业技术创新展开的，因此，本书研究成果的运用在一定程度上有利于加速中国传统农业向现代农业的转变，促进农业的可持续发展，提高中国农业国际竞争。

0.2 国内外相关研究综述

目前，关于农业生物产业技术创新的文献资料不多，与本书相关的研究主要集中于技术创新和产业技术创新的理论研究，以及对农业生物技术和产业发展问题的研究。

0.2.1 关于技术创新理论的相关研究综述

0.2.1.1 技术创新的内涵研究

国外经济学学者是技术创新理论的开创者。美籍奥地利学者约瑟夫·熊彼特是最早研究创新的经济学家，他在1912年出版的《经济发展理论》一书中首次提出创新概念与创新理论，列举了技术创新的一些具体的表现形式，并将

---

① 1亩≈667平方米。

创新解释为"把生产要素和生产条件的新组合引入生产体系，即生产函数的变动"，但他并没有给技术创新以明确界定。

首次给技术创新明确下定义的是伊思诺。他在1962年发表的《石油加工业中的发明与创新》一文中写道："技术创新是几种行为综合的结果。"

此外，国外许多学者都对技术创新下过定义，如日本学者森谷强调"技术创新不是技术发明，它是通过技术进行的革新，技术本身不需发生革命性的变革"；美国国家科学院前院长普雷斯认为，技术创新是应用新知识或更巧妙的工程学去成功地设计、制造和营销新产品或改进产品的过程；美国经济学家曼斯菲尔德认为，技术创新是一种新产品或工艺被首次引入市场或被社会使用；英国经济学家Freeman（1982）认为，技术创新是第一次引进某项新产品、新工艺的过程及所包含的技术、设计、生产、管理和市场活动的诸多步骤；20世纪80年代谬尔塞对以前的概念系统整理后认为，技术创新是以其构思新颖性和成功实现为特征的有意义的非连续性事件。

美国竞争力委员会对技术创新所下的定义是："技术创新是指知识向新产品、新工艺和新服务的转化过程，它不仅涉及科学技术活动，还涉及对顾客需求的了解和满足。"

西方学者对技术创新的界定可概括为两种见解：一种是基于发明和创新的联系和区别来理解的狭义技术创新；另一种是从技术、市场、管理、组织体制等生产系统或经济系统的要素方面来理解的广义的技术创新。

中国学者自20世纪80年代开始涉及技术创新研究，一些学者从不同角度对技术创新的概念进行了界定。例如，西安交通大学汪应洛（1990）指出，技术创新就是建立新的生产体系，使生产要素与生产条件重新组合，以获得经济效益；董中保（1993）认为，技术创新是将科技成果转化为现实生产力，转化为商品的动态过程；浙江大学许庆瑞（1997）认为，技术创新泛指一种新的思想的形成、得到利用并生产出满足市场用户需要的产品的整个过程。广义而论，它不仅包括技术创新成果本身，而且包括成果的推广、扩散和应用过程。清华大学傅家骥（2003）认为，技术创新是企业家抓住市场的赢利机会，以获得商业利益为目标，重新组织生产条件和要素，建立起效能更强、效率更高和费用更低的生产经营系统，从而推出新的产品、新的工艺，开辟新的市场，获得新的原材料或半产品供给来源，建立企业新的组织，包括科技、组织、金融、商业一系列活动的综合过程。此外，中国科技管理专家柳卸林、贾蔚之等也对技术创新的内涵给予了相似的界定。

1999年出版的《辞海》将技术创新定义为："把一种或若干种新设想（新概念）发展到实际和成功应用的阶段，或一个从新产品或新工艺的设想产生到市场应用的完整过程。"

中共中央、国务院在《加强技术创新，发展高科技，实现产业化的决定》中，将技术创新定义为：企业应用创新的知识和新技术、新工艺，采用新的生产方式和经营管理模式，提高产品质量，并生产新的产品，提供新的服务，占据市场并实现市场价值。

总而言之，中国学者对技术创新的概念界定主要是围绕广义的技术创新范畴进行的。

0.2.1.2 技术创新理论发展的演进

自熊彼特提出创新的观点后，技术创新理论也逐步得到发展和完善，理论界将其分为以下几个学派的理论。

（1）熊彼特的技术创新理论

1912年，熊彼特在《经济发展理论》中明确地将经济发展与创新视为同一物，称经济发展"可以定义为执行新的组合"。他认为，创新实质上就是把生产要素和生产条件的新组合引入生产体系中，从而建立一种新的生产函数，以获得潜在利润的过程。按照熊彼特的观点，他的创新理论包括以下思想。一是概括了创新的五种情况：①采用一种新产品或者一种产品的新的特性，即制造一种消费者不熟悉的商品，进行产品创新；②采用一种新的生产方法，即在相关制造部门中尚未通过经验鉴定的方法，这种新的方法并不必然建立在新的科学发现的基础之上，它也可以指商业上处理一种产品的新方式，即生产工艺创新或生产技术创新；③开辟一个新的市场，即开辟某一产业部门以前未曾进入的市场，进行市场创新；④掠取或者控制原材料或半成品的一种新的供应来源，即开发新的资源；⑤实现一种新的企业组织形式，进行组织管理上的创新。二是明确地将发明与创新区别开来，认为发明者不一定是创新者，只有第一个将发明引入生产体系的行为才是创新。三是强调了企业家的作用，认为创新的承担者只能是企业家，企业家追逐利润的结果是实现"新组合"或创新。四是阐述了创新与经济增长的关系，认为创新能够导致经济增长，这种增长呈周期性，而创新是这种周期的主要因素。五是阐述了创新与经济发展的关系，熊彼特认为，经济发展是一种质变或生产方法的新组合，是内部自行发生变化的结果，而创新就是实现生产方法的新组合，他得出的结论是创新就是经济发展。

总体而言，熊彼特的技术创新概念主要属于技术创新，但同时也涉及管理创新、组织创新等。他强调将技术与经济相结合，认为只有当新的技术发明被应用于经济活动时才能成为创新（庄卫民和龚仰军，2005）。

（2）新古典经济学派的技术创新理论

熊彼特的技术创新理论并没有形成一个完整的理论体系，后来的新古典经济学家对熊彼特的创新理论进行了发展，最重要的贡献是承认科技进步对经济增长的重大意义及政府在技术创新中的作用。新古典经济学派的研究主要包括以下两个方面。

一是研究了技术创新与经济增长的关系，发展和完善了经济增长理论。早期的经济增长理论以哈罗德和罗伯特·索洛为代表。哈罗德和多马使用了里昂惕夫生产函数，得到了长期增长的均衡路径，但其使用的生产函数是非连续的，因此导致均衡的不稳定性。罗伯特·索洛在其1957年发表的《技术变化与总生产函数》中，对哈－马模型进行了修正，应用柯布－道格拉斯生产函数计算技术进步对国民经济增长贡献率（Solow，1993）。不过，早期的研究都将技术进步作为外生变量。为了进一步解释经济增长的来源，Romer（1990）对技术商品与一般经济商品进行了区别，认为技术作为一种商品，既有非竞争性又有非排他性。在此基础上，Romer又引入了显性的研究与开发部门来解释技术进步的内生性来源，将经济分为研究与开发、中间产品生产和最终产品生产，将要素分为有形资本、原生劳动、人力资本及技术四种投入，完成了最终的内生技术增长模型，由此形成一种新的理论流派，即新增长理论或内生经济增长理论。同时，Romer还将知识及其创新看做一种具有特殊性质的经济物品，即一方面知识具有"共享性"，因此知识存量可以直接参与知识的生产，其运行的经济成本很低，但另一方面，知识也是一种专利商品，企业为获得它必须要付出一定的经济代价。因此，Romer认为，知识的生产不仅具有出售专利获得的私人收益，还具有知识扩散所引起的外部经济所带来的社会收益。

二是承认市场失败在技术创新中的重要影响。以Arrow（1962）为代表的学者认为，由于在技术创新过程中存在着创新收益的非独占性、创新过程的不可分割性和不确定性（政府外部干预）、技术产品的公共商品属性以及技术创新的规模与风险不可预测性等，因此，研究开发活动的实际资源分配可能低于最适当水平，最终对技术创新形成重要影响；并依此提出，具有公共商品属性的技术创新领域应由政府提供或由政府补贴。

（3）技术创新学派与制度创新学派的技术创新理论

在熊彼特的创新理论贡献之后，熊彼特的拥护和追随者把创新理论发展为两个重要分支：以技术变革与技术推广为对象的技术创新学派和以制度变革与制度形式为对象的制度创新学派。

在技术创新学派中具有代表性的理论有三种。一是德国经济学家门斯等人的技术创新周期理论。门斯在《技术的僵局》一书中明确区分了基本创新（建立新部门的产品创新）与工艺创新。他认为，基本创新是推动经济增长的最重要动力，并提出了基本创新蜂聚假说，其中心思想是经济衰退和大危机刺激了技术创新，因为危机会迫使企业寻求新技术，它是技术创新出现的主要动力。二是美国经济学家 Mansfield（1968）对技术创新中的技术推广问题以及技术创新与模仿之间的关系的研究。他认为，在一定时期内、一定部门中采用的某项新技术对企业的促进程度受三个因素的影响：模仿比例、采用新技术的企业的相对盈利率、采用新技术需要的投资额。Mansfield 的技术模仿论解释了一项新技术首次被某个企业采用后，究竟需要用多久才能被该行业的多数企业采用。尽管 Mansfield 的理论在一定程度上有助于解释技术模仿和推广，但因其假设条件与实际相差太大，因而对现实经济的解释能力有限。三是英国经济学家 C. Freeman 提出的技术创新政策体系理论。C. Freeman 在技术创新政策体系理论中把技术创新看做经济增长的主要动力，同时还强调了科学技术政策对技术创新能力提高的刺激作用。他认为，政府应该提出三套科学技术政策以刺激技术创新，提高区域技术创新能力：一是扶持、资助和鼓励基础技术的发明和创新；二是推动和促进基础技术创新的传播和应用；三是鼓励对外国先进技术的进口，并促进其在国内的广泛应用。

在制度创新学派中，戴维斯和诺斯是最重要的代表人物。他们在《制度变迁与美国经济增长》一文中提出了制度创新理论。他们认为，制度创新是创新者希望获得追加利益而对现存制度的一种变革。制度之所以会被创新，是因为创新的预期净收益大于预期的成本，而这些收益在现存的制度安排下是无法实现的，只有通过人为的、主动变革现存制度中的阻碍因素才可能获得追加利益。

20 世纪 80 年代以来，有关技术创新的研究进一步深入，开始形成系统的理论。由于后继学者的拓展、丰富与更新，技术创新理论已形成了繁杂的分支体系。研究领域涉及技术创新与经济增长、技术创新与市场结构、企业技术创新战略、技术创新和产业演化、国家创新和产业创新，此外，技术（创新）扩散理论及自主、模仿、合作创新理论也均有所涉及。例如，英国伦敦大学 Radosevic（1999）教授关于工业化时期的科技系统如何转化成后工业化时期的创新系统及其相应的决策研究，澳大利亚大学 Silveira（2001）教授关于技术创新扩散在经济发展中的关键性问题的研究，荷兰乌得勒支大学 Smits（2002）教授关于创新管理、创新政策、创新系统、共同进化理论、技术集聚效应理论等创新系列问题的研究，荷兰代夫特大学的 De Poel（2003）教授关于创新模式是如何激活和抑制技术政策的转变问题的研究等。

中国学者对技术创新的理论研究是从介绍西方研究成果开始的。随着研究的不断扩展，中国的研究工作很快从单纯的译介西方技术创新理论和研究方法论转向了实证研究中国企业的技术创新活动。近二十年来，中国学术界主要就技术创新的层次、机制与模式、扩散与转移、创新与企业家行为、技术进步与技术创新、管理创新与组织创新等主题展开了系统研究，相关研究内容见各部分综述。

0.2.1.3 技术创新模式的研究综述

国外经济学者是技术创新模式研究的开创者，自20世纪50年代以来，国外学者相继推出了一些有代表性的模式来解释技术创新的过程。概括起来，主要包括以下五种（范柏乃，2004；张永谦和郭强，1996）。

一是由熊彼特在20世纪50年代提出的技术推动模式。这种模式后来得到了美国经济学家 Mansfield、日本技术论专家森谷正规等的极力推崇。他们认为，技术创新是科学发现和技术发明推动的，开发研究产生的成果在寻求应用的过程中推动了技术创新的完成，因而把开发研究作为技术创新的主要来源，把市场作为技术创新成果的被动接受者（图0-1）。

图 0-1　技术创新的技术推动模式

二是20世纪60年代施穆克勒提出的需求拉动模式。20世纪60年代以前，技术创新的推动模型一直占主导地位，直到美国宾夕法尼亚大学的施穆克勒教授对美国铁路、石油、农业机械和造纸四部门进行实际考察后，在《发明与经济增长》一书中首次提出技术创新是市场需求引发的结果，后来的学者才在其基础上提出了需求拉动模型。他强调市场是研究与发展构思的来源，市场需求为产品和工艺创新创造了机会，并激发为之寻求可行的技术方案的研究与开发活动（图0-2）。

图 0-2　技术创新的需求拉动模式

三是20世纪80年代罗斯韦尔等人提出的技术与市场交互作用模型。这种模型强调技术创新过程中技术与市场两大因素的有机结合，认为技术创新是技术和市场共同引发的，技术推动与需求拉动在产品生命周期的不同阶段起不同的作用（图0-3）。

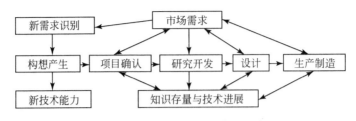

图 0-3　技术创新的交互作用模式

以上三个模式都比较重视技术创新的引导机制，因而十分重视创新过程的启动环节，而对中间过程的描述比较粗略。

四是 20 世纪 80 年代提出的技术创新一体化模式，研究者基于日本制造商的经验，将技术创新视为同时涉及技术创新构思的产生、研究与开发、设计制造和市场销售等要素的并行过程，强调研究与开发部门、生产部门、供应商和用户之间的沟通和密切合作（图 0-4）。

图 0-4　技术创新一体化模式

五是马克·道奇在 1996 年提出的网络集成模式。他认为，技术创新过程不仅是一体化的职能交叉过程，而且是多机构系统集成网络联结的过程。这一模式的重要特征是强调企业之间更密切的战略联系，更多地使用专家系统作为辅助开发手段，并采用与技术创新过程一体的计算机辅助设计与计算机集成制造系统（庄卫民和龚仰军，2005；范柏乃，2004）。

此外，Robertson 和 Gatignon（1998）还从交易成本的角度对企业的技术创新进行了探讨，并将技术创新分为三种模式：内部开发、市场交易和合作开发。他们认为，企业与研究机构合作开发可以有效减少企业的市场交易成本，并且减少技术溢出效应。

国内理论学界对技术创新模式的研究晚于国外。自从汤世国（1988）在国内第一次详细阐述研究技术创新的重要性之后，国内理论学界才逐渐开始了对技术创新模式的研究。

在 20 世纪 90 年代中期之前，中国对技术创新模式的研究主要是对国外前三种模式的概述和评论。例如，张云源（1990）、李垣和汪应洛（1994）等都分别将技术创新的模式概括为技术推动、需求拉动和技术、需求交互作用三类。

1994 年，陈劲在《科研管理》上发表了《从技术引进到自主创新的学习模式》，第一次提出了自主创新模式，在理论学界产生了巨大的共鸣。自此，中国便产生了与以往经典模式不同的提法。例如，何勤和苏子仪（1997）、刘苏燕（2000）、古捷和叶静（2001）、杨晓西和罗礼卿（2002）等纷纷将自主创新作为技术创新的模式之一，并将创新模式主要概括为自主创新、转移型模式、模仿创新、合作创新等。

2004 年，王海刚将理论学界的创新模式进行了分类整理，他认为，技术创新模式可以按引发动因和组织方式进行分类。若按引发动因分类，可以将技术创新模式分为技术推动、需求拉动和交互作用三种模式；若按组织方式分类，技术创新模式可分为自主创新、模仿创新及合作创新三种模式。目前，这两种分类方法一直在理论学界使用。

0.2.2　关于产业技术创新理论的相关研究综述

0.2.2.1　关于产业技术创新内涵的研究

产业技术创新的概念是随着对技术创新过程和模式的研究逐步深入而提出的。20 世纪八九十年代，由于高科技的发展及其产业化，技术创新的范围与规模逐渐扩大，动力机制更加复杂，经济学者提出了一体化模式。一体化模式将组织内部与外部联系起来，将企业各部门与研究机构及市场联系起来，这是最早的产业技术创新的思想。在一体化模式中，代表性人物是英国经济学家弗里曼（Freeman），他也是第一位系统提出产业创新理论的人。他认为，产业创新包括技术创新、技能创新、产品创新、流程创新、管理创新（包含组织创新）和市场创新。他从历史变迁的角度对电力、钢铁、石油、化学、合成纤维、汽车、电子和计算机等众多产业活动作了实证研究，得到的结论是：不同产业的产业创新内容是不一致的。弗里曼提出产业创新是一个系统的概念，系统因素是产业创新成功的决定因素。

后来，其他的学者也谈到了产业技术创新，其中最有影响的著作是澳大利亚大学 Mark Dodgson 教授和英国苏塞克斯大学 Roy Rothwell 教授合编的《产业创新手册》（*The Handbook of Industrial Innovation*）。全书在结构上包括五个部分：产业创新的本质、源和产出，创新的部门和行业特征研究，影响创新的关键因素，创新的战略管理，全球视野中对创新的未来挑战。内容涵盖了经济、技术、部门、区域、企业等多个领域的研究成果，但真正系统深入研究"产业技术创新"的成果却不多，也没有对产业技术创新给予严格的概念界定。

国内学者对产业技术创新的研究要晚于国外，且文献不多。目前，国内部分学者对产业技术创新的内涵进行了概述，代表性的阐述有两种。庄卫民和龚仰军等（2005）在《产业技术创新》一书中将产业技术创新定义为以市场为导向，以企业技术创新为基础，以提高产业竞争力为目标，以技术创新在企业与企业、产业与产业之间的扩散为重点过程的从新产品或新工艺设想的产生，经过技术的发展、生产、商业化到产业化整个过程的一系列活动的总和。另有一些学者认为，产业技术创新是对产业发展的共性技术和关键技术的研发和推广，是对在多领域内已经或未来可能被广泛应用，其研究成果可共享并对整个产业或多个产业及企业产生深度影响的一类共性技术、关键技术的创新（于小飞，2006）。

目前，国内理论学界较多采用庄卫民等对产业技术创新的界定，本书也倾向于这一概念。

此外，罗天强和李成芳（2002）还对产业技术创新的特点进行了阐述。他们认为，产业技术创新具有两个特点。一是系统性和相关性。系统性主要指产业技术是由所有创新主体的技术有机构成的系统，相关性则指产业技术不是孤立的，而是与其他产业的技术具有相互依存的关系。这是由于产业技术创新的全过程不仅需要研究机构、企业等创新主体的协同创新，还需要基础研究、生产技术与产品技术的整体创新。二是综合性。产业技术创新既是产业共性技术开发和扩散的全过程，又是新旧技术的整合过程，还是各种创新方法综合应用的过程。

0.2.2.2 产业技术创新与企业技术创新的关系

国内的部分学者对产业技术创新与企业技术创新的关系进行了剖析，他们都认为，二者既有联系又有区别。

罗天强和李成芳（2002）、庄卫民和龚仰军（2005）等学者认为，两者在以下五方面有所区别。一是创新主体有所不同，企业技术创新的主体是企业，而产业技术创新的主体虽然也是企业，但它是由许多企业组成的群体，政府、科研院所和高校也共同参与，其实是一种群体行为。二是创新的目的与动力不同。他们认为，企业技术创新的目的是为了获得经济利润，而产业技术创新还要兼顾产业及国家的发展。三是从实施途径来看，企业技术创新是企业根据市场及自身发展需要制定的技术战略，而产业技术创新则是从国家、地区和产业的整体利益出发，通过国家指导和企业自主结合的方式进行。四是创新内容有所不同，企业技术创新既可以是单方面的技术或工艺创新，也可以是从技术发明到生产的全过程，而产业技术创新则是系统的、全过程的创新。五是创新的结果和风险有所区别。企业技术创新会提高企业的市场竞争力，扩大市场，增加收益；而产业技术创新主要是促进产业的整体技术水平和产业竞争力，实现产业技术升级及跨越式发展，促进产业结构优化，同时，后者创新的风险要高于前者。此外，庄卫民和龚仰军（2005）还强调了两者在创新外延上的区别。他们认为，产业技术创新较技术创新而言，外延要更为广泛。它以一般技术创新与企业技术创新为基础，还涉及技术创新与产业结构升级、产业组织发生变化的关系，技术创新在企业间和产业扩散的过程更多涉及组织创新、制度创新等一系列问题。

产业技术创新与企业技术创新的本质是共通的，基本过程是一致的。产业技术创新就是有组织的企业技术创新，这是由产业技术与企业技术的关系而定的。产业由若干相互联系的企业组成，而产业技术则是同一产业内部各部门、各企业所采用技术的技术群体，产业技术是企业技术的有机统一。因此，产业技术创新可以看成是以产业内企业骨干为核心，以相关政策为依托，由相互关联的科研单位共同参与的有组织的、协同的技术创新活动（罗天强和李成芳，2002；庄卫民和龚仰军，2005）。

0.2.2.3 产业技术创新途径与模式的研究综述

国外对产业创新途径及模式的研究大多是针对具体的模式或途径展开的。例如，Rosenberg 和 Nelson（1999）阐述了美国非常注重依靠技术优势进行自主基础研究，采取了高层次、高起点的模式，从而促进了包括信息产业等多个产业的崛起与发展。饭沼和正（1995）在《从模仿到创造》一书中，分析了日本家电产业通过模仿进行技术积累而创新的过程，认为通过模仿先进国家而再创新这种途径是进行自我发展的捷径。Katz（1986）阐述了合作研究可以避免企业的研发溢出效应，提出了可以通过企业与大学等研究机构共同建立研究中心或其他实体等方式进行合作研发及技术创新。Sakakibara（1997）等学者研究认为，合作研发具有降低成本、分散风险、防止技术外溢等优点，提出了应通过产学研合作进行技术创新的观点。E. DaSilva（1998）还提出了应该采用产学研合作的方式进行生物产业的自主创新等。

国内对产业技术创新模式的研究主要是结合具体的领域展开的。例如，杨强等（2001）根据湖北省传统产业的现状，将产业技术创新模式分为目标模式、力度模式、主体模式、对象模式四类。李素荣（2001）、徐宝祥（2002）、刘风勤和徐波（2004）都提出了三种可供选择的产业技术模式，即依靠本国强大的基础研究实力和经济实力进行自主研究和开发、照搬国外——实现部分自主开发—实现技术自立模式、完全依赖从国外引进产品和技术模式，并根据中国汽车产业及信息产业的现状进行了具体模式的选择。谭目兰和徐宏毅（2006）在《湖北医药产业技术创新模式研究》一文中提出了要通过自主创新、模仿创新、企业与高校和科研机构合作、企业协同创新四种模式进行湖北省医药行业技术创新。

此外，庄卫民（2005）在《产业技术创新》一书中借鉴了企业技术创新的途径，并总结了国内外理论学者的观点，将产业技术创新的途径归结为自主创新、模仿创新和合作创新三种。他们认为，自主创新是指一国的产业不依赖于技术引进，在自身基础上独立进行的技术创新活动；而模仿创新则是通过购买或破译他国产业的核心技术并在此基础上进一步完善的创新活动；合作创新则指企业、高校、科研机构之间的联合创新行为。

从国内外的研究可以看出，目前理论学界对产业技术创新途径和模式并没有太多深入的研究，且对二者也没有进行严格区分，通常是作为同一个问题处理和研究的。

0.2.3　国内学者关于中国农业生物技术及产业发展问题的研究综述

目前理论学界很少有对中国农业生物产业技术创新方面的研究，但对农业生物技术的研究和农业生物产业发展问题的研究却较为丰富。

0.2.3.1　关于中国农业生物技术的研究综述

全国生物技术农业应用学术讨论会全体代表（1995）在《中国软科学》上撰文，阐述了中国农业生物技术在植物种苗组织培养快速繁殖、植物细胞工程育种、抗病虫转基因植物、动物转基因研究、畜禽疾病诊断与基因工程疫苗等方面取得的进展；指出了不足之处，例如，研究重点不够突出，投入不足，基础研究、应用研究与产业化脱节等，并在此基础上提出了相应对策。

张银定等（2001）对美国和欧盟农业生物技术的相关政策进行了比较，发现美国总体上选取促进型的政策，而欧盟实施的是谨慎型技术政策。他们认为，结合中国的国情和农业生物技术发展的现实状况，中国应采取认可型的农业生物技术政策。

赵军良（2002）提出了发展中国农业生物技术的主要对策，即自主创新与技术引进相结合、加强基础研究、吸引高技术人才、采取多种发展模式等。

科学技术部副部长李学勇（2003）指出，发展中国农业生物技术必须遵循以下四条原则：一是加强源头创新，二是发挥中国生物资源优势，三是正确处理好自主创新与国际合作的关系，四是政府引导与市场机制相结合；并提出了中国发展农业生物产业的具体建议，即集中力量发展重大生物技术、加大投入、完善法规、加强技术集成、建设人才队伍等。

唐正义（2003）认为，中国农业生物技术自20世纪80年代以来在细胞工程、转基因动植物、微生物工程等领域取得明显成效，但也存在着基础研究薄弱、重基因工程技术、轻细胞工程技术，缺少产业依托及政策环境及机制不健全等问题。他认为未来农业生物技术的发展的重点领域是作物基因工程、动物遗传育种、农业生物制剂、生物饲料及添加剂和生态环境保护等。

0.2.3.2 关于中国农业生物产业的研究综述

有关中国农业生物产业的研究文献主要涉及中国农业生物产业发展现状、发展趋势、政策建议及产业模式等多个方面。

对中国农业生物产业发展现状方面的研究主要集中在取得的成效及存在的问题方面。例如，沈伟桥（1998）指出，中国农业生物产业经过十几年的发展，在利用组织培养和细胞工程快速繁育良种和生产生物制品、植物基因工程、作物固氮等方面取得了显著进展，并指出中国农业生物产业存在着基础研究薄弱、资金不足、产学研联系不紧密等问题，并提出了相应的措施。黄其满（2000）认为，尽管20世纪80年代以来中国农业生物技术及产业取得了一定的成效，但在研究水平、创新能力、投资强度、产业化水平、产品市场竞争能力和国际市场份额等方面与发达国家仍存在着较大的差距，今后要在基础理论研究、资金投入、人才培养、开拓市场等方面下工夫。朱祯（2001）认为，中国农业生物产业存在以下问题：产业化程度低，缺乏规模；企业尚未成为研究的主体；业界尚未充分认识到农业生物技术的重要性；知识产权的积累和保护不够；产业化形势严峻等。郭郢和霍文娟（2001）认为，中国在农业生物技术研发及产业发展中存在以下问题：重基因工程技术、轻细胞工程技术；农业生物技术与产业脱节，产业化发展落后；生产急需的一些生物技术成果不足；重复研究现象较为普遍；人才队伍不稳定等。崔辉梅等（2002）认为，中国农业生物产业与发达国家相比差距明显，主要表现在基础研究较为薄弱、科研成果产业化能力偏低、研发资金投入不足、企业生产规模较小、优秀人才缺乏、产业发展的外部环境不完善、中间环节薄弱等几个方面，并就产业未来的发展提出了建议。张启发（2005）分析了中国转基因作物发展状况，提出了中国转基因发展存在政策不明、管理办法不完善及自主创新产品少等几个问题。

国内学者对中国农业生物产业的发展趋势也进行了预测。刘超（2003）

在《农业生物产业现状及发展趋势》中对农业生物产业未来的发展趋势进行了预测：一是研发周期日益缩短，产业化和实用化速度加快；二是技术手段将得到改观，使产品开发更具规模；三是开发和挖掘非农业资源将成为必然趋势；四是政府会为农业生物产业创造人才、资金、政策和管理支撑条件；五是大学、研究部门与企业合作会越来越密切；六是产品销售呈国际化特征。沈桂芳（2004）在《农业生物技术产业发展与产业化》一文中也提到了中国农业生物产业的发展趋势，即研究成果逐步商品化，研究方式集成化、规模化，基因资源争夺白热化，管理政策逐步规范化等。

理论学者还对中国农业生物产业发展的方向和政策措施进行了研究。章力建和李建萍（1995）在总结世界各国及中国农业生物产业的发展的基础上认为，中国要加快农业生物产业的发展，应致力于以下四个方面：一是以市场为导向，加快建立中试基地；二是政府应加大对农业生物产业优惠的扶持力度；三是加强基础理论和产业化工艺路线研究；四是加强国际合作和人才培养。李思经（1999）认为，未来发展的战略重点是细胞工程动植物新品种的培育、转基因动植物新品种的培育、杂交水稻的培育、农业重组微生物的应用等，并提出了中国农业生物产业的发展战略，即建立产业发展模式、加强生物技术的应用能力、加强人才培养、加大资金投入、参与国际合作等。章力建和黄其满（2001）在详细归纳了中国农业生物产业显著进展的基础上，指出中国农业生物产业优先发展的技术领域为农作物基因工程、畜禽遗传工程育种、动植物生物反应器生产药物、农产品精深加工增值、生物饲料及其添加剂、环境治理技术等。李亦群（2005）提出了应通过加大科研投入、重视人才培养、拓宽融资渠道、完善政策保障等措施促进中国农业生物产业的健康发展。

此外，杨文杰（2004）在对杨凌农业生物产业考察的基础上，总结了农业生物产业化模式。一是"公司＋科教人员＋农户"的股份合作制模式；二是以"公司＋基地＋农户"形式为代表的龙头企业带动型模式；三是"科技专家＋公司"的专家带动型模式；四是由企业买断或租赁土地使用权，应用新技术成果，直接进入种植业或养殖业土地集约经营带动型模式；五是以农业科教专家为主体，专门为政府、涉农企业及农户经济发展出谋划策的农业科技专家俱乐部（或咨询公司）模式。

需要说明的是，本书还有一定的文献、理论、具体的概念分散于各个章节之中，这样将更加有助于我们加深对各个章节中具体研究问题的理解，考虑到问题的针对性而没有在这里列出，这里只是从本书整体性的角度进行了一定的归纳。

中国农业生物产业技术创新　路径及政策研究

18

0.3 研究思路、技术路线与研究方法

0.3.1 研究思路与结构框架

本书的研究目标是通过分析产业技术创新路径选择的规律性，结合中国农业生物产业技术创新的现状，寻求顺应世界经济发展潮流、切合中国国情的农业生物产业技术创新途径与理想模式，并探索保障这种路径顺畅的政策支撑。根据这一要求，本书研究的总体思路是：在了解和学习有关技术创新理论的基础上，展开对中国农业生物产业技术创新的全面分析与考察，并对现阶段创新能力作出客观评价，为以后各章分析奠定现实基础；然后分析总结国外在农业生物产业技术创新过程中所选择的道路与具体模式及相关支撑，在借鉴国外经验的基础上，结合中国创新现状、创新资源、创新环境及国际竞争等多方位因素，从理论的角度提出中国农业生物产业创新的途径及模式，并从实践角度对这种途径实现模式的运作进行考察；最后，以理论为指导、以现实为依据，从技术创新系统和制度的角度提出推进中国农业生物产业技术创新的体系保障和政策保障。

0.3.2 技术路线

根据总体思路及本书框架，本书的技术线路如图 0-5 所示。

0.3.3 研究方法

本书的研究涉及经济学、管理学及生物学等多学科的知识和原理，研究以国内外最新文献资料为基础，综合应用归纳、实证分析与规范分析方法，并通过建立农业生物产业技术创新能力评价模型进行定量分析，结合对中国农业生物企业进行典型调查等方法共同完成。

1）归纳法。通过归纳中国农业生物产业技术创新现状、创新环境、国外农业生物产业创新途径与模式等事实，力图从中总结出普遍性特征和规律，作为本书论点的重要论据和支撑。

2）比较分析法。比较分析是本书应用的一种典型分析方法。本书在中国农业生物产业技术创新能力研究中，将中国与欧美国家的数据进行对比研究，

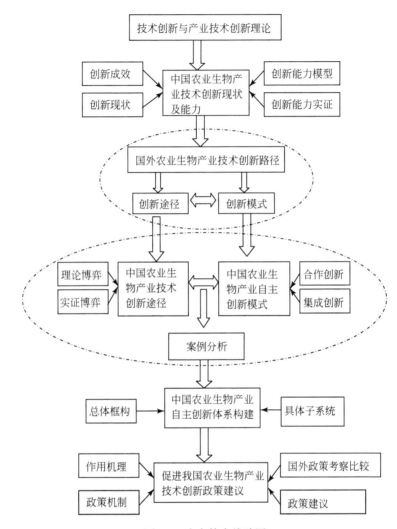

图 0-5　本书技术线路图

以揭示中国农业生物产业的技术创新能力与水平；在国外的创新路径考察中，也对美国、欧洲及典型发展中国家的创新途径及创新模式进行对比分析，总结其中的规律；在中国农业生物产业技术创新政策研究中，本书还对中国与欧美国家在政策制度及实施方面的情况进行比较，揭示中国与欧美国家之间的差距，从而为中国政策及制度的改进提供借鉴与参考。

3）典型调查法。本书在对中国农业生物产业自主创新模式研究中，采取实地调查访谈的形式对一些典型的企业进行调研，从另一侧面论证理论模式在现实中应用的可行性、具体方法及效果等。

4）实证分析与规范分析相结合的方法。本书在整体上采取规范分析与实证分析相结合的研究思路，不仅回答"经济现象和事实是什么"，而且还对经济运行"应该是什么，应该怎样做"作出选择和判断。例如，本书客观地分析和描述生物产业技术创新的特点"是什么"、中国农业生物产业技术创新现状与能力"如何"、创新的国内外环境"怎样"等问题，并在此基础上提出中国农业生物产业"应该"走什么样的道路、"应该"采取什么模式、"应该"实施什么样的政策。

5）计量经济分析法。在进行实证分析时，为了更加客观描述经济事实，本书建立农业生物产业技术创新能力评价模型和创新途径的博弈模型进行定量分析。在农业生物产业技术创新能力分析中，本书在构建农业生物产业技术创新能力评价模型的基础上，应用相关性分析、聚类分析、专家评分法及变异系数法等经济计量方法对指标及样本数据进行了相应的处理。

0.4 研究的特色与不足之处

0.4.1 本研究的特色与创新之处

本书在借鉴国内外相关研究的基础上，在以下三方面有所创新。

第一，研究的视角比较新颖。基于农业生物领域激烈的国际竞争局势和挑战与机遇并存的现实国情，国内理论学者对中国农业生物产业进行了一定的研究，但研究主要集中在农业生物产业发展的相关问题上，如取得的成效、存在的问题、发展方向及相应对策等方面，而关于农业生物产业技术创新方面的研究则非常少见。因此，本书从促进农业生物产业技术创新的角度，较为系统地研究中国农业生物产业技术创新的路径选择及其政策支撑，构建关于农业生物产业技术创新方面的研究框架，从而突破传统的研究窠臼，是一个较新的研究视角。

第二，研究思路有一定的新意。从宏观上看，产业技术创新路径涉及整个产业总体走什么样的道路，从微观上看，涉及各个创新主体采取什么样的模式实现创新。基于以上观点，本书将创新途径与实现模式一同纳入研究框架，一方面采用博弈分析法，从理论和实证两方面分析中国农业生物产业技术创新途径的选择；另一方面，应用二元最优模型分析并选择中国农业生物产业自主创新的实现模式，并通过典型案例实证分析这些模式在现实经济中的运作方式及实践效果。相对于以往的研究侧重于创新途径的选择而言，这种"创新途径—创新模式—实证分析"的研究在思路上较为新颖。

第三，研究的具体内容有一定的创新。①本书根据农业生物产业技术创新的特点，从产业技术创新能力形成的全过程出发，设计面向农业生物产业的技术创新能力评价模型，并通过 Pearson 相关性分析、模糊聚类、专家评分和变异系数法等经济计量方法对中国农业生物产业技术创新能力进行实证分析，这在实证领域拓展产业技术创新能力的研究范围，其结论为中国合理选择创新路径及制定政策提供较科学的依据。②鉴于目前各国产业技术创新更多呈现出国家创新的特点，本书将产业创新体系纳于国家创新体系的理论框架之下，按照农业生物产业的知识领域和技术体系，初步构建面向中国农业生物产业的"一体多翼双力"的自主创新体系，它将国家创新体系与产业创新体系融合在一起，在具体领域拓展两者的关系。③在农业生物产业技术创新政策研究中，本书既从理论层面分析农业生物产业技术创新政策的作用机理，又从实践层面上探讨促进中国农业生物产业技术创新的政策体系、政策机制及政策措施，这为政府部门制定相应的政策提供一定的参考。

0.4.2　本研究的不足之处

在写作之初，笔者就明显感到由现有统计资料欠缺所带来的压力。由于生物产业是目前世界范围内的新兴产业，各国的统计工作也刚刚起步，有许多数据指标各国都尚未建立和统计，特别是生物产业起步较晚的发展中国家。同时，各国的统计口径也不完全一致，这就为本书数据资料的收集、应用带来了很大困难，也使本书存在以下不足。

第一，由于数据资料的限制，本书在农业生物产业技术创新能力分析中评价指标及样本数据不够完善和丰富。例如，一些涉及科研成果转化方面的指标未被列入，采取的国家样本数据主要来自欧美发达国家，而缺少与正在崛起的印度、巴西、南非等国家的比较分析。

第二，由于本书写作过程有较长时间跨度，因而本书前期的数据不是最新的。笔者也进行了最新数据的查找和替换，但是由于各国统计的原因，部分最新数据查不可得，因此本书的数据资料的时间年限不尽统一。

第三，在创新政策研究中，由于部分农业生物产业相关数据的缺乏，本书用生物产业的数据进行了相应替代，尽管这些替代不影响问题的总体分析结果，但从学术严谨的角度还是有欠缺之处。

此外，由于笔者学识有限，在一些观点和政策建议方面可能还有不够完善之处。针对以上问题，笔者将会在后续的研究中不断完善。

第1章
中国农业生物产业技术创新
现状及能力分析

由于农业生物技术日新月异的发展，全球生物产业迅速崛起。中国也顺应世界生物经济发展，加大了对农业生物产业的创新力度。本章对20多年来中国农业生物产业技术创新取得的成绩与现状进行客观分析，并对目前中国农业生物产业技术创新的现实能力进行测度，旨在为农业生物产业的持续健康发展提供现实的客观依据。

1.1 农业生物产业的界定及其技术创新的特点

1.1.1 生物产业的含义及分类

目前，对生物产业进行定义是世界范围内的难事，因为国内外对生物产业的称呼与内涵的理解各不相同。有的国家将其称为"生物技术产业"，如英国、美国、印度；有的国家称为"生物产业"，如日本。目前，国内对生物产业尚没有一个标准的、统一的定义，主要采用如"生物技术与产业"、"现代生物技术产业"、"生物技术产业"等称呼（綦成元等，2005）。国家发展和改革委员会（以下简称为国家发改委）出版的《中国生物产业发展报告》中，首次使用了"生物产业"这一提法，本书也采用这一称谓。

对生物产业定义的关键涉及对生物技术的理解。目前，国际上对生物技术的定义比较多样。例如，《生物安全》对生物技术的定义是："以现代生命科学理论为基础，利用生物体及其细胞的、亚细胞的和分子的组成部分，结合工程学、信息学等开展研究及制造产品，或改造动物、植物、微生物等并使其具有所希望的品质、特性的综合技术体系。"美国生物技术工业组织（BIO）将生物技术的定义为："利用细胞的和分子的处理去解决问题和制造产品，是相关技术的集成。"《生物多样性公约》对生物技术的定义是："利用生物系统、活生物体或者其衍生物为特定用途而生产或改变产品的技术应用。"世界经济与合作组织（OECD）对生物技术的定义是：将科学与技术应用于生物有机体及其部分、产物、模型，以改变生物及非生物材料，创造知识产品以及服务。在此定义下，OECD又将生物技术的内容涵盖为DNA（译码）、蛋白质和分子（功能团）、细胞及组织培养和工程、生物处理、亚细胞。

简单地说，生物产业是由于生物技术在国民经济中的应用而形成的产业活动。国家统计局将产业定义为同类生产经营活动单位的集合。国家发改委出版的《中国生物产业发展报告》以OECD和国家统计局的定义为依据，将生物产业定义为：将科学与技术应用于生物有机体及其部分、产物、模型，以改变生物及非生物材料而创造知识产品以及服务的同类生产经营活动单位的集合（綦成元等，2005）。本书采用这一定义。

生物产业可分为传统生物产业和现代生物产业两大类。传统生物产业是指运用传统工艺对动物、植物、微生物等进行加工处理，制造市场可流通商品的经济实体的总和，主要包括发酵、天然食物和健康食品三类。而现代生物产业是目前科学研究和产业化的热点领域，包括基因工程、细胞工程、酶工程、发酵工程。其领域主要是医药生物技术（包括生物技术药物、疫苗、血液制品、生化药物、诊断试剂、抗生素等）、农业生物技术（包括转基因农作物、现代育种和超级杂交水稻、植物组织培养、生物农药、饲料添加剂、兽用疫苗等）、工业生物技术（氨基酸、发酵有机酸、酶制剂）和其他技术形成的产业（品），如天然药物、保健品、环保产业、生物能源、生物材料和组织器官工程等。

1.1.2 农业生物产业的界定

农业生物产业是生物技术与农业科学相结合产生的新兴产业。由于对生物技术的理解不同，目前理论学界还没有对农业生物产业的标准界定。刘超（2004）将农业生物产业定义为：农业生物产业是随着科学技术的不断进步和新的科技成果在农业生产建设领域的推广和应用，融合现代高新技术而形成的一种新兴产业，涉及人类生存的许多方面，直接推动着农业等重大产业领域的转轨和变革。

李振唐和雷海章（2005）则以动态的观点阐述了农业生物技术产业化的概念：生物技术产业化是运用生物技术成果专业化、规模化和一体化方式融入农业生产过程和加速科技带动农业生产发展的重要途径，是实现农业生物技术进步与农业生产紧密结合、相互促进的最佳模式。

刘向蕾（2005）在《利用农业生物技术，推动中国农业发展》一文中给出了农业生物技术的具体概念："农业生物技术是以农业生物为主要研究对象，以农业应用为目的，以基因工程、细胞工程、发酵工程、蛋白质工程等现代生物技术为主体的综合性的技术体系。"

结合文中所述的研究观点，笔者将农业生物产业定义为：农业生物产业是以农业生物为主要研究对象，应用基因工程、细胞工程、发酵工程、蛋白质工程等现代生物技术，以农业应用为目的的同类生产经营活动单位的集合。农业生物产业应当至少涵盖以下三个方面内容。

第一，农业生物产业属高新技术产业，其产业发展是依靠先进的科学技术，利用生物学（动植物、微生物）研究、设计和制造新产品，或有目的地改变生物的特性乃至创造新的物种或品种的创新生产过程。

第二，农业生物产业的技术研究与开发是源于分子生物学、细胞生物学等基础科学，并不断扩展利用跨门类科学与技术的整合，瞄准市场需求，以应用为主的综合性技术产业体系。

第三，农业生物产业的组织形式具备现代企业特征，形成企业化的生产链，能够把农业生物技术成果通过现代企业的经营管理实现种养加、供产销、农工商一体化，达到市场化、社会化和集约化（刘超，2003）。

1.1.3　农业生物产业技术创新的特点

农业生物产业技术创新除了具备一般技术创新的特点外，还具备以下四个特点。

1.1.3.1　创新主体多元化

农业生物产业技术创新包括生物技术的研发、成果转化及产业化的完整过程，其各个环节的主体不尽相同，大学、科研机构、推广机构、生物企业甚至农民等众多主体都可能参与技术创新，呈现出创新主体多元化的特征，其行为的合力决定着技术创新的进程和成效。

1.1.3.2　高知识、高技术性

农业生物产业涉及分子生物学、细胞生物学等科学知识，具有高知识特性，其研发水平的高低直接决定着生物产业的发展水平，因此也决定着产业技术创新的水平与进程。同时，其关键技术的突破与应用研究甚至生产阶段都需要大量的专业领域的高级技术人才。正因如此，世界上许多知名的生物企业都

是教授或技术专家参与创办的。

此外，生物产业技术创新严重依赖技术平台。从世界生物技术创新史中不难发现，一批又一批农业生物产品都是在 DNA 重组、细胞培养和 DNA 芯片等技术平台建立后出现的。随着生命科学的发展，一些新的技术平台会不断出现，产业技术创新水平也会不断提高。

1.1.3.3 高投入、高风险、高收益性

农业生物产业技术创新的投入非常大。一般而言，高技术产业创新阶段中科研、开发、产业化三个过程的投入比例大约为 1：10：100。而仅从研究开发看，美国农业生物产业的研究开发强度[①]高达 45%，远远超过美国全部行业平均 4%的水平。

同时，农业生物技术创新在成功概率、市场前景等方面的不确定性也为其注入了高风险特性。以相似特性的生物医药为例，从国外生物药品研发到进入市场看，其平均成功概率为 1/10 000～1/5 000。但是，由于生物产业的高附加值和高创新性，技术一旦获得成功，其收益远远高于一般创新。据统计，一旦其成功研制上市后，一般 2～3 年即可收回投资，利润回报能达到 10 倍以上（王春法，2005）。

1.1.3.4 政策环境敏感性

由于农业生物产业技术创新具有高风险性，因此，创新者非常关注创新的收益。在生物产业创新中，创新者对知识产权制度和政府的审批制度非常敏感，因为它们直接关系着创新者的利益和产业技术创新的完成时间。此外，对于高投入、高风险的产业，政府的创新激励也影响着创新的资金、进程等，所有这些都会对生物产业技术创新的成败产生很大的影响。

1.2 中国农业生物产业技术创新取得的总体成效

中国农业生物技术起步较晚，始于 20 世纪 70 年代中期对植物组织培养和细胞融合技术的研究。1986 年 863 计划实施以来，中国农业生物技术取得了较快的发展，整体水平在发展中国家处于领先地位，一些领域已经进入国际先进行列，并初步形成了从基础研究、应用技术研究到产品开发相互衔接、相互促进的创新体系。

---

① 研究开发强度＝研究经费/销售收入。

1.2.1 取得了一系列技术上的突破与应用

在生物农业方面，中国重视基础研究和应用研究，获得了一系列的技术突破。

在植物生物领域，中国是世界上继美国之后，第二个自主研制并拥有自主知识产权的转基因抗虫棉技术的国家。在中国批准商业化种植的 7 种转基因作物中，6 种是中国自主开发的，分别是转基因棉花（Bt 棉及 Bt + CpTI 棉）、转基因耐储番茄、转基因抗黄瓜花叶病毒甜椒、抗病毒番茄作物、抗病毒木瓜（章力建和黄其满，2001）。两系法杂交稻技术为中国首创，目前处于国际领先地位，为粮食增产做出了重大贡献。中国还攻克了三系杂交棉恢复系狭窄、抗虫性缺乏、可育性不稳以及杂种优势不明显等一系列重大难题，率先在世界上实现了杂交棉花的三系配套，研究水平跃居国际领先。此外，中国用花药培养、染色体工程等育种新技术培育出小麦、玉米、甘蔗、橡胶、葡萄及苹果等一批作物新品种、新品系，其中一批抗黄矮病、白粉病和赤霉病的小麦新种子已累计推广 73 万多公顷（张薇等，2008）。

在动物生物领域，世界首例转基因鱼在中国诞生，瘦肉型转基因猪育种等研究处于世界先进水平（张启发，2005）。此外，中国在家畜胚胎分隔和试管牛、羊等方面取得了自己的特色和优势，采用胚胎显微技术与细胞融合技术实现了动物的无性繁殖，使中国家畜胚胎技术跻身世界前列（王春法，2005）。

在生物农药方面，中国有 30 多家农药研究机构，约 200 家农药生产企业，创新能力不断增强。根据国家知识产权局统计，仅 2003 年和 2004 年，中国涉及生物农药的专利分别达到了 181 项和 128 项（綦成元等，2007）。目前，中国生物农药产业化技术研究重点集中在苏云金杆菌（Bt）杀虫剂、农用抗生素、植物农药等方面。其中，农用抗生素产业化开发已处于国际先进行列。

此外，中国在生物肥料的研究上也取得了一些成效，其中，高效固氮耐氮工程菌是中国首创，现已在鞍山投入生产。此外，微生物功能基因组研究获得了黄单胞菌野油菜致病变种突变体 18 500 个，成为目前国际上覆盖率最高的植物病原细菌突变体库。

在疫苗方面，中国用基因工程生产疫苗获得了成功，其中幼畜腹泻疫苗、双价大肠杆菌疫苗和马传贫疫苗等已不同程度地实现了产业化。2005～2006年，中国在动物疫苗方面共申请 40 项发明专利，并获得授权专利 23 项，这些专利主要集中在基因工程兽用疫苗及相关技术上，如 DNA 疫苗、亚单位疫苗、载体疫苗等。此外，中国农业科学院哈尔滨兽医研究所研制出了一系列具有自主知识产权的禽流感系列疫苗，复旦大学与中国农业科学院率先研制出猪 O 型口蹄疫基因工程疫苗（汤波和李宁，2007；黄大昉等，2004）。

在饲料添加剂特别是酶添加剂的创新方面，中国走在了世界的前列，如中国科学家研制的饲料用植酸酶生产工艺达国际领先水平。2005～2006 年，中国共有 15 项关于饲料酶制剂的专利获得了授权，这些专利在开发中国具有知识产权饲料酶制剂产品时起到了重要作用。例如，浙江大学开发的糖萜素饲料添加剂的关键技术已获得了中国、美国、欧洲、澳大利亚、日本、以色列等 11 个国家的发明专利，目前已建成糖萜素饲料添加剂示范生产基地 2 个，示范应用基地 12 个（汤波和李宁，2007）。

1.2.2 产业呈快速发展趋势

随着农业生物技术的突破，越来越多的生物技术产品从实验室走向实际应用，进入商品化阶段，中国农业生物产业也相应呈现快速发展的趋势。以转基因植物为例，2006 年，全球种植转基因作物的农户超过了 1000 万户，其中有一半的种植人口在中国，中国种植面积达 350 万公顷，较 2001 年增长了 2.3 倍（ISAAA，2007）。截至目前，中国共有 1000 多例转基因植物申报了安全性评价，批准了近 800 例，其中，批准中间试验 450 多例，批准环境释放 200 例左右，批准生产性试验 50 多例，包括水稻、棉花、玉米、油菜、马铃薯、大豆、小麦等 30 种转基因植物。其中，耐储藏番茄、观赏矮牵牛、保铃棉、抗虫棉、抗病毒甜椒、抗病毒番茄、抗病毒番木瓜 7 种转基因植物被批准进行商品化生产。据不完全调查统计，截至 2003 年年底，中国农业生物产值达 320 亿元。2002 年、2003 年农业生物产业产值增长率分别为 54.7% 和 39.7%。

中国农业生物产业目前主要集中在转基因抗虫棉、杂交水稻和饲料添加剂等领域，年增长速度最快的产业领域依次为饲料添加剂、转基因抗虫棉、杂交水稻。经过多年发展，中国农业生物产业已达相当规模，目前中国科学家已培育出 64 种适应不同棉区需要的转基因抗虫棉品种。2006 年，国产转基因抗虫棉的种植面积已占全国抗虫棉种植面积的 75%，打破了国外抗虫棉种子的垄断（蒋建科，2007）；两系法杂交稻种植面积为 6541 万亩，共增产优质稻谷约 60 亿千克，农民增收 75 亿元。此外，全国饲料添加剂总生产量超过 50 万吨，产值达 100 亿元（科技部专题研究组，2006）。

目前，中国农业生物企业数量 2269 家，涉及生物农药、生物肥料、饲料添加剂、组织培养、兽用疫苗、转基因作物等领域，其中，饲料添加剂企业数

量最多，高达 1000 家，而从事转基因作物的企业数量最少，只有 49 家，如图
1-1 所示。

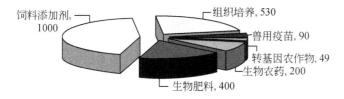

图 1-1　中国农业生物企业领域分布图
资料来源：科技部专题研究组，2006

1.2.3　拥有了实力雄厚的技术创新队伍

　　技术创新的关键在于人才。经过多年的发展，中国拥有了一支精干的生物
技术专家队伍。根据 863 计划生物与现代农业生物领域的初步统计，有关生物
技术的研究人员已达 3 万多人，在《科学》、《自然》、《细胞》、《生物化学》
等国际知名杂志中，华人作为主要作者的文献占总数的 30% 以上。2006 年，
中国已经成为世界上第二大科学研究论文与著作的出版国，仅次于美国。在农
业生物科技人才方面，已形成了一批以中国科学院和农业部下属研究机构、农
业院校及综合性大学为代表的研究机构，培养了一批农业生物领域方面的专业
人才，形成了一支实力雄厚的科技创新队伍。目前，中国涉及农业生物技术的
各类研究机构已超过 200 家，研发队伍 1 万多人。据科学技术部统计，"十五"
期间，中国在现代高技术农业及生物领域共培养博士及硕士研究生 14 622 名，
发表论文 23 089 篇，其中，在 SCI 及 EI 上共发表 6413 篇，培育农作物新品种
1538 个，新品种累计推广面积 23 亿亩（张薇等，2008）。

1.3　中国农业生物产业技术创新现状分析[①]

　　产业技术创新是一个包括从技术研发直至产业化的系统过程，因此，本书
着眼于产业技术创新的全过程，从资源配置、技术研发、成果转化及产业发展
四个方面分别考察中国农业生物产业技术创新的现实状况。

---

　　① 在现状分析中，本书采用 2003 年的数据。由于目前中国统计工作正在开展，许多指标尚没有列入统计中，
而国家发改委、科技部等在 2004 年曾采用问卷调查、专家访谈及召开地方发改委、科技局、财政局、税务局、农业
局、卫生局等有关单位参加座谈会等方式，完成了迄今为止唯一一次对中国生物产业的发展调查。此外，OECD 2006
年统计资料显示的数据也来源于 2003 年，鉴于以上原因，本书在现状分析中也采用 2003 年数据。

1.3.1 创新资源配置现状分析

1.3.1.1 研发资金投入总量不断增加，但还存在一定差距

农业生物技术创新离不开高额的研发资金。近年来，中国农业生物科技投入较过去有了明显增加，据国家发改委不完全统计资料显示，2000～2003 年，中国科研机构的研发资金不断增加，3 年间增加了近一倍，2003 年已达到 33 亿元。同时，企业的研发投入也不断增加，1999 年，中国生物企业研发投入为 26.01 亿元，2003 年达到 62.68 亿元，4 年增长达 241%。其中，农业生物领域研发资金为 8.37 亿元，研发资金占企业当年总支出的比重为 18.36%，远远高于中国平均 1%～3% 的比例。

尽管中国农业生物研发资金有了很大的增加，但与美国相比，仍有较大差距。从科研单位投入看，2003 年中国生物科研单位的总经费为 33 亿元（约 4 亿美元），还不如美国孟山都公司一年的研究费用（平均每天研发投入约为 150 万美元）。如图 1-2 所示，从农业生物企业的研发经费看，中国的研发投入高于澳大利亚、德国，与英国、加拿大金额相当，但与美国[①]相比，还存在着较大差距。

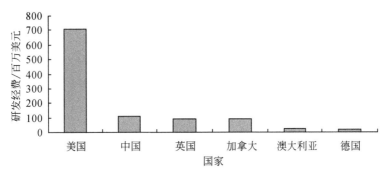

图 1-2　世界典型国家农业生物企业研发经费

资料来源：OECD（2006）；李学勇（2004）

1.3.1.2 研究人员数量持续增加，但创新人才仍存在较大的缺口

人才是知识经济的第一重要战略资源。近年来，中国非常重视生物技术人才，培养了一批高水平的研究人员。从高等院校看，2000～2003 年，中国与

---

① 数据来源于 *OECD Biotechnology Statistic* 2006，但是由于统计的原因，美国的农业生物企业的研发数据是 2001 年的，而其他国家均为 2003 年数据，因此，美国的数据可能被低估。

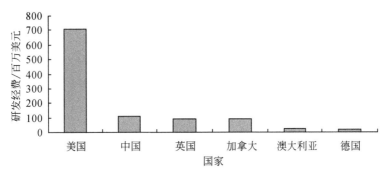

生物相关的高校院士、副教授、讲师分别增加了27人、2338人及2495人，年平均增长率分别为15.08%、8.82%和6.17%；相关科研机构的院士、拥有研究生以上的学历人数分别增加了21人和597人，年平均增长率为22.91%及7.57%。高等院校和科研机构高素质人才的培养为中国农业生物产业技术创新提供了坚实的基础支撑。

此外，中国农业生物企业也加强了自身的人才积累。2003年，中国农业生物企业人数61 405人，其中科研人员8274人，占13.47%，企业研发人员中硕士和博士所占比例也由1999年的1%增加到2003年的2.1%，高级职称人员由1999年的1.58%增加到2003年的2.61%，表明中国生物企业的研发力量正逐步得到加强。

产业技术创新的系列化过程不仅需要从事基础领域研发人员，还需要将知识进行技术开发、生产的工程技术人员和将技术成果商业化的市场人才。然而，从创新人才的供需看，中国人才供求缺口较大，主要表现在以下两方面。一是基础性研究人才缺乏。目前，中国农业生物技术领域人才不足，并且由于体制及政策等多方面的原因，科技人员流失现象严重。据报道，中国有60%左右的科研精英出国或进入外企，地方农业科研单位从事生物技术的研究人员跳槽比例可能会更高。目前，美国拥有具备持续发表高水平论文实力的生物科学家超过4万人，其中包括华人科学家3000人，而中国大约只有500人。二是人才储备不足。目前，中国近百所院校及中国科学院系统设有389个生物类专业，其中一级学科博士授予点95个。据统计，1996～2002年，全国共录取1.5万名生物学及相关专业的博士研究生，依照这一培养速度，2005～2020年，仅能培养3万名生物学博士。而据估计，在未来的15～20年，中国在生物领域共需18万左右的研究人员，仅农业生物领域就需要4万左右的研究人员，此外还需工程技术人员约31万，农业生物领域需8.5万（表1-1）（朱玉贤，2005）。而以中国目前的人才培养速度，远远不能满足中国生物产业及技术的发展。

表1-1　2020年中国生物产业发展所需人才的基本估计

生物产业的技术类别	人才需求/万		
	研发人员	工程技术人员	一般从业人员
前沿生物技术	3	2	10
农业生物技术	4	8.5	120
医药生物技术	5	10	170
工业生物技术	3.5	7.5	100
林业生物技术	2.5	3	50

资料来源：朱玉贤，2005

1.3.2 技术研发现状分析

1.3.2.1 研究水平较高，但存在重复研究现象

经过 20 年的发展，中国在生物领域已积累了一定的研究能力，部分研究成果已达到了世界先进水平。如图 1-3 所示，在已取得的 640 项成果中，达到国际领先水平的有 70 项，占总成果的 11%；国际先进成果 155 项，占 24%；国内领先 309 项，为 49%，说明中国的研究水平较高。但我们也必须清楚地认识到，只有 35% 的研究成果跻身世界先进行列，多数成果离国际水平还有一定差距。[①]

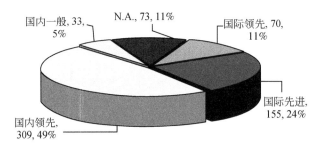

图 1-3　中国高校与科研机构的生物科技成果基本结构

注：N. A.（no answer）代表在调查中未作回答

资料来源：李学勇，2004

尽管中国在农业生物领域有许多创新研究成果，但重复性低水平研究现象也是普遍存在的。例如，在抗虫棉的研究上，在国内研究出的抗虫棉品种（系）很多，目前已经培育出了 64 种适应不同棉区需要的转基因抗虫棉品种，但缺乏真正有创新的好的新品种，一些科研单位处于低水平的重复研究阶段。

1.3.2.2 研究方式以独立研究为主，合作研究机制不健全

尽管中国产、学、研之间的联系日益密切，但由于各行为主体之间缺乏紧密的利益联系，因此，尚未形成完善的共同投入、共同参与、共享成果、共担风险的合作机制。国家发改委 2004 年对科研机构和高等院校及企业的调查显示，中国生物技术合作研发比例偏小，主要研发方式是独立研究。

如图 1-4 所示，在高校和生物科研机构 577 项有反馈的技术成果中，本国

---

① 由于没有收集到专门针对农业生物领域的数据，这里所用的是生物领域研究成果的调查数据。鉴于中国农业生物领域创新能力强，在生物领域中与国外差距最小，因此农业生物领域的水平应比总体水平更高。

产学研之间的研发合作项目只有196项，占总成果的34%，其中，研究机构与企业合作106项，研究机构之间合作90项，分别占18%和16%；与国外的合作只有16项，仅为总量的3%，高等院校及科研机构独立研究项目占绝大多数，达到了总成果的63%。此外，如图1-5所示，在190家农业生物企业产品来源调查中，自主开发的比例高达62%，而合作研发的比例只占21%。

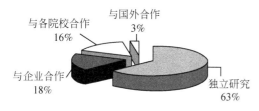

图1-4　高校与科研单位研究方式结构图　　图1-5　农业生物企业产品来源结构图
　　　　资料来源：李学勇，2004　　　　　　　　　资料来源：李学勇，2004

高校、科研机构与农业生物企业合作研发的比例偏低，说明目前中国产、学、研之间的合作并不密切，合作机制尚不健全，这会在一定程度上影响科研成果的转化和产业技术创新的效率。

1.3.2.3　企业规模小，尚未成为产业技术创新的主体

尽管中国农业生物企业有2000多家，但企业普遍规模较小，生产能力较弱。如表1-2所示，有关部门在2004年对657家生物企业进行调查，中国生物企业投资和生产规模都较小，大部分为注册资金1000万元以内的小型企业，占抽查企业的63%，注册资金在5000万元以上的企业仅占14%。从生产能力看，年产值在1000万元以下的占46%，年产值在5000万元以上的企业仅占26%。

表1-2　中国生物企业规模分布比例　　　　　　（单位：%）

注册资金/年产值	占企业总数的比重（注册资金）	占企业总数的比重（产值）
1000万元以下	63	46
1000万~5000万元	23	28
5000万元以上	14	26

资料来源：科学技术部专题研究组，2006

偏小的生产规模使生物企业在吸纳创新人才及融资方面都处于不利地位。目前，多数企业设备和技术条件相对落后，缺乏研发资金及创新能力，尚未成为产业技术创新的主体。尽管在被调查的产品来源中有61.9%来自于企业自主研发，但同时科研机构与高校研究成果自行转化的比重高达54%，这说明

企业所谓的自主研发成果往往是其主办或依托的科研院校的研究成果，科研院校仍然是技术研发的主体。而美国等发达国家在农业生物产业发展中，已成功实现了创新主体向企业的转变，这种转变有利于企业更好地根据市场激励积极寻求新的创新点。例如，美国的孟山都公司、杜邦先锋种业公司、德国的拜尔作物公司、瑞士的先正达等公司都有自己的研发中心，基本控制了世界市场转基因作物的种子研发与销售。

1.3.3 科技成果转化现状分析

1.3.3.1 转化模式以科研院校自行转化为主

目前，高校与科研机构作为技术成果的主要研究主体，其科技成果转化的主要方式是自行转化、技术入股和产权转化，其中，自行转化的比例较高。如图1-6所示，在有回复的成果转化方式中，高校与科研机构自行转化成果数为271项，占总数的54%，成为成果转化的最主要的方式。其中，科研机构的表现更为突出，其自行转化的成果数为235项，比例高达61%；而高校尽管自行转化成果数也居首位，比例为32%，但优势不明显，与产权转化和技术入股三种方式基本呈三分天下的态势。

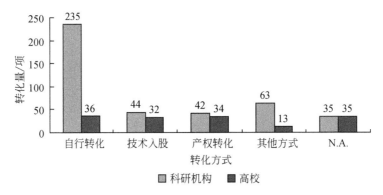

图1-6　中国高校与科研机构生物成果转化方式结构图

资料来源：李学勇，2004

从高校与科研机构成果转化方式中可以发现，科研机构与高校（或其职工）自办生物企业的现象非常普遍，其成果自行转化主要是通过自办企业模式进行。

1.3.3.2 成果转化存在较大的不确定性，成果产业化渠道不畅

一般而言，由于技术的开发方与吸收方不同，使他们对开发项目的价值选

择与研究方向不尽相同，这就造成双方在技术的供需上存在一定差距，带来成果转化方面的困难。但是，如果科研机构与企业有着密切的联系和合作，就可以直接将研发主体与受体联系在一起，从而保证科研成果的顺利转化。而目前中国高校、科研机构与生物企业合作研发的比重只有 18%，这就使成果在科研院校非自行转化中存在较大的不确定性。

在产业技术创新环节中，成果转化的最终目的是投入生产并产业化，而当前的成果转化模式不利于产业的发展壮大。这是由于中国目前高校与科研机构的成果多采取自行转化模式，虽然这种模式能够节约交易费用，但由于科研单位的商业运行能力较弱，在扩大企业规模、提高生产能力方面不具备优势，导致成果产业化渠道不畅，直接制约着产业化的规模和效果。

1.3.4 产业发展现状分析

1.3.4.1 总体呈现快速发展趋势，但产业化程度偏低

近年来，中国农业生物产业总体呈现快速增长趋势。如图 1-7 所示，2001～2003 年，基本经济指标都呈增长态势，销售收入、产业增加值、出口额及固定资产年均增长率分别为 26.62%、30.51%、19.89%、12.79%。同时，固定资产的增长率小于其他指标的增长率，说明目前中国农业生物产业已从投入期到了增长期，正在逐步走向成熟。

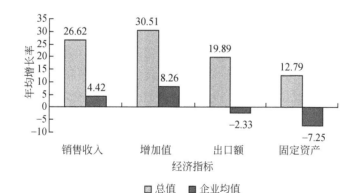

图 1-7　中国农业生物产业年均增长率（2001～2003 年）

资料来源：李学勇，2004

尽管产业总体呈增长趋势，但与国外典型国家相比，中国产业化程度相对偏低。产业技术创新的过程必须经过上游的研究开发、中试直至科研成果在下游的产业化、商品化才能完成。中国农业生物技术的上游研发水平与世界先进

水平差距不大，部分领域已达到国际领先水平，而在下游产业化水平与美国相比至少相差在 15 年以上。例如，中国在转基因产品领域获得了一系列突破，基因生物安全委员会已经批准 7 种转基因作物的商业化生产，但目前真正大面积产业化的产品只有转基因棉花，2006 年播种面积为 350 万公顷，而美国已经产业化的转基因商品有大豆、玉米、棉花、油菜、南瓜、木瓜、苜蓿等，播种面积为 5460 万公顷，是中国的 15.6 倍，阿根廷、巴西及加拿大等国产业化的转基因作物面积也分别是中国的 5 倍、3 倍和 2 倍。

1.3.4.2 产业内部发展不协调

随着中国农业生物产业的快速发展，产业内部发展不协调问题也日益凸显，主要表现在以下两个方面。

一是领域发展不平衡。农业生物技术是以基因工程、细胞工程、发酵工程和酶工程为主体的综合技术体系。20 世纪 70 年代，中国对细胞工程的研究开启了中国农业生物技术研究的大门，在随后的十几年中，中国的细胞工程无论在基础研究还是应用研究及产业化中都取得了显著成效。然而，20 世纪 90 年代以来，随着基因技术的迅猛发展，在农业生物技术领域逐渐出现了轻细胞工程重基因工程的趋势。目前，在国家及各地方的生物技术研究项目中，百分之七八十集中在基因工程（霍文娟，2001）。由于缺乏资金支持，致使细胞工程研究领域的大量技术人才流失，使得技术应用及产业化前景较好的单细胞培养及体细胞无性系变异等研究处于停滞状态，阻碍了农业生物产业健康、协调、均衡发展。

二是企业发展不平衡。如图 1-7 所示，产业内单位企业经济指标的平均增长率与产业总增长率存在较大差距，如企业平均销售收入和增加值的年增长率分别只占总增长的 16.6% 和 27.7%，而企业年均出口额和固定资产都呈负增长，这说明企业间的技术水平、规模及生产能力存在着较大差别，特别是新增企业的规模偏小，实力较弱。

1.4 中国农业生物产业技术创新能力分析

1.4.1 产业技术创新能力的内涵与评价

1.4.1.1 产业技术创新能力的含义

国际上的技术创新研究已近半个世纪，但明确提出技术创新能力并加以研究却是 20 世纪 80 年代以后的事。目前对技术创新能力的分析仍处于探索时期，尚未形成统一理论，术语也不统一。根据国内外对技术能力的研究总结，概括地说，技术创新能力指技术创新主体在一定的技术、经济条件下，以提高创新主体素质、增强竞争力为出发点及归宿，对其所拥有的技术创新资源的有效利用能力（吴友军，2004）。根据对象的不同，目前理论学者将技术创新能力划分为微观、中观、宏观三个层次，即企业技术创新能力、产业技术创新能力和国家技术创新能力。

由于产业技术创新是以市场为导向，以提高产业竞争力为目标，从新产品或新工艺设想的产生到经过技术获取到产业化整个过程的一系列活动的总和，因此，根据产业技术创新和技术创新能力的概念，本书对产业技术创新能力进行了定义：产业技术创新是指采用先进的科学技术和手段开发新产品、新工艺，并使其形成经济效益的能力，是推动产业发展的能力。

对产业技术创新能力的评价应当是以提高产业竞争力为方向，评价某一产业对各种技术创新资源有效利用的能力。其中，创新资源也根据创新主体的不同而有所区别，产业的技术创新资源除了包括其内部企业的创新资源外，还包括形成整个产业技术创新能力的各种要素，如技术创新的主体要素、功能要素（技术合作、扩散等）和环境要素等。此外，产业技术创新是一个整体过程，包括技术研发、成果转化、产业化等各个阶段，因此，产业技术创新能力应是各阶段能力的综合，对其能力的评价也应涵盖创新的各个阶段。

1.4.1.2 关于产业技术创新能力的评价

（1）对企业技术创新能力的评价

对于技术创新能力评价的研究，国内外学者已做了不少尝试，他们从不同角度出发，选择了大量评价指标，并且建立了相应的指标体系，但绝大多数都是针对企业技术创新而言。例如，Westphal（1981）从组织行为的角度把技术创新能力看成是组织能力、适应能力、创新能力和技术与信息的获取能力的综合；Seven Muller 认为，技术创新能力是产品开发能力、改进生产技术能力、储备能力、组织能力的综合；Burgelman（2001）认为，技术创新能力由可利用的资源、对行业竞争对手的理解、对环境的了解能力、公司的组织文化和结构、开拓性战略等方面组成；Barton（1992）从企业技术创新行为主体出发，认为技术创新能力是由技术人员和高级技工的技能、技术系统的能力、管理能力、价值观等内容组成。王伟强和许庆瑞（1993）认为，企业技术创新能力就是产品、工艺的创新能力，其评价指标由企业综合商品质量、产品研制周期、产品研制效率、样机生产周期、模具生产周期、工艺准备周期等方面构成。傅家骥等（1992）从技术创新投入与产出的不同侧面出发，以创新资源投入能力、创新管理能力、创新倾向、研究开发能力、制造能力及营销能力六个指标作为企业技术创新能力的主要评价指标。赵彦云和张明倩（2004）提出，企业技术创新能力评价指标应包括研发总支出、研究人员数量、专利申请情况及产品销售能力四大类。陈明炜（2005）构建了由创新投入能力、创新管理能力、研发能力、创新生产能力、创新营销能力和创新产出能力六大领域30个具体指标的企业创新能力评价体系，并在对各种评价方法进行优劣分析的基础上，选择了层次分析法对大连振邦氟涂料股份有限公司的创新能力进行了实证测算。

（2）对产业技术创新能力的评价

20世纪90年代以后，国内外学者逐渐开始探索用指标体系衡量产业技术创新能力。德国在进行产业技术创新能力调查时，用产业技术创新费用（科研开发费、产品试验费、产品设计费、购买专利费、市场调研费和因产品创新而从事的人员培训费之和）占企业销售额的比例来描述产业技术创新能力。加拿大的Debresson教授用7个指标来比较产业的技术创新能力，它们是人均创新资本、创新资本投入强度、人均专门创新资本、人均非专门创新资本、单位销售人员分摊的专门创新资本、出口占总销售收入的比重、企业的创新倾向[①]。

目前，国内对产业技术创新能力的研究不多。李荣平和李剑玲（2003）在对产业技术创新能力的概念和构成要素进行探讨的基础上，提出了从技术创新能力形成过程的角度对产业技术创新能力进行评价的理论，并构建了包括创新技术基础、创新转化能力、创新经济支撑能力三大模块5类要素21个具体指标。吴友军（2004）在科学性、可比性、成长性以及定性与定量相结合的原则下，从创新资源投入能力、创新资源管理能力、研究开发能力、创新制造能力、创新产出能力、创新决策能力6个方面构建了产业技术创新能力评价指标体系，选取了24个具体指标。陈权宝和聂锐（2005）从人员、机构和设备、经费筹集、经费支出、科研和盈利6个方面选取了26个指标，并采用全局主成分分析法对指标进行赋权，考察了中国高技术产业技术创新能力的变化。刘婧姝和刘凤朝（2007）在前人分析的基础上，将产业技术创新能力分为产业内企业创新能力和产业组织与环境要素两大模块。在产业内企业创新能力评价中，他们选择了创新资源投入能力、创新产品产出能力和生产制造能力3类指标19个具体指标进行测评；在产业组织与环境要素评价中，他们罗列了技术

---

① 人均创新资本=创新资本投入/职工人数；创新资本投入强度=创新资本投入/销售收入；人均专门资本=专门的创新资本投入/职工人数；人均非专门创新资本=非专门的创新资本投入/职工人数；单位销售人员分摊的专门创新资本=专门的创新资本投入/销售人数；出口占总销售收入的比重=出口额/销售收入。

扩散能力、市场结构和创新环境支撑能力 3 类指标 13 个具体指标。王建（2007）从可操作性和产业技术创新过程角度出发，从创新资源配置能力、研究开发能力、创新资金支撑能力、创新产出能力 4 方面构建了高新技术产业技术创新能力的 16 个评价指标。张倩男和赵玉林（2008）构建了创新投入能力、创新产出能力和创新支撑能力 3 个一级指标和 15 个具体指标，评价了湖北省高技术产业的技术创新能力，得出了湖北省高技术产业创新能力趋于增强的结论。

国家计划委员会产业发展研究所（以下简称"计委产业发展所"）评价产业技术创新能力主要采用三类指标：一是产业技术创新能力的显示性指标或产出类指标，如市场占有率、生产率、新产品产值率、专利数；二是产业技术创新能力的直接因素指标，如技术创新经费投入、产业技术装备水平、技术人员投入；三是产业技术创新能力的间接因素指标，如产业结构、创新环境、经营管理水平。这些指标从一定程度上反映了产业技术创新的状况，但其指标的设置不够全面，并且大多数指标没有给出评价时的测度方法。

从以上研究可见，尽管研究技术创新能力已经有 20 多年的历史，但到目前为止，理论学界仍没有一套统一的评价指标体系。这是由于不同学者对产业技术创新能力的理解不同，且技术创新最终实现的范围很广，加之不同产业创新活动方式不尽相同，影响不同产业技术创新的因素也不尽相同，所以只能根据不同类型的技术创新而采用不同的评价指标。因此，在对产业技术创新能力的评价中，应根据不同产业的类型，结合对产业技术创新能力的共性理解，构建相应的指标体系。

1.4.2 中国农业生物产业技术创新能力指标体系的设计

对农业生物产业技术创新能力评价指标的构建，笔者将根据农业生物产业技术创新的特点，以产业技术创新过程为主线，在借鉴前人研究的基础上，紧密结合各创新要素，建立一套较为可行的评价指标体系。

1.4.2.1 指标体系的设计原则

产业技术创新能力涉及的指标众多，为了能有效利用现有数据，客观、科学地评价农业生物产业的技术创新能力，在设计指标体系时，应力求遵循以下四条原则。

1）科学性原则。指标体系的科学性是确保评估结果科学的前提。因此，设计产业技术创新能力评估指标体系时要考虑到产业技术创新要素及指标结构整体的合理性，从不同方面设计若干反映产业技术创新状况的指标，并且指标要有较好的可靠性、独立性、代表性。

2）系统性原则。技术创新能力评价指标体系不是指标的简单堆积，其设立应遵循产业技术创新的主线，围绕产业技术创新的各要素展开，顺应创新体系的内在技术经济联系，做到指标选取系统化。

3）可操作性原则。虽然从理论的角度可以设计出一个较为理想的指标体系，但在实践中，评价指标体系要充分考虑到可操作性的原则，需要注意以下三方面：一是选取指标所需的数据资料要易于获取；二是数据资料的可量化性，即使定性的指标也能简洁赋值量化；三是评价指标不能过多或过少，应做到繁简适中。

4）可比性原则。要对评价指标体系中各个指标的含义、统计口径和适用范围进行明确，保证评价结果能够进行横向和纵向的比较。同时，对于统计口径不同的指标可相应采用比率指标，使结果更具可比性。

1.4.2.2 农业生物产业技术创新能力的构成

从产业技术创新的含义可见，产业技术创新能力的形成与提高都是在新技术、新工艺从产生到应用再到产业化的不断循环中实现的，是产业内部各创新主体共同作用的综合结果（李荣平和李剑玲，2003）。因此，对农业生物产业技术创新能力的评价，本书着眼于产业技术创新能力形成的全过程，通过过程研究把握产业技术创新的整体，同时兼顾农业生物产业技术创新的高投入、高知识、高政策影响性等特点，从以下四方面构建农业生物产业技术创新的评价指标体系。

一是产业技术创新的资源配置能力。它是指产业进行技术创新所具有的基础能力。从整体上看，产业从事技术创新活动的数量、频率和水平是整个产业技术创新能力的具体体现，而技术创新活动的数量、频率和水平是由其所拥有的科技资源水平所决定的（李荣平和李剑玲，2003）。因此，它是产业技术创新最基础的影响因素。本部分主要是对所评价对象的技术创新潜力进行衡量，即技术创新活动过程中资源的配置，这种配置包括人力、技术和资金等方面。

二是研发能力。主要是指产业技术创新过程中总体研究水平的高低。它不仅代表了一个产业技术创新能力已达到的实际水平，也影响着产业未来技术创新能力的变化趋势，是最为直接的影响因素，也是产业技术创新中最关键的环节。特别是对生物产业这样的高技术领域而言，研发能力直接关系着一个产业技术创新的成败，是整个创新的灵魂。

三是技术创新的转化产出能力。它不仅反映了科研成果转化的最终结果，而且是支撑技术创新的产业经济基础。一个产业的经济支撑力不但可影响所有创新活动参与者的行为,而且对本产业创新意识、创新文化的形成和发展具有明显的促进或制约作用。因此,产业经济支撑力与技术创新能力两者之间存在明显的正相关关系,本部分反映的是农业生物产业技术创新实际能力在创新产出方面所带来的直接或间接结果。

四是创新政策支撑力。它是指创新政策及制度等对产业技术创新的支撑能力。农业生物产业技术创新对政策环境非常敏感,它直接影响着创新主体的积极性和创新的进程。国内外技术创新的实践证明,创新政策环境对技术创新能力有很强的促进或约束作用,两者之间存在着明显的相关性,因此,政策环境是考察生物产业技术创新能力不可缺少的环节。需要说明的是,某些政策对创新有一定的约束作用,但考虑到其作用效果已经在资源配置、研究开发、产业化领域有所反映,为了避免过度衡量,本书从其对创新的支撑效果进行考察。

1.4.2.3 指标体系的建立

由于目前国内外关于农业生物产业与技术创新方面的统计数据较少,且统计口径不统一,如果选取的指标很多,却收集不到数据,那么研究结果也缺乏实际意义。因此,本书根据产业技术创新的构成、评价原则和农业生物产业技术创新特点及统计数据的现实情况,建立了由 4 大模块、13 个具体指标构成的创新能力评价指标体系,如表 1-3 所示。

表 1-3 农业生物产业技术创新能力评价指标体系

目标层 X	准则层	指标层 X_i
农业生物产业技术创新能力	技术资源配置能力	研发投入强度 X_1
		科研人员比重 X_2
		总融资水平 X_3
	研究与开发能力	产业专利申请数 X_4
		产业专利申请数增长率 X_5
		参与技术研发活动的农业生物企业数量 X_6
		研究文献数量 X_7
		研究成果数量 X_8
	创新产出能力	农业生物产业销售收入 X_9
		全员劳动生产率 X_{10}
	创新政策支撑力	生物安全管理支撑力 X_{11}
		知识产权保护制度支撑力 X_{12}
		公共研究投资政策支撑力 X_{13}

注:表中研发投入强度 = 研发经费/销售收入;研究人员比重 = 科研人员数量/从业人员数量

在具体指标构建中，本书用研发投入强度（研究经费/销售收入）、融资水平、科技人员比例（科研人员/总人员）3 个指标分别衡量人才、资金、技术等创新资源的配置能力。同时，本书通过农业生物产业专利申请数量及变化率[①]、有技术活动的农业生物企业数量、研究文献的数量和研究成果数量 4 个指标来衡量农业生物产业研究开发能力的大小。此外，本书采用农业生物产业的销售收入和劳动生产率两个指标分别表示技术创新的直接产出能力和间接产出能力。而对于创新政策环境的影响，本书则选取了农业生物安全管理政策支撑力、知识产权保护政策支撑力及公共研究投资政策支撑力 3 个指标来衡量[②]。

1.4.3　中国农业生物产业技术创新能力的实证分析

1.4.3.1　样本选择与数据来源

根据上面分析得出的产业技术创新能力评价指标，本书选取了中国、美国、法国、加拿大、英国等国家的相关数据进行量化。被选择比较的国家都是生物产业强国，其对生物产业的统计较其他国家早，相比其他统计不健全的国家而言，相对容易收集到本研究所需数据。

数据的主要来源是 OECD 的 *Biotechnology Statistic* 2006、Ernst & Young 公司 *Global Biotechnology Report* 2005 ~ 2006 年相关国家的统计数据、《中国生物产业调查报告》、*Europabio Annual Report* 2005 ~ 2006 年报告等。此外，一些个别的数据还来源于一些国家相关文献资料，如 Prakash Chand 的 *Biotechnology research profile of India*，所得结果如表 1-4 所示。

表1-4　农业生物产业技术创新能力评估基础数据

指　　标	中国	美国	法国	德国	加拿大	英国
研发投入强度 X_1	0.28	0.45	0.11	0.10	0.05	0.15
研究人员比重 X_2/%	44.55	42.61[(1)]	47[(1)]	33.3[(2)]	15.27[(1)]	43[(1)]
总融资（2006）X_3/百万美元	83.14	20313	687.4	606.2	1803	1093.4
生物专利比重 X_4/% [(3),(4)]	1.7	43.3	3.6	9.6	2.7	5.3
生物专利申请增长率 X_5/%	49.3	1.5	6.3	10.1	5.2	2.8
参与研发的农业生物企业数 X_6/家	190[(5)]	216	52	30	131	34

---

① 将专利申请的变化率作为一项指标，主要是考虑到我们采用的是在欧洲专利局申请的数据，不能真实反映中国的真实水平，因此加入了一个申请的变化率反映中国在这方面的发展，弥补绝对指标数据偏低的缺陷。

② 影响创新的具体政策和措施很多，很难一一量化，本书是从大的环境角度选择农业生物技术创新最为敏感的政策。

指　标	中国	美国	法国	德国	加拿大	英国
科学文献数量 X_7/千篇[6]	193	1135	51.72	74.97	251.64	378.25
生物技术研究成果 X_8/项[7]	157	903	15	35	153	213
产品销售收入 X_9/百万美元	1 860	8 520[9]	90.5	207.8	1 735	620.3
劳动生产率 X_{10}（百万美元/人）[8]	0.22	0.27	0.24	0.24	0.94	0.38
农业生物安全管理政策支撑力 X_{11}	2	2	1	1	2	1
知识产权保护支撑力 X_{12}	3	3	2	2	3	2
公共研究投资政策支撑力 X_{13}	3	3	3	3	3	3

注：（1）结果是按照企业所有研究人员/所有雇员计算得出的；（2）结果是按仅研究生物技术的人员/与生物技术相关雇员计算得出的；（3）在欧洲专利局（EPO）申请的数据，1995~2003（OECD）；（4）采用生物技术专利代替；（5）国家发改委对全国 17 个省市调查的有自主研发的农业生物企业数；（6）科学文献数量是截至 2004 年的数据，计量标准是以英文发表的篇数，中国、法国、德国等非英文国家的篇数有被低估的倾向；（7）截至 2004 年生物技术研究成果总数；（6）和（7）中用生物方面的文献和成果总数分别乘以农业生物产业研发占生物产业研发的比重表示农业生物方面的成果；（8）除中国外，其他各国的从业人数为核心农业生物公司人数（核心生物公司是进行以研发主的公司）。为了统一比较，中国的从业人数采用的是技术人员数（理论上值偏高于国外）；（9）美国的农业生物的一部分被划入工业生物产业。此外，中国的研究人员包括企业与研究机构的研究人员

资料来源：OECD，2006；Ernst & Young，2006，2007；李学勇，2004；Patra Chand，2005

在政策支撑力数据方面，由于政策影响是定性指标，为了便于测度，笔者借鉴国外对政策环境的分类及张银定和王琴芳（2001）的分类方法，将政策取向分为促进型、认可型、谨慎型、禁止型 4 种类型，并采用模糊数学的方法，将以上 4 类分别赋值为 3、2、1、0。[①]

1.4.3.2　指标的进一步筛选与处理

（1）指标筛选

由于综合评价方法最终以加权的形式获得最终的评价结果，而这一方法要求指标体系之间相互独立，以确保评价指标之间的信息不会相互重叠。因此，本书利用 SPSS 软件进行指标筛选的计算，采用 Pearson 简单相关系数法测度构成要素指标之间的相关性。在处理中，考虑到政策支撑力指标赋值相对简单，容易导致假高度相关性，因此，本书仅计算 $X_1 \sim X_{10}$ 的相关性，计算结果如表 1-5 所示。

---

① 具体分类方法和各国类型见附表 1 及附表 2。

表 1-5　农业生物产业技术创新能力指标相关系数

	X_1	X_2	X_3	X_4	X_5	X_6	X_7	X_8	X_9	X_{10}
X_1	1									
X_2	-0.091 69	1								
X_3	0.821 51	0.170 22	1							
X_4	0.807 23	0.157 18	0.781 65	1						
X_5	0.188 90	-0.238 37	-0.344 78	-0.363 41	1					
X_6	0.345 47	-0.438 63	0.629 39	0.528 97	0.389 29	1				
X_7	0.733 29	0.047 60	0.862 14	0.727 44	-0.310 72	0.638 43	1			
X_8	0.769 28	-0.035 57	0.875 25	0.742 26	-0.250 48	0.688 40	0.995 04	1		
X_9	0.757 36	-0.225 45	0.997 38	0.782 09	-0.283 69	0.788 78	0.757 67	0.775 89	1	
X_{10}	-0.466 58	-0.068 85	-0.130 12	-0.243 23	-0.295 18	0.057 88	-0.062 80	-0.103 16	-0.073 07	1

按查表得 $F_{\alpha=0.01} = 0.8343$。结果显示：总融资水平 X_3 与 X_7、X_8、X_9 呈现高度相关性，说明 X_3 设置重复，因此将 X_3 剔除。此外，科学文献数量（X_7）与生物技术研究成果（X_8）相关系数很高，说明这两项指标极其相似，选择其一即可，因此剔除指标 X_7。需要指出的是，一些指标之间呈现负相关性，仔细分析发现，主要是由样本数据偏少引起的。

（2）指标聚类分层

对指标筛选后，还有必要对指标间层次关系进行分析和整理。虽然在初选指标时按照创新途径进行了分类，但那主要是依靠主观经验判断进行的，从数据的角度分析是否合理以及第一层次以后的更进一步划分问题，要依靠数学统计方法进行精确的计算和验证。本书利用 SPSS 软件将以上指标进行模糊聚类分析，根据生成的聚类结果，本书将指标最终分层，如表 1-6 所示。

表 1-6　农业生物产业技术创新能力评价指标分层结果

评价目标	一级指标	二级指标
农业生物产业技术创新能力	创新基础及研发能力	X_1、X_2、X_4、X_5、X_6、X_8
	创新产出能力	X_9、X_{10}
	政策环境支撑力	X_{11}、X_{12}、X_{13}

1.4.3.3　评价指标赋权

（1）赋权方法的选择

产业技术创新能力指标赋权法分为主观赋权法与客观赋权法。主观赋权法主要采用综合咨询评分的定性方法确定权重，这种方法能够综合反映专家以及研究人员对于指标的主观认识，包含长期研究的经验性信息，得出的权重信息能够得到广泛认可，但是由于完全采用定性方法，难免出现由于对数据信息掌握不够充分而产生的认识偏差，进而导致所确定的权重不够准确的问题。客观赋权法是根据各个指标之间的相关关系或各项指标的变异程度来确定权数，即信息权重。客观赋权法避免了人为主观判断因素带来的权重偏差，但由于忽略了指标本身的重要程度，有时确定的指标权数与预期的不一致。另外，同样的指标体系对于不同的样本权数也不完全一样。鉴于此，本书分别选择一个主观赋权法和一个客观赋权法进行综合赋权。

主观赋权法的核心是专家评分，因此，本书选用专家评分法进行主观赋权。客观赋权法应用较多的有主成分分析法、变异系数法、熵权法等。由于本书样本量不大，不适合主成分分析法，而变异系数赋权法和熵权系数法的特点与原理类似，均属于易操作、适用范围广泛的指标赋权方法，本书选变异系数法进行客观赋权。

变异系数法是经济统计中常用的一种衡量数据差异的统计指标。在多指标综合评价中，如果某项指标在所有被评价对象上观测值的变异程度较大，说明评价对象达到该指标平均水平的难度较大，应当赋予较大的权数；反之，则应赋予较小的权数。变异系数的定义是 $C = \sigma/\mu$，其中 σ 为总体的标准差，μ 为总体的均值。

假设用于评价产业技术创新能力的指标有 m 个，要评价的地区有 n 个，根据变异系数的定义，确定变异系数的步骤如下。

第一步，计算各个指标的标准差 σ_j，该值反映了各个指标的绝对变异程度，即

$$\sigma_j = \sqrt{\frac{1}{n} \sum_{i=1}^{n} (x_{ij} - \bar{x}_j)^2} \quad , j = 1, 2, \cdots, m$$

第二步，计算各个指标的变异系数 C_j，该值反映了各个指标的相对变异程度，即

$$C_j = \sigma_j / \bar{x}_j$$

第三步，对各个指标的变异系数进行归一化处理，得到各个指标的权数 w_j，即

$$w_j = C_j \Big/ \sum_{j=1}^{n} C_j$$

则各个指标权数向量为：$W = (w_1, w_2, \cdots, w_m)$。

（2）指标赋权结果

由于主观赋权法和客观赋权法均存在优点和不足，无法确定两者在组合

权重中的重要程度，因此，本书各按 50% 的概率取平均值。根据专家对各指标的赋权结果①及本书对变异系数的计算，得出各指标的权重如表 1-7 所示。

表 1-7　农业生物产业技术创新能力评价指标赋权结果

一级指标	主观权重	客观权重	组合权重	二级指标	主观权重	客观权重	组合权重
创新基础及研发能力	0.51	0.69	0.60	研发投入强度 X_1	0.13	0.09	0.11
				研究人员比重 X_2	0.10	0.04	0.07
				生物专利比重 X_4	0.07	0.16	0.11
				生物专利申请增长率 X_5	0.06	0.16	0.11
				参与研发的农业生物企业数 X_6	0.07	0.09	0.08
				生物技术研究成果 X_8	0.08	0.15	0.12
创新产出能力	0.24	0.24	0.24	产品销售收入 X_9	0.11	0.16	0.13
				劳动生产率 X_{10}	0.13	0.08	0.11
政策环境支撑力	0.25	0.07	0.16	农业生物安全管理政策支撑力 X_{11}	0.07	0.04	0.05
				知识产权保护支撑力 X_{12}	0.10	0.03	0.07
				公共研究投资政策支撑力 X_{13}	0.08	0	0.04
总计	1	1	1		1	1	1

1.4.3.4　计算结果及结论

（1）数据标准化处理

为了消除原始变量量纲的影响，本书采用线性插值法对指标进行标准化处理。线性插值法是直线无量纲化方法中的一种，该方法对指标数据的个数和分布状况没有特定要求；转化后的数据都在 [1，100] 之间，便于数学处理，适合中国与其他国家创新能力的比较。鉴于所选取国家的生物产业发展较早，积累了一定的创新能力，本书将采用模糊数学的方法将指标数值限定于 [40，100] 的范围②，其具体公式如下：

$$y_{ij} = \frac{x_{ij} - x_{i\min}}{x_{i\max} - x_{i\min}} \times 60 + 40$$

式中，x_{ij} 为第 i 项指标第 j 个国家的具体数值；$x_{i\min}$ 为第 i 项指标中的最小值；

① 专家赋权评分表见附表 3。
② 借鉴李荣平、李剑玲在《产业技术创新能力评价方法研究》一文中的方法。

x_{imax} 为第 i 项指标中的最大值，标准化后的数据见附表4。

（2）评价分析及结论

根据计算的标准化数据及相应权重，按照 $y = \sum_j x_j w_j$ 计算各国农业生物产业的技术创新能力，结果如表1-8所示。

表1-8　农业生物产业技术创新能力得分

指　标		国　家					
		中国	美国	法国	德国	加拿大	英国
		68.4	84.28	46.90	46.12	59.71	49.73
一级指标	创新基础及研发能力	43.56	52.82	30.71	29.83	28.39	31.78
	创新产出能力	11.24	17.86	9.79	9.89	17.72	11.55
	政策环境支撑力	13.60	13.60	6.40	6.40	13.60	6.40
二级指标	研发投入强度 X_1	8.20	11	5.39	5.23	4.40	6.05
	研究人员比重 X_2	6.68	6.42	7	5.19	2.8	6.47
	生物专利比重 X_4	4.40	11	4.70	5.65	4.55	4.97
	生物专利申请增长率 X_5	11	4.40	5.06	5.59	4.91	4.58
	参与研发的农业生物企业数 X_6	7.33	8	3.76	3.20	5.81	3.30
	生物技术研究成果 X_8	5.95	12	4.80	4.97	5.92	6.41
	产品销售收入 X_9	6.84	13	5.20	5.30	6.72	5.69
	劳动生产率 X_{10}	4.40	4.86	4.59	4.59	11	5.86
	生物安全管理政策支撑力 X_{11}	5	5	2	2	5	2
	知识产权保护支撑力 X_{12}	7	7	2.80	2.80	7	2.8
	公共研究投资政策支撑力 X_{13}	1.60	1.60	1.60	1.60	1.60	1.60

表1-8直接给出了创新能力的得分，便于我们对评价对象的创新能力高低作出准确判断，但是很难判断其与最优对象的差距和所处等级。为了更加直观地说明这些问题，本书根据公式 $d_i = (y_{max} - y_i) / y_{max} \times 100\%$ 对上表的一级指标进行进一步处理（刘婧姝和刘凤朝，2007），计算出各国农业生物产业技术创新能力的得分差距，如表1-9所示。它反映的是每一综合评价指标与最优值之间的差距大小，如果表中数值越大，说明与最优值之间的差距越大。如果以差距20%为量度，可以将世界各国的创新能力分为5个等级。

表1-9　农业生物产业技术创新能力得分差距　　　（单位:%）

指　标		国　家					
		中国	美国	法国	德国	加拿大	英国
		18.84	0	44.35	45.28	29.15	40.99
一级指标	创新基础及研发能力	17.53	0	41.85	43.52	46.25	39.83
	创新产出能力	37.07	0	45.18	44.62	0.78	35.33
	政策环境支撑力	0	0	52.94	52.94	0	52.94
二级指标	研发投入强度 X_1	25.45	0	51	52.45	60	45
	研究人员比重 X_2	4.57	8.28	0	25.86	60	7.57
	生物专利比重 X_4	60	0	57.27	48.64	58.64	54.82
	生物专利申请增长率 X_5	0	60	54	49.18	55.36	58.36
	参与研发的农业生物企业数 X_6	8.38	0	53	60	27.38	58.75
	生物技术研究成果 X_8	50.42	0	60	58.58	50.67	46.58
	产品销售收入 X_9	47.38	0	60	59.23	48.31	56.23
	劳动生产率 X_{10}	60	55.82	58.27	58.27	0	46.73
	生物安全管理政策支撑力 X_{11}	0	0	60	60	0	60
	知识产权保护支撑力 X_{12}	0	0	60	60	0	60
	公共研究投资政策支撑力 X_{13}	0	0	0	0	0	0

从表1-8可见，在选取的国家中，美国的农业生物产业技术创新能力综合得分最高，为84.28，排名第一；中国得分为68.4，排名第二；而加拿大、英国、法国、德国得分比中国低，分别为59.71、49.73、46.9及46.12，说明中国的农业生物产业技术创新总体能力较强。

此外，从表1-9中还可发现，中国创新能力综合得分与最优国美国之间的差距为18.84%，根据本书的划分标准，可将中国的创新能力与美国一道归为创新能力最强的第一等级，但属于第一阶梯中实力较弱的国家。加拿大、英国、法国、德国与美国的得分差距分别为29.15%、40.99%、44.35%、45.28%，按照20%为量度的划分标准，加拿大位居第二阶梯，其他三国位居第三阶梯。

然而，从中国总体得分情况看，中国得分仅为68.4分，只是达到了及格分数。从得分差距来看，中国与最优国美国的综合创新能力存在着18%的差距，这说明中国在农业生物产业技术创新的许多方面都存在不足。

从一级指标的得分看，中国农业生物产业技术创新能力虽然较强，但指标之间发展不平衡。如表1-8和1-9所示，中国的创新基础与研发能力得分为

43.56，排名第二，与实力最强的美国的差距为 17.53%，尽管与美国处于同一梯队中，但差距较大；而创新产出能力则处于弱势，得分仅为 11.24 分，落后于美国、加拿大及英国，排名第四，与美国的差距也扩大为 37.07%，与英国、法国、德国等国一道位于第二梯队中；政策环境支撑力则与美国、加拿大一起处于第一梯队中[①]。

进一步考察二级指标，可以发现，中国在生物专利申请增长率、生物安全管理政策支撑力、知识产权保护支撑力、公共研究投资政策支撑力方面都处于最优水平。其中，生物专利申请增长率得分高于其他国家，说明中国在生物专利申请方面的发展势头很好[②]，其他三个政策环境支撑力指标得分则与最优国美国、加拿大没有差距。除了以上 4 个指标外，中国在其他指标得分方面与最优国之间都存在一定差距。其中，研究人员比重与参与研发的农业生物企业数两项指标与最优国之间的差距较小，仅为 4.57% 和 8.38%，而研发强度、生物专利比重、研究成果数、产品销售收入和劳动生物率与最优国的差距较大，分别为 25%、60%、50%、47% 和 60%，表明研发投入低、专利与研究成果不足、产业发展落后及劳动生产率低下是制约中国农业生物产业技术创新能力的主要因素。尽管本书采用的生物专利数为欧洲专利局的统计数据，中国的国内专利数应高于此，但已采用了生物专利申请增长率指标与之进行平衡。此外，研究成果数、产品销售收入等差距很大也足以说明中国在这些方面处于弱势。

另外需要指出的是，我们一向认为欧盟一些典型国家，如英国、法国、德国等的生物产业技术创新能力很强，但如表 1-8 所示，其在农业生物领域的技术创新能力低于中国水平，在世界范围内不具备优势。究其原因，主要是欧洲民众对转基因产品的质疑和政府严格的农业生物安全管理制度[③]抑制了其在农业生物领域的创新积极性。

从以上分析可以得出如下结论。从总体上看，中国农业生物产业技术创新能力较强，与创新能力最强的美国同处于第一梯队，但从总得分看，中国的创新能力得分不高，与第一梯队的"领队"美国相比，存在着较大的差距，表明中国在农业生物产业技术创新方面还存在着许多不足。这种不足主要表现在创新基础与研发能力和创新产出能力不高、发展不平衡等方面，其中，创新产

① 政策环境支撑力只是从对农业生物产业最为敏感的生物安全管理政策、知识产权保护、公共研究投资政策等大的方面评价，它们得分相同，并不代表各国在创新政策的举措与效果完全相同。

② 生物专利申请增长率这项指标是为了弥补中国在欧洲专利局申请专利的数量低于中国国内的真实水平而被采用的，其作用只是对专利申请数量指标进行平衡，因此，本书对这项指标不做太多分析。

③ 欧盟公布的一份内部报告称，在欧盟，至少需要花费两年半的时间才能完成一项新转基因产品的批准，而美国一般只需 15 个月。

出能力较美国存在较大差距。

进一步分析原因，可以发现，虽然中国在研究人员和参与研发的农业生物企业的相对数量上与美国相当，但研发投入低、专利申请与研究成果不足是造成中国农业生物产业的创新基础与研发能力比美国低的主要因素，而劳动生产率及产业业绩水平大幅度落后于美国则导致了中国的创新产出能力差。这些不足也是今后中国应致力于提高和完善的方向。

1.5 本章小结

本章对中国农业生物产业技术创新的现状与现实能力进行了详细考察，提供了一个关于中国农业生物产业技术创新方面的总体印象。

本章在对农业生物产业的概念及其创新的特点进行界定和分析的基础上，考察了中国农业生物产业技术创新取得的成效。总体而言，创新不仅取得了一系列技术上的突破和应用，使产业发展呈现快速增长态势，而且还培养建立了一支实力雄厚的创新队伍。

在此基础上，本章着眼于产业技术创新的全过程，分别从创新资源配置、技术研发、科技成果转化、产业发展四个方面分析了中国农业生物产业技术创新的现状。分析表明，中国农业生物产业的研发资金投入总量和研究人员数量都呈增长趋势、整体研究水平较高，产业也呈快速发展态势，但在创新中也存在人才缺口大、产学研合作机制不健全、成果转化的不确定性大、企业尚未成为技术创新主体、产业化程度偏低等问题。

随后，本章对中国农业生物产业技术创新的现实能力进行了实证分析。本章从产业技术创新的资源配置能力、技术研发能力、成果转化产出能力及创新政策支撑力四个方面设立了中国农业生物产业技术创新能力的评价模型，并通过相关性分析和聚类分析对指标进行了筛选与归类，随后采用了专家评分与变异系数法进行主客观综合赋权，对中国及国外典型国家的农业生物产业技术创新能力进行了实证分析与比较。实证结果表明，中国农业生物产业的总体创新能力较强，与美国处于能力最强的第一梯队中，但与美国还存在着18%的差距，这种差距主要表现在创新基础与研发能力不高，创新产出能力较差等方面，而研发投入低、专利申请与研究成果不足、劳动生产率低及产业业绩水平差等问题是造成差距的主要原因。

第 2 章
世界典型国家农业生物产业技术创新路径考察

发展生物产业、抢占生物经济制高点、保障国家生物安全已经成为当今世界各国特别是大国经济社会发展的重点。各国为了实现上述目标，在世界范围内掀起了以生命科学研究和技术创新为起点的生物产业科技创新竞争。本章将重点考察美国、欧盟及典型发展中国家的农业生物产业创新路径，旨在为中国农业生物产业的创新提供一定的参考与借鉴。本书认为，创新路径是一个总体概念，从宏观上看，产业技术创新路径涉及整个产业走什么样的道路；从微观上看，涉及各个创新主体采取什么样的模式实现创新。因此，本章在分析各国农业生物产业技术创新历程的基础上，从创新途径及实现这种途径的具体模式考察各国的创新路径[①]。

2.1 美 国

美国是自主创新的典范，从飞机、汽车、打印机到玻璃纸的发明，美国始终坚持走自主创新道路。作为现代生物技术的发祥地，农业生物产业的技术创新也不例外。这种创新路径的选择是时间、环境及政府、企业和研究院校共同作用的必然结果。

2.1.1 美国农业生物技术创新历程及产业化情况

早在 1865 年，奥地利的修道士 Gregor Mendel 研究了豌豆的遗传规律，催生了科学基础上的遗传学，为科学家们打开了一扇新的大门。随后，密歇根州植物种植者毕尔（William J. Beal）在 1880 年发现了杂交的契力，并在实验室

---

① 本书根据目前理论学界的研究，将创新途径分为自主创新和模仿创新，为了更好地保持整篇研究的结构性，本书在第 4 章和第 5 章分别详细介绍创新途径及创新模式的分类。

培育出杂交玉米。20 世纪 20 年代 Henry Wallace 在毕尔研究的基础上培育出了第一个杂交玉米种子，并在 1933 年开始进行商业化，到 1945 年，杂交玉米产量已占美国玉米的 78%。此后，美国的杂交作物开始陆续走入世界市场（张薇等，2008）。但此时，基因本身仍保持着"看不见、抽象化的状态"，直到 20 世纪中期，美国才真正进入农业生物技术突破与产业发展的快车道。美国生物产业组织（BIO）总结了促进现代生物技术及产业发展的 4 个里程碑，它们也是美国生物技术创新的里程碑。

第一个里程碑是在 1938 年，由加利福尼亚技术学院的马克思·德尔布鲁克进行的对遗传信息的物质载体——DNA 的鉴定识别。

第二个里程碑是在 1953 年，美国生物学家 James Watson 和 英国生物学家 Francis Crick 联合在 *Nature* 杂志发表了描述 DNA 双螺旋结构论文，标志着现代遗传学时代的开始。

第三个里程碑是在 1973 年，美国生物学家 Stanley Cohen 和 Herbert Boyer 完善了 DNA 切割和粘贴技术，在细菌中成功复制了新的 DNA，标志着全球基因工程的开始。

第四个里程碑是在 1975 年，由西泽·米尔斯坦和乔治·科勒发明的杂种细胞融合技术，它使不同细胞的细胞核和细胞质能结合在一起，形成理想的供体细胞特征的杂种细胞（本·斯泰尔等，2005）。

当取得了上述发展成果并将其公布后，美国的农业生物技术及产业化进入了加速发展阶段。

在动物生物技术创新及产业化方面，1981 年，俄亥俄州立大学的科学家 Martine Cline 和工作人员生产出全球首头转基因动物——转基因小鼠；1988 年，哈佛分子遗传学家研制的转基因小鼠首次获得美国专利。1983 年，Kary Mullis 提出了聚合酶链反应（PCR）技术，通过耐热的聚合酶可将特定的基因无限扩增，随后成为在全球生物技术研究和生物技术产品开发方面的重要工具。在英国克隆羊诞生后，1999 年，华裔科学家、美国康涅狄格大学教授杨向中小组成功克隆出世界首例非生殖细胞克隆牛"艾米"，此后克隆牛逐渐进入市场。此外，美国科学家还将克隆技术与转基因技术有效结合，于 1997 年用转染的胎儿成纤维细胞获得了 6 头能高水平表达人凝血因子的转基因克隆绵羊。2002 年 1 月，美国 Immerge 公司获得了 4 只"基因敲除"克隆猪，标志着人类离利用克隆技术和转基因技术产生动物反应器生产珍贵蛋白和药物及产生动物模型付诸异种器官移植的目标已越来越近（张薇等，2008）。此外，美国科学家还采用转基因技术，使奶牛产生的牛奶蛋白质含量提高很多，为今后高等生物的转基因食品研究开创了先河。但是，出于对转基因动物产品的担忧，目前人们还只是消费转基因植物产品，转基因动物产品尚未大规模产业化并真正进入人们的生活。

同时，美国在植物生物技术方面也保持着领先优势，在产业化方面也取得了举世瞩目的成绩。1983年，美国生物学家通过Ti质粒首次完成植物细胞的基因转移，成功研制出全球第一例转基因植物——抗虫西红柿，并于1993年率先在美国上市。随后，玉米、棉花、大豆、油菜、土豆、番茄、甜瓜、水稻、亚麻、甜菜、南瓜、木瓜和菊苣等转基因作物纷纷被研制成功，在巨大商业利益的驱动下，人们对其纷纷开始了商业化种植。据美国农业部统计，自1996年以来，美国的转基因作物种植面积持续增长，截至2006年，美国转基因作物种植面积达5460万公顷，占世界转基因作物种植面积的53%，始终保持着世界第一的优势（朱行和郭晓东，2007）。同时，美国的孟山都、杜邦等5家跨国公司控制了全球80%以上转基因作物种子，通过基因、作物和种子的专利，对转基因世界市场进行着控制（杨胜利，2003）。此外，美国利用基因工程技术成功研制出了幼畜腹泻疫苗、口蹄疫疫苗、狂犬病疫苗和禽痘活载体疫苗等。在目前的药品市场上，疫苗所占份额最大，其中兽用基因工程疫苗占整个基因工程疫苗市场的份额已经达到了40%以上。

2.1.2 美国农业生物产业技术创新途径考察

从美国农业生物产业创新历程看，美国是现代生物技术的奠基者和领跑者，始终以自主创新作为推动农业生物产业发展的原动力，其自主创新道路是美国自身实力与环境共同作用的结果。

首先，美国介入农业生物领域的时机对自主创新提出了必然要求。美国是现代农业生物发展史上第一个勇于吃螃蟹的国家，它面对的是空白的研究领域与市场。因此，只有不断探索创新，才能获得新领域上的突破与控制权。

其次，雄厚的研究实力保障了自主创新的顺利进行。一方面，美国拥有世界上著名的高校和科研机构，它们的研究实力处于世界领先水平。纵观美国生物技术发展史，不难发现，美国生物产业的崛起与高校、科研机构的基础研究密不可分。而目前美国领先的5大生物产业园区崛起的一个重要原因是周边有实力雄厚的大学和研究机构为后盾。例如，波士顿有哈佛大学和麻省理工学院；圣弗朗西斯科湾区有加利福尼亚大学圣弗朗西斯科分校、加利福尼亚大学伯克利分校和斯坦福大学等；圣迭戈有加利福尼亚大学圣迭戈分校；华盛顿地区则云集了一批世界级的教学、研究和管理机构，如美国国家卫生研究院、美国食品药品管理局、霍华德·休斯医学院、马里兰大学研究中心和约翰斯·霍普金斯大学等；北卡罗来纳研究三角园则毗邻北卡罗来纳州三所著名大学，即杜克大学、北卡罗来纳州立大学罗利分校、北卡罗来纳州立大学查普希尔分校。这些高校和科研院所为美国生物产业提供了创新的技术与人才源泉。另一方面，美国拥有一批技术实力雄厚的生物技术公司。截至 2006 年年底，美国已有生物技术公司近 2000 多家，占到全球总数的 1/3，其中涉及农业生物领域的约占 12%，在全世界前 20 大农业生物技术公司中，美国已占了 10 家（朱信凯等，2005）。美国大多数农业生物技术公司都拥有规模庞大的研究项目，所用资金达到销售额的 8% ~ 15%。例如，以美国杜邦先锋种业公司为首的 15 家美国最大的种业公司的研究费用相当于发展中国国家的国家农业研究系统和国际农业研究中心（IARC）等公共部门在农业研究投入上的所有费用（本·斯泰尔等，2005）。

再次，美国之所以在农业生物产业领域始终坚持自主创新道路，还当归功于美国政府在生物技术及产业方面的支持。一是政府在法规修改和制定方面进行了及时跟进，极大地促进美国农业生物技术创新及保持产业的领先优势。例如，随着转基因动植物的研究突破，美国于 1985 年和 1988 年及时修改了专利法，先后宣布遗传工程植物和动物受专利保护，并允许研究者个人持有专利，这对美国的农业生物技术产业化甚至产业结构都产生了深远影响。随着转基因生物的商业应用，美国又先后颁布《遗传工程生物田间试验的条例》、《新植物品种制造的食品的管理规定》、《转基因生物体的审批程序》等法规。这些法规的出现不仅维护了创新者的利益，而且为产业的发展开辟了一条有序化发展轨道。二是制定和实施了一系列促进生物产业技术创新的举措。为了加快生物产业的发展，美国国会和白宫分别建立了生物技术委员会，及时制定研究预算、管理法规、税收等促进政策，同时，美国各州也纷纷制定了促进生物产业自主创新的措施。例如，1981 年，北卡罗来纳州成立了生物技术中心，这是美国第一个由州创建的生物技术产业推动机构，马塞诸塞州政府在 1985 年出资成立生物技术委员会，并在当年开发了第一个生物技术孵化器，这些举措都为各州生物技术产业的腾飞起了举足轻重的作用。美国各州促进生物技术创新的举措如表 2-1 所示。

表 2-1　美国各州促进生物技术创新举措

创新成功的因素	战　略	具体创新举措	实施的州数量
研究性大学	增强生物技术研发实力	制定研究与发展项目	23
		建立优秀研究中心	
		指定重大项目	
	促进学术、产业的相互合作	制定产学研合作项目	17
		建立与大学研究相关的工业园	32
	促进技术转变为产品与服务	商业化援助	19
		商业化基金	22
网络化	支持生物技术企业	提供商业化发展服务	27
		建立州或区域的技术协会	33
风险资本	增加生物企业资金	鼓励资金进入风险资本基金的税收抵免政策	18
		鼓励资金进入技术公司的税收抵免政策	9
		州政府直接投资风险资本基金	13
		州政府直接投资技术公司	13
自主资金	研究基础设施的建设	为生物技术研发设施设立专项资金	33
		生物技术学科发展项目	9
		在公共性大学增加新的生命科学学科	a
人力资源	培养生物技术人才	生物技术人才培养计划	b
		生物技术孵化器	37
专业化设备或设施	扶持生物技术企业	为学术研究或产业服务的生物技术设施，如生物工艺设备	4
支持性的商业税收管理政策	制定支持生物技术公司的税收政策	研究与发展税收抵免政策	30
		净损失冲转政策	33

注：a 为大多数州都提供了资金与联邦政府资金相匹配，但多是给适合或已经存在的项目，而不是专门为此目的指定特别项目；b 为数据未收集到

资料来源：Battelle Technology Partnership Practice and SSTI, 2004

2.1.3　美国农业生物产业技术创新模式考察

美国最先介入生物技术及产业领域，使各创新主体积累了非常雄厚的技术、人才与资金实力，这也使美国生物产业在自主创新道路中呈现出百花齐放的组织形式。

2.1.3.1 大学—产业界联盟

推动农业生物产业迅猛发展的一个关键因素是大学—产业界联盟的发展。政府和企业家认识到大学及拥有相关项目的科学家对创新有至关重要的作用，在这种认识的驱动下产生了新的制度创新和组织创新（本·斯泰尔等，2005）。大学—产业界联盟即通过一定的方式将大学与企业联合起来，大学作为产业技术创新的源泉进行技术层面的创新活动，而企业则将创新成果推广并产业化。在美国，大学—产业界联盟有以下四种类型。

一是政府主导的大学—产业界联盟模式。在大学—产业界联盟中，美国政府发挥了重要的作用，美国联邦政府和各州政府都采取了一定的举措引导大学和企业的合作。美国政府采取的举措有两种，一种是出资设立大学与产业合作的项目，另一种是兴建促进产业发展的研究中心或产业园。据相关资料显示，美国有17个州政府实施了大学与企业合作项目，有32个州建立了促进科技成果转化的产业园。例如，2004年，马里兰州的产业合作项目为大学提供研究项目的匹配资金135万美元，专门用于帮助公司开发新产品，并给项目企业最高限额为10万美元的援助；新罕布什尔州实施的技术援助补助项目规定政府和企业以1:1的比例出资，政府对企业的最高限额是2.5万美元，同时，州政府对大学援助50.5万美元，大学匹配5万美元共同进行新技术新产品的开发和商业化（Battelle Technology Partnership Practice and SSTI，2004）。

二是大学教授办公司模式。在美国，很多教授和研究人员拥有自己的研究成果，其中一些人通过自己创办公司使研究成果商业化。迄今为止，美国绝大多数高技术公司是由大学教授创办的，而他们的实验室培养的博士和博士后往往成为这些公司的早期骨干。目前，美国最常见、最成功的生物技术公司模式是"百万美元公司"，即政府根据科学家的申请，政府最多出资100万美元，帮助掌握创新技术的学者注册成立新型生物技术公司，促进该项技术的迅速产业化。美国政府认为，这种模式使生物技术从实验室走向市场的时间可能缩短10年以上（朱玉贤，2005）。美国世界知名生物科学家创立的生物高技术公司如表2-2所示。

表2-2　世界知名生物科学家创立的生物公司

公　司	创始人
Amgen	Salser（UCLA 教授），Baddour（系主任，MIT）
Genenteh	Herbert Boyer（UCSF 教授）
Immunex	Gillis Henney（Fred Hutchinson Cancer Research Center 研究员）
Millennium	Eric Lander（MIT 教授）

续表

公　司	创始人
Med Immune	Hockmeyer（Walter Reed Army Institute of Reseach）
Biogen	W. Gilbet（Havard 教授），P. Sharp（MIT 教授）
Chiron	Rutter（UCSF 教授），PENHOET（UC Berkeley 教授）
IDEC	Royston（USCD 教授）
HGS	William A. Haseltine（Havard 教授）

资料来源：朱玉贤，2005

三是企业资助大学研究模式。例如，美国的 Novartis 种子公司与加利福尼亚大学伯克利分校的自然资源学院于 1996 年签定了研究合同，合同规定 Novartis公司出资研究，但作为提供大量资金的回报，可获得大学项目发明的第一要求权（本·斯泰尔等，2005），即在研究成功后，Novartis 公司可以自己的名义进行成果推广与商业化或进行新的应用创新。

四是大学专利模式。1980 年通过的 Bayh-Dole 法案允许大学拥有联邦政府基金支持的项目发明成果的全部知识产权，大学专利模式在生物领域逐渐占有一席之地。在大学专利模式中，大学所创造的发明是以大学（及其发明者）的名义被专利化，并且，这些专利按照许可证的方式被授权给商业公司（本·斯泰尔等，2005）。

2.1.3.2　企业自主创新模式

美国是最早将生物技术商业化的国家，经过几十年的发展，美国已经拥有一批技术实力雄厚的农业生物技术公司，它们大多拥有规模庞大的研究项目，研究费用高于传统的农业公司，接近于制药行业的比例。由于坚持走以研究促发展的道路，美国农业生物企业不仅在商业领域获得了丰厚的回报，在技术领域也获得了丰厚的回报。1990～1998 年美国的农业生物技术专利来源比例如表 2-3 所示，从表中可见，美国私人公司获得的专利数量占总专利的比例始终保持在 50% 以上，这也从另一个方面说明美国农业生物企业始终坚持走研究创新之路。

表 2-3　1990～1998 年美国的农业生物技术专利来源　　（单位：%）

来源比例	1990 年	1995 年	1998 年
大学研究机构	18	29	29
美国私人公司	55	53	51
他国私人公司	27	18	20

资料来源：本·斯泰尔等，2005

美国孟山都公司是自主研究并商业化的典范,公司从20世纪70年代末期开始将重心转向农业生物领域,1984年实际投资2.5亿美元,建立了生命科学研究中心。目前,孟山都公司每天平均投入150万美元进行研发,经过多年对应用分子生物学及其产业化坚持不懈的努力,孟山都公司共育成了番茄、棉花、玉米、马铃薯、小麦等18个转基因作物品种,在各育种单位中稳居首位,该公司还是目前美国转基因土豆品种的唯一来源。2004年,公司营业额达60亿美元,占据了世界转基因作物市场80%的份额,已经成为仅次于杜邦公司的美国第二大农业生物技术公司。

2.1.3.3 跨国公司模式

尽管美国在农业生物技术及产业方面处于世界最前列,但一些生物技术领域的后起国家,如中国、日本、巴西、印度等国家的迅速崛起,使其在某些领域已失去了技术垄断优势。在这种情况下,跨国公司模式成为大型农业生物公司获取技术创新资源和抢占世界市场的制胜法宝。美国实力雄厚的农业生物公司按照公司的全球发展战略,通过对外直接投资或收购当地企业的方式,在其他国家建立研究机构或生产基地作为自己的子公司或分公司,以跨国公司方式集合他国的创新资源进行技术创新并扩散新技术,从而获得了巨大的利益。据统计,2000~2006年,美国的生物跨国公司已经在欧洲市场并购了93家生物技术公司。

美国的一些大型农业生物公司都是非常成功的跨国企业。例如,杜邦先锋公司是国际上生物种子公司的龙头,公司先后在70个国家建有研究和生产设施,其中包括48个研究试验站和135个生产和加工设施,业务范围遍布南北半球,公司的专利有一半以上都是在国外获得的,销售收入有1/3也是在北美以外的国家和地区实现的。其在中国也进行了多处投资,并有自己独资研究公司——铁岭先锋种子研究有限公司(杜邦公司,2008)。此外,美国孟山都、Advanta等多家农业生物公司也将触角伸向国外,并申请了大量专利。例如,在中国转基因抗虫棉专利的申请上,截至2005年,以孟山都为首的美国7家生物农业跨国机构的申请量占了总申请量的近80%。

2.2 欧 盟

欧盟的生物技术在世界上处于领先地位,是美国最大的竞争对手,美国一些商业化生物技术项目的最初创新甚至来源于欧盟。截至2006年,欧盟有1621家公司活跃于生物技术行业,与美国数量差距不大,但欧盟的生物产业在研究资金、收入等方面与美国还是有一定的差距。如表 2-4 所示，尽管欧盟与美国的生物技术公司数量相当，但其所吸纳的员工数量不到美国的一半，说明欧洲的生物技术企业较美国普遍规模偏小。此外，2006 年，欧盟生物产业销售收入为 173 亿美元，研发支出为 74 亿美元，分别为美国的 29.42%、27.31%，这说明欧洲在生物产业基础研究及产业化方面较美国存在着较大的差距。

表 2-4　2006 年欧盟与美国生物产业比较

项　目	欧　盟	美　国
公司数量/个	1 621	1 991
雇员数量/人	7 581	18 800
销售收入/亿美元	173	588
研发支出/亿美元	74	271

资料来源：Ernsts & Young，2007

在农业生物领域，由于欧洲民众对转基因生物安全性的疑虑，欧洲在转基因生物创新及产业化方面踌躇不前，远落后于美国、阿根廷、巴西、加拿大、中国和印度等国。据 ISAAA 统计，2006 年，欧盟 25 国转基因作物种植面积只占可耕种面积的 0.5%，主要集中在西班牙、德国、法国、葡萄牙等国（表 2-5）。目前，欧洲的农业生物创新及产业化主要集中在微生物和酶的选择与设计、动植物病害的防治方面，欧洲依赖微生物和酶的食品工业产值已超过 110 亿美元。

表 2-5　1996～2006 年世界各国转基因作物种植面积　（单位：百万公顷）

年　份 国　家	1996	1997	1998	1999	2000	2001	2002	2003	2004	2005	2006
美国	1.5	8.1	20.5	28.7	30.3	35.7	39	42.8	47.6	49.8	54.6
阿根廷	0.1	1.4	4.3	6.7	10	11.8	13.5	13.9	16.2	17.1	18.0
巴西	—	—	—	—	—	—	3.5	3	5	9.4	11.5
加拿大	0.1	1.3	2.8	4	3	3.2	-	4.4	5.4	5.8	6.1
中国	1.1	1.8		0.3	0.5	1.5	2.1	2.8	3.7	3.3	3.5
印度							<0.1	0.1	0.5	1.3	3.8
澳大利亚		0.1	0.1		0.1	0.2		0.1	0.2	0.3	0.2

年份 国家	1996	1997	1998	1999	2000	2001	2002	2003	2004	2005	2006
墨西哥			<0.1	<0.1		<0.1	<0.1	<0.1	0.1	0.1	0.1
西班牙			<0.1	<0.1		<0.1	<0.1	<0.1	0.1	0.1	0.1
德国							<0.1	<0.1	<0.1	<0.1	<0.1
葡萄牙			<0.1	<0.1							<0.1
法国				<0.1							<0.1

资料来源：Brigitte 和 Authony，2008；ISAAA，2007

2.2.1　欧盟典型国家农业生物技术创新历程及产业化状况

2.2.1.1　德国

德国政府非常重视生物技术创新，在政府的鼓励和扶持下，该领域的研究开发取得了长足进展。在 20 世纪 80 年代初，德国在基因工程研究方面已处于世界前列，拥有的生物技术专利占世界生物技术专利总数的 20%，仅比美国低 10 个百分点（赵宇，2005）。近年来，德国生物技术也不断取得突破，如人造软组织材料的研制、转基因操作新方法（高频激光）的突破、老鼠基因组的首次破译等都使德国牢牢保持着生物技术在欧洲的领先优势，目前，德国的生物技术产业的发展水平仅次于英国，位居欧洲第二，而在新药研究与开发方面居欧洲第一。雄厚的科研实力也使德国的生物产业发展迅速，德国政府 2007 年的一项调查显示，2006 年，德国有 500 余家生物技术公司，较 2001 年增长了 48%，是 1993 年的 7.4 倍，数量居欧洲第一。这些生物技术公司拥有雇员 13 000 余人，年产值达 15 亿欧元，与 2001 年相比，增加了 43.5%。在生物技术领域，过去 20 年间，德国发展成一个享有国际声誉的科学研究基地（赵宇，2005；Ernst & Young，2004）。

在农业生物领域，德国研究停滞不前，远远落后于医药生物领域。在德国，生物技术及产业的发展重心集中在医药生物为代表的"红色生物技术"领域，而在农业生物领域的绿色生物技术产品仍然相当少。从研发生产的产品看，"红色生物技术"产品占绝大多数，达到总数的 86%，绿色生物技术产品只占 11%。其中，食品和食品试剂占 6%，转基因植物占 5%。而在"绿色生物技术"领域，研究的重点并非集中于农业方面，医药仍占了相当大的比重，真正从事植物性状改良的研究只占少数。据资料统计，在所有从事"绿色生物技术"研发的生物企业中,从事分子制药技术开发的企业占56%,从事植物外型、有效成分改性技术开发的企业占25%,从事植物生长、培育改性技术开发的企业仅占19%(张木然,2004)。由此可见,德国绿色生物技术企业的研发重点是从转基因植物以及转基因植物细胞中提取药物的生产技术。目前,与分子制药技术相比,以改变植物质量特征和抗逆性为目的的植物转基因技术开发水平在德国还相当落后,为了回避社会公众有关转基因植物和食品的争论,鲜有小型"绿色生物技术"企业涉及这一技术领域,其技术开发主要被大型农业产业集团所垄断。

2.2.1.2 英国

英国也是生物技术的起源国之一,一直在世界生物技术研究的进程中扮演重要角色。早在1859年,达尔文发表自然界淘汰选择的生物进化理论,开创了人们研究生物进化规律的先河。但英国现代生物技术的发展始于1953年英国生物学家Francis Crick在剑桥实验室发现了DNA的双螺旋结构,此后,英国在生物技术方面取得了一系列新的突破:从DNA的测序方法到单克隆抗体的生产方法,从DNA特征图谱的基本原理到遗传指纹技术,从转基因羊的诞生到克隆羊多利出现,从培育出世界上第一种含有抗生素药类抗体的基因移植烟草到解码水芹菜的整个基因组,再到人类基因组测序等,英国生物技术产业的科学基础是其他欧洲国家无可比拟的,在这一领域,英国已经有20多人获得了诺贝尔生物/生理医学奖。英国领先的生物技术也促进了生物产业迅速发展,目前居欧洲第一,全球第二(仅次于美国),其中,生物医药产业是英国的强项(殷伦,2004)。

在农业生物产业及创新方面,由于英国民众对转基因生物安全性的疑虑,2004年,英国政府宣布不会种植转基因作物,目前英国的转基因生物产业化及相关方面的技术创新处于停滞状态。英国的农业生物产业化及创新主要集中在生物农药和新食品开发方面。在食品新产品的开发方面,英国处在欧洲的领导地位。其首批开发的产品是微生物制品。例如,英国科学家把干胃膜内起凝乳作用的基因转移给微生物,产生凝乳酶从而加工出了成本更低、作用更可靠的植物奶酪,并于1994年1月正式投放市场。同年,英国政府还批准了把经过遗传改良的酵母用于啤酒的商业化生产,这在全世界也是首次,由此开辟了遗传改良酵母在食品发酵中的应用新路。此外,用遗传改良的西红柿为原料加工的西红柿酱也于1996年在英国正式上市(辰昌云,1998)。在生物农药方面,英国首次有记录的生物农药应用是在1968年,当时使用的是一种名为 *Phytoseiulus persimilis* 的食虫性生物制剂,1981年开始使用细菌类和真菌类生物杀虫剂。目前，在英国生产和使用的生物农药主要有两类，一类是用于水果和蔬菜生产的细菌类生物制剂苏云金氏杆菌（简称 Bt），另一类是用于蔬菜和花卉生产的真菌类生物制剂 *Verticillium lecanii*（张嵩，2001）。目前，爱丁堡已经发展成为新兴的农业生物技术研发、制造中心，拥有 85 家农业生物技术公司。

2.2.1.3 法国

法国的生物产业起步较晚，但法国政府非常重视生物技术，采取了一系列促进生物技术创新及产业发展的措施，使法国的生物产业有了一定的发展。如表 2-6 所示，由于近年来生物资源整合及并购，法国的生物公司的数量从 2003 年的 755 家减少到 2006 年的 350 家，但雇佣员工的数量却逐年提升，2006 年较 2003 年员工数量增长了 1.09 倍，达到了 6000 人，这说明法国的生物技术企业的生产实力不断增强。目前，法国的生物技术公司数量位居欧洲第三位。

法国在生物技术竞争的大潮中非常注重自主技术创新。如表 2-6 所示，虽然法国企业规模偏小，但却非常注重技术的研发活动，公司研发人员的绝对数和相对比重都呈增长态势，到 2006 年，研发人员的比重达到了总雇佣人员的 60%。另外，据 OECD 2006 年统计资料显示，法国在生物技术研发方面的投资达到 13.42 亿美元，略低于德国，居世界第三位；获得的专利数量占世界总专利的 3.4%，居世界第五位。

表 2-6 法国生物技术公司情况

项 目	2003 年	2004 年	2005 年	2006 年
公司数量/家	755	—	—	350
雇员总数/人	2 867	3 056	3 248	6 000
研发人员数量/人	1 266	1 468	1 483	3 600
研发人员占总雇员的比重/%	44.15	48.04	45.66	60

注：—表示没有搜集到相关数据

资料来源：French biotech，2008；OECD，2006

在农业生物产业方面，法国处于相对弱势。从农业生物技术公司的数量来看，2003 年，农业生物公司的数量仅为 17 家，占生物公司总数的 2.3%，近年来，农业生物公司数量有所增长，截至 2006 年，农业生物公司约有 30 家左右，但也仅占总数的 10%（French biotech，2008；OECD，2006）。从生物技术作物种植面积看，尽管法国转基因作物面积近 3 年来增长迅速，但与美国、阿根廷等国相比，差距悬殊。如图 2-1 所示，法国转基因作物面积从 1998 年开始逐渐下降，在 2000～2004 年到达冰点，从 2005 年起，种植面积逐渐攀升，到 2007 年已达到 19 815 公顷，较 2005 年增长了近 40 倍（Henard，2008）。目前，法国转基因玉米（Bt 玉米）种植面积已经超越德国，仅次于西班牙，成为欧盟第二大的生物作物生产国。

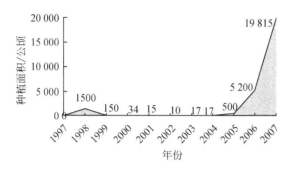

图 2-1　1997～2007 法国转基因作物商业种植面积

资料来源：Henard，2008

同样，欧盟较谨慎的生物政策严重抑制了法国农业生物产业技术创新主体积极性，使其创新活动步伐缓慢。从《2007 年法国生物技术报告》中可以发现，2005 年法国遗传工程委员会（CGG）进行的转基因产品在封闭环境下释放评估的 14 种玉米中，只有 3 种产品是本国厂商的，其他 11 种分别来自美国的先锋公司和孟山都公司，此外，在 2005 年法国分子生物工程委员会（CGB）审查的商业种植档案中，所有的转基因产品都来源于进口。

2.2.2　欧盟农业生物产业技术创新途径考察

欧洲是生物技术领域的开拓者之一。20 世纪以来，其在生物技术许多领域始终先人一步，尤其是生物医药方面十年如一日地称雄国际市场。从欧洲生物技术的创新历程可以看出，持续的自主创新是其生物领域永葆活力的源泉。这种技术上的创新主要是由于欧盟国家，特别是英、法、德、意等国具有雄厚的基础研究与创新能力，从 1996～2006 年全球发表的生物领域的论文来看，欧盟与美国平分秋色，这说明欧盟在基础研究领域具有一定优势。当然，欧盟各国促进生物技术创新的举措也为技术创新创造了良好的外部环境，起到了推波助澜的作用。

在农业生物技术领域，近年来，欧洲的农业生物产业创新处于停滞状态，自主创新步伐缓慢，许多产品的种子都是从国外进口的，这主要源于欧洲对农业生物技术产品的严格管理制度。1990 年之前，西欧国家与美国的生物技术调控政策相似，但从 1990 年后，出于产品安全性考虑，欧盟及其成员国开始采取谨慎性原则，实施严格的审批与管理标准，即只要科学知识的各个风险没有被证明是整体安全的，就意味着对群众健康和环境有威胁。例如，在法国，直到证明产品是安全的之前，一直认为产品是有风险的；在英国和瑞士，即使证明了产品是安全的，它仍被认为是有风险的。而从 1998 年欧盟实行了一个非官方暂停农业转基因产品的审批后，在随后的 6 年间，欧盟没有批准任何转基因产品（Cohen，2008）。欧盟最近公布的一份内部报告称，在欧盟，至少需要花费两年半的时间才能完成一项新转基因产品的批准，这远比美国的 15 个月要长得多。事实上，这种管理原则导致了欧盟与促进生物技术发展的国家（美国、加拿大等）在农业生物领域的差距逐渐扩大，在欧盟，只有少数农业生物技术产品获得了商业化（Einsele，2007）。

近年来，由于欧洲民众越来越看到农业生物技术产品的好处，同时，由于更多以农业为基础的东欧国家加入欧盟，欧盟严厉的管理政策有放松的倾向。2004 年，欧盟批准了曾在 1998 年被暂停的 Syngenta 公司的转基因玉米在食品和饲料中使用，这是 1998 年以来首次有新的转基因技术产品获得批准销售，为转基因生物的应用提供了一个良好的范例。从 2004 年的 3 年来，欧盟还批准了其他 8 个转基因产品的销售，不过，授权的产品多数来自美国跨国公司，欧盟成员国的产品只有两种：德国拜尔作物科学公司的耐除草剂杂交油菜和瑞士先正达公司的 Bt11 玉米（Cohen，2006，2008）。

政策的放宽使欧洲对生物产品产生越来越多的兴趣。2006 年，西班牙 Bt 玉米种植面积增长至 6 万公顷，法国、捷克、葡萄牙、德国和斯洛伐克的面积达到了 8500 公顷，较 2005 年增长了 5 倍（Einsele，2007）。同时，欧盟的农业生物产业技术创新有望在政策的转变下重新启动。例如，2007 年年初，英国巴斯夫植物科学公司在剑桥和约克郡再次开展大田试验种植抗枯萎病转基因马铃薯，它有可能使马铃薯成为在英国种植的一线转基因作物。截至 2007 年，欧盟有超过 35 个的生物技术活动正在审批之中，有近一半是欧盟成员国的公司申请的，且越来越多的申请集中在商业化种植上（Cohen，2008）。

2.2.3 欧盟农业生物产业技术创新模式考察

由于欧盟严格的农业生物产品审批制度严重打击了技术创新热情，因而各国的农业生物技术创新步伐缓慢，转基因类科技成果商品化处于暂停状态，创新也呈现出特有的模式。

2.2.3.1　大型企业技术创新模式

欧洲的生物技术具有优势，部分企业将这些技术上的优势商品化、产业化，变成了产业和技术的双重优势。在这个过程中，欧洲的一些生物技术公司坚持走技术创新的道路，在创新中逐渐成长壮大。如表2-4所示，欧洲生物企业非常注重研究活动，仅2006年，它们将销售收入的42%以上都用于创新性研究，这说明欧洲生物技术企业普遍寻求以创新求发展的道路。此外，对于那些成立年限不长的中小生物技术企业而言，研究与创新活动就是企业的生命线，它决定着企业的成败，一旦创新失败，对企业的打击往往是致命的。如表2-7所示，在欧洲新成立2年的小生物技术公司中，全部的员工都由研究人员构成，而公司的研究经费甚至大于企业的销售收入，随着公司的发展和逐渐壮大，甚至在公司发展的6～10年内，研究人员仍然占了公司人数的一半以上，而公司仍然负债进行技术创新活动。

表 2-7　欧盟中小型生物技术公司数据

成立年限	0～2年	3～5年	6～10年	11～15年
员工数量/人	9	17	28	41
研究人员数/人	9	11	17	18
研发性支出/百万欧元	0.69	1.7	3.3	4
收入/百万欧元	0.4	1	2.6	6.7
研发性支出占收入的比重/%	172.5	170	126.92	59.7

资料来源：EuropaBio，2006

但是，对于农业生物技术企业而言，欧盟严格的农业生物产品审批制度使技术创新成果转化的不确定性非常大，因此，中小企业往往不愿涉及此领域，目前，技术创新主要由大型企业承担，主要集中在德国拜耳公司（Bayer）、巴斯夫植物科学公司（BASF Plant Science）、瑞士先正达公司（Syngenta）等大型跨国公司。例如，德国拜耳作物科学公司每年将其销售收入的10%用于研究支出，致力于开发可持续发展的新产品、新技术，这给公司的发展注入了强大的生命力，新技术、新产品不断涌现并相继投入市场，仅2004年，拜尔公司就申请专利475项，不断地创新将使其在世界农药市场的地位大大加强，如杀虫剂居世界首位、杀菌剂居世界第二位、除草剂居世界第三位，在粮食、水果、蔬菜、花卉等作物上，拜耳都有相应的支柱产品并具有很大的发展潜力[①]。此外，

---

① http：//www.BayerCopyscience.com.cn.

全球第一大植保公司——瑞士的先正达公司每年用于研发的经费占销售收入的比重也在10%以上，公司25%的员工从事研究与开发工作。而长期致力于植物生物科技的德国巴斯夫植物科学公司也决定在2007年后的未来三年将植物生物技术研究费增加到3.2亿美元。

2.2.3.2 跨国公司模式

欧盟严格的生物产品审批制度及公众的疑虑使欧洲的农业生物产品市场在供给与需求的源头上都极度萎缩，因此，欧洲的农业生物技术公司为了寻求发展，也积极通过跨国公司的方式开拓异地市场，利用国外资源开展农业生物产业技术创新。如图2-2所示，2000～2006年，欧洲生物技术公司并购他国公司数量总体呈现增长趋势，达到256家，特别是2005年和2006年，并购案显著增多，分别达到了52家和46家，并购的主要区域集中在欧洲、美洲和亚洲。

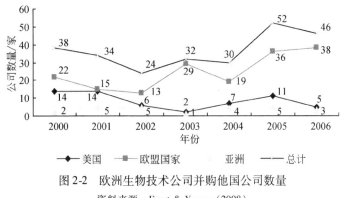

图2-2 欧洲生物技术公司并购他国公司数量

资料来源：Ernst & Young（2008）

德国拜耳公司是德国最大的产业化公司，农业生物领域是该公司的四大支柱领域之一。公司为了更好地参与世界农业生物领域技术与市场竞争，先后并购了比利时植物遗传系统Gent公司、荷兰Nunza蔬菜种子公司、巴西的Proagro Gurgaon公司及美国CPCSD、RelianceGenetics两家棉花公司和Stoneville棉籽公司，目前，又将投资重点转向了亚洲市场，特别是中国和印度两个正在迅速崛起的农业生物产业大国，现今已经在中国设立了23个办事处，成立了两家合资公司，目标是中国具有领先优势的杂交水稻。通过一系列国际并购和直接投资，拜耳公司业务涉及菜籽油、棉花、水稻、蔬菜、花卉及杀虫剂等多个领域，并取得了一系列新的突破，其名下的拜耳作物科学公司2006年销售收入达57亿欧元，目前有40多个新品种正处于开发阶段[①]。此外，德国的Aventis

---

① http：//www.Bayer.com.cn。

作物公司在欧洲、南北美洲以及亚洲都有办公机构；英国的 Zaneca Agrochem-icais 农药生物公司、瑞士的 Syngenta 公司业务遍布 90 多个国家。

2.2.3.3 国际合作

欧盟在生物技术领域上具有雄厚的技术实力，但在农业生物技术及产业化方面较北美及一些亚洲国家而言处于相对劣势，因此，欧盟各国非常注重优势互补，通过多层次的国际合作提高自身农业生物产业技术实力。这种合作表现在以下三个方面。①欧盟各国之间的技术与产业合作。德国和法国是欧盟生物技术领域的强国，它们强强联手，并携手瑞士发挥区位合作优势，在莱茵河上游形成了欧洲金三角生物谷，聚集了包括生物企业、研究机构、技术转移中心、金融机构等在内的众多机构和大批人才（綦成元等，2007），为产业技术创新铺平了道路。②与欧盟以外的其他国家的合作。这主要有以下两个方面。第一是国家主导下的合作。例如，早在 1994 年，在欧盟第四框架指导下，欧盟和澳大利亚在科学和技术领域开始实施一项条约协议，并成立了联合科技委员会，协议的第一项内容就是有关生物技术方面的合作研究；欧盟与中国还开展了总经费为 50 万欧元的中欧生物技术中小企业合作项目。此外，瑞典还积极参加了联合国教科文组织的农业生物产业大学—产业—科学合作项目，与阿根廷、中国开展了一系列农业生物技术转化方面的合作（Dasilva，1998）。第二是公司之间的联盟方式或跨国合作。例如，德国生物公司与美国生物公司通过大规模的相互投资建立起了伙伴关系；瑞士 AgroKonzem Syngenta 公司和美国 Myriad Genetics 公司经过一年半的合作研究共同完成了水稻基因组图谱；德国拜尔公司与中国农药检定所签订合作协议等。③生物学者或研究机构之间的合作研究。欧盟各国的学者在农业生物基础研究领域积极与他国展开了多项合作，取得了不菲的成果。例如，德国、英国的科学家与美国和加拿大等国科学家联合研究，成功破译了老鼠的基因组，并在英国《自然》杂志上联合发表了论文；德国耶鲁大学与北京大学联合成立了植物分子遗传及农业生物技术实验室；瑞典在生物技术领域发表的论文中 1/3 以上是由瑞典人与其他国家作者合作发表的，4% 的论文是由两个以上国家作者合作发表的，美国是该领域最主要的合作伙伴。

2.3 典型发展中国家

1996 ~ 2006 年，发展中国家的生物技术作物种植面积呈持续增长态势。2006 年，全球转基因作物的 40% 种植在发展中国家，面积达到 4090 万公顷，较 2005 年增长了 21%，高于发达国家 9% 的增长率。尤其是代表南半球的 3

个大陆——亚洲、拉丁美洲和非洲——的 5 个主要发展中国家在应用和研究农业生物技术方面的支撑力日益提升。

2.3.1 典型发展中国家的农业生物产业技术创新情况

2.3.1.1 印度

印度是近年来农业生物技术领域快速升起的一颗新星，也是全球农业生物技术的创新者。印度是一个农业大国，其国民收入的 25% 来源于农业，并吸纳了全国人口的 2/3。自从 2002 年第一次将 Bt 棉商品化后，印度便走上了农业生物产业化的快车道。目前，Bt 棉仍然是印度唯一批准进行商业种植的转基因作物，但其种植面积迅猛增长，2002 年 Bt 棉种植面积仅为 72 682 公顷，到 2006 年，种植面积已达 380 万公顷。2005～2006 年，印度农业生物产业总收入超过 1.3 亿美元，较 2004～2005 年增长了 81%，其中，出口和国内市场分别为 800 万和 1.22 亿美元。

在农业生物产业迅猛发展的同时，印度坚持将自主创新作为最终目的，印度政府开展了小型创新研究计划、公共研究机构与私营合作研究计划等一系列举措，取得了很好的成效。尽管目前只有 Bt 棉商业化，但其品种已从最初的 3 种增加到目前的 59 种，另有 121 种正处于各种实验阶段，技术来源也由完全是孟山都公司的技术到有 3 种品种源自自有技术。预计下一个商品化的产品是美国康奈尔大学和印度的科学家合作开发的 Bt 茄子，现已基本完成安全测试。此外，印度依靠自身实力，在甘蓝、花椰菜、玉米、棉花、花生、芥菜、黄秋葵、木豆、水稻和番茄等作物的性状改良方面取得了突破并开始了田间实验（Dhankhar，2007；Moza，2005）。

2.3.1.2 马来西亚

马来西亚也非常重视生物技术，近年来，政府对生物技术的研发基础设施和人力资源开发给予了大量资助。2005 年，马来西亚政府将生物技术上升到了"全国经济的新引擎"的高度，并在 2006 年制定的马来西亚第 9 个发展计划中拨款 5.5 亿美元发展生物技术。由于目前马来西亚的农业生物技术研究主要在国家研究机构和大学内进行，因此，在政府的推动下，马来西亚的农业生物技术取得显著的进展。在植物生物技术方面虽然还没有产品商业化，但转基因水稻、木瓜、凤梨、辣椒等已经研制成功，部分品种已在试验生产阶段。食品生物技术是马来西亚比较新的研究领域，目前研究的重点是利用酶素来改进棕榈油、西米淀粉和当地果汁。在动物生物技术领域，已研制并生产了几种动物重组疫苗，现正在研究用生物技术生产便宜的禽畜饲料（Hautea and Escaler，2004；Raymond，2007）。

2.3.1.3 巴西

作为南美洲地区经济实力最强、科研水平最为领先的国家，巴西在农业生物技术领域的科研创新和产业成果处于明显领先水平，但与发达国家相比还比较落后。

1983 年，巴西将抗生素卡那霉素的密码基因植入烟草，取得了转基因技术研究的重大突破，标志着巴西现代农业生物技术的开始。经过二十几年的研究，巴西在农业生物领域已经取得了显著的成绩。它是世界上第一个完成植物病原体基因测序（柑橘黄叶病菌基因测序）的国家，从而奠定了柑橘和甘蔗病害基因研究的国际领先地位，并在提高肉牛生产的基因作用分析上取得了可喜进展。其中，转基因作物领域是巴西的研究重点，已经取得了显著的成果，基因控制和改良的品种有大豆、玉米、马铃薯、番茄、棉花、西瓜、大白菜、胡萝卜、水稻、苹果、花生等。目前，巴西国家生物安全委员会已批准了超过千种转基因农作物进行研究和种植试验［Silva，2008（a）］。2006 年，巴西已成为世界第三大转基因作物种植大国，其转基因作物面积已经达到 1150 万公顷，产业化品种主要是大豆和棉花（ISAAA，2007）。

尽管巴西在农业生物技术的基础研究上不断取得新的突破，越来越受到世界的关注，但其科研成果转化率过低，农业生物科技产业化方面仍处在初级阶段。这主要是由以下两方面原因造成的：一是因为巴西消费者、政府、环保团体之间对转基因作物的安全性见解有分歧，导致 2005 年以前巴西没有批准任何转基因作物的商业种植，而之前大面积种植的转基因大豆并没有真正合法批文；二是由于巴西的农业生物技术创新的主力是政府和公共机构，且科学家和研究人员也主要分布于大学和技术研究院，尽管政府已经采取了促进产学研合作的举措，但并没有形成良好的科技成果转化机制。这两方面的原因导致了巴西自身的科研成果转化较少（只有大豆、玉米）。如表 2-8 所示，巴西经过批准的转基因作物主要来源于国外跨国公司，如美国孟山都公司和德国拜耳公司。

表 2-8　巴西国家生物安全委员会批准生产的转基因作物

作　物	性　状	申请者
棉花（陆地棉）	抗虫害	孟山都公司（美国）
富含氨基酸大豆	耐除草剂	孟山都公司（美国）（Monsoy 子公司*，巴西）

作 物	性 状	申请者
玉米	抗虫耐除草剂	AVIPE 公司（巴西）
自由基玉米	耐除草剂	拜尔作物科技公司（德国）

* 1996 年被美国孟山都公司收购

资料来源：Silva，2008b

2.3.1.4　南非

南非是非洲生物技术的领军者，它在植物育种和基因改造植物方面有长期的经验。在南非，植物育种的研究开始于 1950 年，1960 年首次成立了基因库，1964 年制定了保护植物育种者权益的立法，1977 年批准了国际植物新品种保护条约，1992 年开始了转基因产品的田间试验（Bickford，2007）。目前，南非私营和公共部门的科学家们正在进行基因改造产品以满足非洲南部市场的需求，他们的研究集中在转基因作物，如玉米、甜瓜、谷子、大豆、草莓、甘蔗、棉花、苹果、番茄、高粱、小麦、马铃薯、葡萄等。

在产业化方面，南非政府已经批准了转基因棉花、转基因玉米和转基因大豆的商业化种植，其播种面积分别占所有棉花、玉米和大豆种植面积的 92%、29% 和 59%。据 ISAAA 的统计，南非的转基因作物种植面积从 2005 年的 50 万公顷上升到 2006 年的 140 万公顷。

而在本国农业生物技术成果产业化方面，南非还只是处于孕育阶段。如表2-9 所示，南非批准商业种植的转基因产品都来自于国外公司，除了一种来自于瑞士的先正达公司外，其余的都来自美国的孟山都公司。而本国的研究创新成果还仅处于田间测试阶段。截至 2006 年，南非批准田间实验的转基因作物共有 37 项，其中本国有 4 项，为南非糖业协会实验站（SASEX）研制的增加碳水化合物甘蔗、南非科学与工业研究委员会（CSIA）的耐除草剂玉米、纳塔尔大学的抗虫耐除草剂甘蔗、南非 FDA（first potato dynamics）抗虫马铃薯。

表 2-9　南非批准商业化种植的转基因作物

作 物	性 状	来 源
棉花	抗虫	孟山都公司（美国）
玉米	抗虫	先正达公司（瑞士）
玉米	耐除草剂	孟山都公司（美国）
大豆	耐除草剂	孟山都公司（美国）
棉花	耐除草剂	孟山都公司（美国）

作 物	性 状	来 源
玉米	抗虫	孟山都公司（美国）
玉米	抗虫、耐除草剂	孟山都公司（美国）

资料来源：Bickford，2007

2.3.2 典型发展中国家的农业生物产业技术创新途径考察

从上述发展中国家农业生物技术研究与产业化情况看，尽管农业生物产业化的技术产品大多或全部来自国外公司，但是各国都在致力于培养本国的创新人才和创新能力，积极开展农业生物领域的研究，探索适合本国的自主创新道路，这种道路的选择是各国政府推动以及研究机构与自然资源等共同选择的结果。其中，在科研创新方面起主力作用是政府和公共机构。

首先，各国政府都高度重视生物技术的研发，纷纷采取了一系列促进本国生物技术创新的举措，为本国的自主创新道路确定了主方向。例如，南非政府为了鼓励本土研究工作，发展在生物技术领域具有全球竞争力的自有知识产权，于 2003 年实施了国家生物战略，共建立了 4 个生物科技创新中心，并在 2005 ~ 2006 年对生物技术领域追加财政拨款 4.5 亿兰特（Bickford，2007），用于支持全国的生物技术研究活动。巴西政府早在 20 世纪 80 年代就设立了国家生物技术计划，以此来整合农业、能源和医药生物技术方面的研究机构。为了促进生物技术产业创新，2007 年，巴西还制定了一个全国性的发展政策，创立了国家生物科技委员会以规划生物技术的发展（张伟，2005）。印度为了促进生物技术的研究与开发，早在 1982 年就成立了生物技术委员会，并在 1993 年成立了与科技部平级的生物技术部，2001 年出台了《生物技术十年展望》，并建立了中小企业创新基金、中小企业成长基金等促进生物技术创新与产业化。此外，新加坡、泰国、马来西亚等国家都采取了促进生物技术创新的措施。

其次，大学与研究机构为自主创新提供了技术基础。尽管发展中国家农业生物方面的研究较发达国家起步晚，但在政府的推动下，发展中国家的大学和研究机构致力于基础研究和人才培养，为自主创新提供了一定的技术支持。例如，印度目前有超过 100 家国立研究与开发实验室，有 300 所大学授予生物科技相关学位，它们每年能培养 50 万名生物专业的毕业生，每年有 30 万硕士研究生和 1500 名博士生从事生物科学领域的研究（IBEF，2008）。而巴西共有

128 家联邦和州立大学、150 家研究院、1200 家有资质的研究实验室,扎实的研究支撑使巴西成为国际科技竞争中的一匹黑马。据统计,全球科学索引的所有文章中,有 1.5% 由巴西科学家发表,占拉美地区发表科技论文的 30% 以上(张伟,2005)。

再次,发展中国家丰富的生物资源对自主创新提出了要求。一方面,丰富的生物资源为自主创新提供了生物学基础。生物遗传资源是生物科学研究的重要基础,是人类生存和社会经济可持续发展的战略性资源,目前,国际上已将生物遗传资源的占有情况作为衡量一个国家国力的重要指标之一。东南亚、非洲等发展中国家由于地理位置与气候原因,都具有丰富的或独特的自然资源与物种。例如,南非是世界上生物多样性第三大国,开普弗拉茨地区以其丰富的生物多样性而闻名遐迩,其高山硬叶灌木群落、湿地公园中的奇花异草等使此地享有南非植物王国的美誉,这里生长着 9600 个植物物种,其中 70% 是世界上其他任何地方都见不到的特有物种,仅本土植物物种就达 1400 多种,其中 131 种是濒危物种,76 种是仅生长在附近环境中特有的物种(傅登祺,2004)。此外,巴西作为南美第一大国、印度 7000 千米的海岸线都使这些发展中国家具有丰富的自然资源。这些资源为发展中国家的生物研究提供了一个巨大的基因宝库。另一方面,丰富的生物资源也对发展中国家提出了通过自主创新掌握主动的要求。发达国家十分重视生物遗传资源,近年来,它们凭借自身雄厚的经济和科技实力,采取各种手段,不断从发展中国家搜集、掠夺,并通过对世界生物遗传资源的控制,进而加速对发展中国家的市场占有和经济垄断。发展中国家因此蒙受了巨大的经济损失,许多生物遗传资源的原产国、提供国反而成了受害国。例如,1991 年,美国默克药业集团公司仅用了 100 万美元就买下了对哥斯达黎加的植物资源进行筛选、研究和开发的权利;1997 年,有“皇冠名珠”之称的印度香米被一家美国公司申请了专利,直接影响印度每年 3 亿美元的香米出口,尽管后来印度政府费尽周折,仍失去了 16 项专利权。据统计,美国通过各种途径获取的生物遗传资源占其总量的 90%,日本占 85%。这一方面要求发展中国家尽快完善生物多样性保护和生物安全的法规与政策,另一方面也对发展中国家通过提高自身创新能力以掌握技术、基因与市场主动权提出了迫切的要求。

在发展中国家,尽管几乎每个国家都有委员会或其他机构规划并监督生物产业的发展,但在创新成果产业化方面,发展中国家与发达国家仍然存在较大差距,例如,产业化相对较好的印度、巴西、南非分别只有 1 种、2 种和 3 种转基因作物商业化生产,而且产业化的产品大部分是国外跨国公司的专利,本国技术成果的产业化还处于起步阶段,甚至还有一些发展中国家仅仅处于农业生物科技研发阶段，如南非、马来西亚等国家。此外，发展中国家的生物技术公司普遍规模不大，缺乏像发达国家那样的大型跨国公司，这些公司多以中等技术和产品为主导。因此，发展中国家农业生物产业自主创新的道路还任重而道远。

2.3.3 典型发展中国家的农业生物产业创新模式考察

2.3.3.1 政府或机构主导的合作创新模式

发展中国家由于农业生物企业的规模小、科研实力相对较弱，科技创新主要集中在政府和公共研究机构，如大学和科研院所，因此，各国在将技术产业化的过程中，政府都采取了一定的措施以加强产学研之间的合作。例如，巴西政府于1997年将促进科学技术发展的 PADCT 项目经费的17%用于生物技术，以发展研究机构和促进产学研结合。2004年，巴西政府又出台了《创新法》，旨在鼓励产学研有机结合，提高技术成果转化能力（Silva，2008）。此外，巴西还鼓励大学创办生物企业，目前，巴西境内的生物企业有17%来自于大学校区。印度政府为了促进公共研究机构与私营机构之间的合作，也正积极建立生物科技园（OECD，2006）。

此外，一些国家机构，甚至是国际性的机构也积极促进产业与研究单位的合作。表2-10是联合国教科文组织发起的发展中国家农业生物技术大学与产业合作项目，从中可以发现，教科文组织不仅积极倡导一国内部的产学研合作，还拓展了不同国家之间的产业与科研部门的联系。

表 2-10 联合国教科文组织发起的发展中国家农业生物技术大学与产业合作项目

国　　家	项目活动	合作机构
阿根廷	生物技术转化为农产品	图库曼的 PROIMI 和瑞典隆德大学
中国	生物转化为生物质化学物质和生物能源产品	上海大学、日本名古屋大学和瑞典隆德大学
科特迪瓦	大焦作物的大型保存	库马西科技大学
加纳	保存木薯的胶技术应用 从加纳植物材料中提取的驱虫剂配方	香港科技大学
印度	使用天然和重组蛋白质作为生物传感器 根瘤菌接种剂的生产	蛋白质工程中心和马德拉斯生物医学研究
肯尼亚	生物化肥产品	肯雅它大学

国　家	项目活动	合作机构
巴基斯坦	向伊斯兰国家生产和供应生物化肥	内罗毕大学 费萨拉巴德的国家生物技术和基因工程研究所（NIGBE）
苏丹	苏丹发酵食品的准备与生产	食品研究中心和喀土穆大学
尼日利亚	改进了的当地断奶食品的工业化	联邦农业大学（阿比亚洲）
多哥	从农用工业残渣中提取纤维素的商业中试	中药制药技术部门，贝宁大学
突尼斯	番茄多样性改造	洛美的基金促进会和 et la Valorisation de la 研究所
乌干达	经过处理的废水及污泥的重复应用研究 从红薯中生产的糖果、果酱和糖果	突尼斯的农村工程研究中心、科学食品部和坎帕拉的马凯雷雷大学

资料来源：Dasilva，1998

2.3.3.2　国际合作

绝大多数发展中国家的生物技术起步较晚，技术基础和产业实力与发达国家相比显得比较薄弱，因此，发展中国家在农业生物技术创新过程中都积极参与国际合作，通过学习吸收国外的先进技术与管理经验增强自身技术积累。例如，印度分别与澳大利亚、美国、荷兰和瑞士等国签署了生物领域的合作计划，选派生物技术团队赴美国进行技术培训，并积极参加了美国发起的南亚生物安全计划、农业生物技术支持项目等。目前印度投资的重点是与跨国公司的合作领域，如与中国、美国的公司积极开展了合作，Bt 茄子与转基因玉米就是与美国合作研发的（Dhankhar，2007；Moza，2005）。马来西亚也与美国开展了合作与交流，参加了美国生物技术短期培训班，并约定从 2006 年开始，双方每年各选 4 名科学家进行农业生物领域的交流（Hautea and Escaler，2004）。南非不仅与发达国家进行合作研究，还与发展中国家进行技术的交流与学习。例如，与美国国际开发署合作开展了 6 个项目，不仅涉及植物生物技术，如转基因木薯及南非特有的土著作物，还涉及动物生物技术，如猪囊虫病。此外，南非、印度、巴西三国 2005 年签署了生物发展谅解备忘录，合作协议的启动包括共享与学习、进行技术交流与技术转移、最终共享生物技术设施三个阶段。

2.4 创新路径的比较与启示

2.4.1 世界典型国家创新路径的总结与比较

从对美国、欧盟及典型发展中国家的创新路径考察中可以发现，这些国家都纷纷选择了通过自主创新道路增强本国农业生物产业的竞争实力，但它们在自主创新道路选择的动力、支撑条件及具体运作方面各具特点。

2.4.1.1 自主创新途径选择的动力不同

美国自主创新道路的选择是本国内部动力引发的。一方面，美国拥有一批在世界范围内实力最强的大学与科研机构，它们已经拥有农业领域和生物领域的顶尖基础研究积累，因此，它们有通过创新实现知识和技术领域新突破的内在欲望。另一方面，美国是世界上经济实力最强的国家，在许多经济与技术领域领跑世界各国，但随着国际竞争的加剧和一些发展中国家的崛起，其在一些传统的领域，如航空、机电等行业正逐渐丧失绝对优势，因此迫切希望开创技术含量高、附加值高的新兴产业重新分割世界市场，而生物产业正是适合的选择。

欧盟也具有农业生物产业自主创新的内在动力，但同时存在的巨大内部压力抑制了创新动力，使其在自主创新道路上蹒跚而行。欧盟的一些国家，如英国、德国等，与美国的情况很相似，它们都有良好的研究基础和经济实力，都有在知识领域获得创新研究成果的强烈欲望和积极参与市场竞争的要求，但是面对民众对转基因产品的质疑和抵制，政府实施了谨慎的生物安全管理政策，极大地抑制了科研机构和企业在农业生物领域特别是转基因领域的创新积极性。

而印度、南非等典型发展中国家自主创新途径的选择是其内在动力与外在压力共同作用的结果。一方面，发展中国家看到了农业生物技术的巨大应用前景，存在通过生物技术的突破解决本国经济发展与资源、环境之间矛盾的内在需求。另一方面，这些国家丰富的生物资源也存在被国外机构抢先开发和申请专利的外在风险和压力，内外合力使发展中国家纷纷致力于农业生物产品的自主研发与产业化。

2.4.1.2 自主创新的支撑条件不同

尽管各国都将自主创新作为农业生物产业发展的根本动力，但它们对自主创新的支撑根基是不同的。由于美国大学与科研机构的基础研究实力很强，加之一些经济实力雄厚的公司如孟山都、杜邦等进入该领域，以及创新型农业生物科技公司的诞生和政府行之有效的支持与激励，逐渐形成了在自主创新道路上官产学研多足支撑的格局。欧盟典型国家尽管与美国的条件相似，但政府谨慎的生物安全管理政策使其在自主创新道路了缺失了政府的有力支撑。而发展中国家企业规模较小，产业实力不强，其自主创新主要是政府和公共研究机构支撑的。

2.4.1.3 自主创新的实现模式各具特色

美国由于最早进入农业生物领域，因而积累了一定的技术、经济基础，其自主创新的实现模式也呈现出"百花齐放"的特点，既有大学与产业的合作创新，又有以企业为主体的自主创新和跨国公司模式。欧盟国家严格的生物产品审批制度使得一些生物产品特别是转基因产品很难通过本国审批进行市场化运作，因此欧盟一些国家则通过"外围突破"的方式，即先在本国进行自主研发，再通过跨国公司方式在他国进行商业化生产，采取本国企业"自主创新＋跨国公司"模式完成自主创新。发展中国家对生物技术研究的起步较晚，技术基础与企业实力普遍偏弱，因此积极探寻"以合作促创新"的发展模式，它们不仅倡导通过本国产学研之间的合作加速自主创新进程，还积极通过国际合作增强本国知识技术积累。

2.4.2 世界典型国家的创新路径对中国的借鉴与启示

通过对世界典型国家农业生物产业技术创新路径的考察，我们不仅了解了各国创新路径的选择及具体运作，还得到了一些借鉴与启示。

2.4.2.1 自主创新是世界各国普遍选择的创新途径

从上文的考察中可以发现，尽管各国的具体国情不同，面临的创新动力也不尽相同，但在农业生物产业技术创新过程中，各国都纷纷选择了自主创新道路。这为中国提供了一个借鉴，因为中国既有一般发展中国家面临的内在动力和外在压力，也有不逊色于欧盟的产业技术创新能力，因此，在农业生物产业技术创新途径选择上，我们也应该将自主创新纳入重点考虑的范畴中。当然，究竟选择什么样的创新途径，还应该综合多方面因素分析而定。

2.4.2.2 应该为农业生物产业技术创新提供较为宽松的政策环境

从欧美的创新历程及结果可以看出，尽管欧盟一些典型国家，如英国、德国等，与美国一样都拥有雄厚的技术基础与经济实力，但由于美国实施了促进生物产业技术创新的宽松政策，而欧盟实施了谨慎的生物安全管理政策，因而两者在农业生物领域上的差距逐渐扩大，英国、德国、法国等国家与美国在农业生物产业技术创新能力上的差距都在 40% 以上。通过对欧美等国家的考察，可以得出这样的经验及启示：要加快农业生物产业的发展，政府应发挥积极的导向作用，为创新提供一个较为宽松的政策环境。

2.4.2.3 在创新的实现模式上，要因地制宜，合理选择

尽管本书所考察的国家都选择了自主创新道路，但从自主创新的实现方面看，不同类型的国家选取的模式各有特色，不尽相同。它们的选择都与本国的现实国情相对应。例如，欧盟的跨国公司创新模式的选择是为了避开欧盟严格的生物安全管理政策，而发展中国家选择国际合作模式是为了增强自身薄弱的技术实力。因此，中国在农业生物产业创新模式的选择上应因地制宜，在借鉴国外模式的基础上合理选择。

2.5 本章小结

本章从农业生物产业创新历程、创新途径及实现模式三个方面分别对美国、欧盟及典型发展中国家的农业生物产业技术创新路径进行了考察。本章的研究旨在为中国农业生物产业技术创新路径提供参考和借鉴。

研究发现，这些国家纷纷通过自主创新分享世界生物经济的盛宴，但各自的具体情况不尽相同。美国自主创新途径的选择是其进入的时机、自身实力及政府积极推动的必然结果；而欧盟的基础研究能力尽管也很强，但由于其谨慎的生物安全管理政策，自主创新的步伐很缓慢；发展中国家尽管起步晚、研究实力不如发达国家，但政府的支持、丰富的资源等也使其积极探索自主创新道路。

在自主创新道路的实现上，美国凭借其雄厚的技术经济实力，通过企业自主创新、产学研合作创新、跨国公司等多种模式共同实现自主创新；欧盟由于严格的生物安全管理制度，选择了企业“自主创新 + 跨国公司”模式进行自主创新；而发展中国家由于企业实力不强，普遍采用产学研合作创新和国际合作模式提高自身自主创新能力。

本章的考察也为中国农业生物产业技术创新提供了良好的借鉴及启示：在创新途径选择上，可以重点考虑自主创新道路；在实现模式上，应因地制宜，合理选择；为了加快农业生物产业的发展，政府应为技术创新营造一个较为宽松的政策环境。

第3章
中国农业生物产业技术创新途径选择的博弈分析

在国际竞争日趋激烈的农业生物领域，选择什么样的创新路径将直接关系着未来农业生物产业技术创新的进程和产业国际竞争力的强弱。本书从两个方面研究产业技术创新路径的选择：创新途径的选择和相应的创新模式选择。通过第3章分析可以发现，世界典型国家纷纷通过自主创新道路增强自身实力，参与国际竞争。然而，国情的不同使我们不能完全照搬国外的发展道路和具体模式。因此，本章在对产业技术创新途径进行比较的基础上，采用博弈分析法探寻中国农业生物产业的技术创新应该选择的途径。

3.1 产业技术创新途径的分类与比较

3.1.1 产业技术创新途径的分类

目前，理论界对产业技术创新途径的研究中，比较有代表性的分类是庄卫民和龚仰军（2005）在《产业技术创新》一书中作出的。他们结合国内外理论学者的经验，借鉴了企业技术创新途径的分类方法，将产业技术创新途径分为自主创新、模仿创新和合作创新三种。然而，庄卫民和龚仰军对合作创新的定义，主要指企业与企业、科研机构、高等院校之间的联合创新。产业技术创新是由企业组成的群体和高校、科研院所、政府等共同参与的，是以提高产业竞争力为目标的，包括技术开发（或引进、消化吸收）、生产、商业化到产业化的一系列活动的总和。从产业创新技术源的角度看，产业内部的合作创新属于一国依靠产业自身力量进行的技术创新活动，仍隶属于一国自主创新的范畴。不同的是，合作创新强调一国产业依靠内部各主体之间的联合进行创新，因此，它只是产业创新系统内部各主体之间的联系模式，而不是创新途径。因此，本书结合国内外的研究，按照创新手段的不同，将产业技术创新的途径分为自主创新和模仿创新两种，并根据庄卫民和龚仰军的相关概述，将自主创新与模仿创新定义如下：

1）自主创新是指创新主体主要依赖自身所具有的能力和资源完成从技术突破到产业化的一系列创新活动。从创新源的角度看，自主创新与技术引进是相对应的概念，指一国或地区的产业不依赖外部引进，独立在自身基础上进行研究开发的创新活动。

自主创新强调知识、技术或制度等方面的关键性突破是依靠自身力量实现的，这是自主创新的本质特点，其目标是追求自主知识产权。在各种创新活动中，自主创新最具主动性（黄懿，2006）。

2）模仿创新是指通过模仿率先创新的创新思路与行为，吸取率先成功者的经验与失败的教训，购买引进或破译率先者的核心技术和技术秘密，并在此基础上改进完善，进一步开发的技术创新。但是，应注意的是，模仿创新不是单纯的模仿，它本质是一种创新行为，只不过这种创新是以模仿为基础的，是在原有范式内涵得以保存的前提下有所改善和发展。

模仿创新的理论依据在于：有些技术是体现在商品上的，如设计工艺、工作原理等，这些技术可以通过解剖、逆向工程了解到；有些技术不体现在商品上，如一些工艺知识、少数人掌握的科学与技术原理等，这些技术可以通过文献、专利或借助技术研究专家交流等途径获得（黄懿，2006）。

3.1.2 自主创新与模仿创新的比较

从自主创新与模仿创新的含义可以发现，自主创新强调知识、技术等关键性突破是依靠自身力量实现的，而模仿创新则强调在购买引进或破译率先者的核心技术和技术秘密的基础上完善创新，因此二者在技术源、市场先机、对创新资源的要求等方面是有区别的（表3-1）。

表3-1　自主创新与模仿创新的比较分析

类　别	自主创新	模仿创新
技术源	内生性	外生性
进入技术领域与市场的时机	率先性与先发优势	跟随性与后发性
对核心技术的掌握	控制和独占	购买和破译
资金投入	高	低
人才需要	高级研发人才及复合型人才	学习性、复合型人才
风险	技术风险与市场风险高	风险低
产业的竞争优势	强（技术、人才、市场优势）	相对较弱（成本、风险、工艺优势）

从技术源的角度看，自主创新强调一国或地区的产业不依赖外部的技术引进，独立在自身基础上进行技术研究开发（庄卫民和龚仰军，2005）。它所需要的核心技术及能力都是来自本国产业的技术突破，是本国产业内部创新主体研究与开发的结果，因此，技术突破具有内生性。模仿创新主要是在购买或破译他国技术秘密的基础上对产品或工艺进行发展和改进，其核心技术源于本国技术创新主体之外，具有外生性。

从进入技术领域与市场的时机看，自主创新具有先发优势，模仿创新则表现为跟随性和后发优势。这主要表现在两个方面。一是关键技术的研究开发方面，自主创新主体为了拥有和控制关键性技术以获得丰厚的回报，必须要进入新的技术领域率先研究开发，因此，技术的率先性是自主创新主体努力追求的目标；而模仿创新往往以成功的率先创新为基础，加以改进，具有跟随性。二是新市场的开拓方面，自主创新主体要取得自主创新的经济回报，必然要求市场的率先开拓。模仿创新由于技术的跟随性，且跟进者对新技术的消化、模仿、解密需要一定时间，因而决定了其进入市场的时间明显滞后于自主创新，较为被动。但市场竞争本身是具有一定兼容性的，后来者完全可以凭借对先进入产品的模仿创新在新产品市场上取得一定的市场份额，获取后发优势。

从对核心技术的拥有和控制权来看，自主创新有利于创新主体掌握和独占核心技术。由于自主创新需要创新主体内生的能力和资源作为支持，其技术突破是产业内部创新主体长期积累和研究的结果，加之各国对创新成果的知识产权保护政策，使创新主体可以在相当长的一段时间内控制和独占创新成果。而模仿创新由于缺乏自主创新的绝对率先性和主动创造性，因而不具有控制和独占核心技术的优势，其获得核心技术的渠道只能通过在技术市场购买或破译。

从资金投入看，自主创新所需的资金要比模仿创新高。自主创新不仅要投巨资于研究与开发，还必须投入大量的资金用于科研人才的培养，如微软公司一年的研发投入就相当于中国一年的科技经费。而模仿创新主体则通过以合理价格购买、引进核心技术，并对核心技术或率先创新中的薄弱环节重点突破，以节约巨额的研发费用，提高研发效益。

从人才需求的角度看，自主创新的内生性与率先性要求创新主体依靠自身知识和能力在全新的领域完成从技术突破到商品化的全过程，这不仅需要尖端的科研和技术人才，还需要懂得市场、管理和工程的复合型人才。由于率先创新者已解决了新技术开发的主要探索性问题，模仿创新则偏重于创新过程的中后阶段，因而需要在创新链的中下游环节，如生产工艺、质量控制、市场营销等方面投入较多的人力物力，因此对生产、管理、工程、营销人员的要求较高，而对科研人员的要求则比自主创新的要求低。此外，模仿创新并不是对新技术、新工艺的简单模仿，而是在模仿的基础上破译无法获得的技术秘密以及对产品的功能与生产工艺进行发展与改进，从而积累自主创新的技术实力，因此需要学习能力强的人才。

从创新的风险看，自主创新的风险远比模仿创新高得多。一方面表现为自主创新过程的高风险性。自主创新的源头是科学研究，然而，其成功率却很低。据有关资料显示，在美国，基础性研究的成功率仅为5%，在应用研究中仅有50%能获得技术上的成功，30%能获得商业上的成功，而只有12%能给企业带来利润（杨水旸，2005）。而模仿创新主体可以在众多的技术成果中进行充分的比较分析，选择最成功的加以引进购买、消化吸收与改进，在创新过程中，可以充分借鉴率先创新者的经验和教训，做到更加快速准确的定位，将自己的研发活动集中在特定的领域，虽然较为被动，但技术风险很低。另一方面，自主创新的市场风险也较高。产业自主创新不仅指科学技术上的突破，还包括将创新技术扩散、产业化、投入市场的过程。在这一系列过程中，创新主体不仅面临着创新成果被模仿甚至侵占的风险，还面临着市场开拓的风险。由于自主创新面对的往往是一个全新的市场，这就需要创新主体投入大量时间和资金开拓市场，但其成效又是高度不确定的。而模仿创新主体所进入的是率先创新已成功开辟的市场，能够享受到率先开辟新市场投入的诸多外溢效益，同时又回避了新市场沉默期的不确定性，具有风险低的优势（杨德林和陈春宝，1997）。

从产业的竞争优势看，自主创新是在一个全新的技术领域寻求突破，其创新的空间是比较大的。当某项核心技术开发成功之后，很可能会带动大批新产品的诞生，形成新的集群现象，从而带动相关产业的发展，加之自主创新的先发优势，使自主创新产品初期在市场上处于垄断地位，并能较早建立起原料供应和产品销售网，率先占领产品生产所需要的稀缺资源，在市场竞争中处于有利地位。例如，美国在转基因等技术上的突破带动了相关农业、医药等生物产业的迅猛发展。而模仿创新由于技术与市场的后发性与跟随性，虽然也能带来相关产业的发展，却往往已失去抢占技术制高点与市场的先机。但由于模仿创新有低成本、低风险、有针对性等优势，也会形成一定的竞争优势，如中国的手机行业就是在模仿中不断创新和壮大的。

3.2 产业技术创新途径选择的博弈分析

本节将采用博弈论的分析方法，通过建立自主创新与模仿创新的博弈模型，分析比较两种创新给产业带来的经济得益，从而确定在不同情况下产业的技术创新途径。

3.2.1 基于古诺均衡的技术不扩散阶段的博弈分析

1938 年，法国经济学家奥古斯汀·古诺（Augustin Cournot）发明了两个厂商相互竞争的寡头模型。本书借用古诺的思想分析不同国家某产业选择不同创新途径获得的利润结果，并建立相应的得益矩阵，通过初始静态博弈分析创新途径的最优选择。这里的初始静态博弈阶段是指各厂商独自进行创新决策，不考虑技术转让的阶段。

3.2.1.1 模型假设

为了分析方便，本书对模型作以下假设。

第一，假设在国际市场上某一产业的竞争者只有 A 国和 B 国，它们分别可采取自主技术和模仿创新战略。

第二，假设其他生产成本为 0。

第三，假设 A、B 实力相当，面临的相同的线性需求，市场的逆需求函数为 $P = a - bQ$，$Q = \sum_{i=1}^{2} Q_i$。式中，i 为不同的国家；Q_1、Q_2 分别为 A、B 的产量；P 为市场价格；Q 为市场中的需求量（假设需求量 = 产量），a、b 均大于 0。

第四，A、B 同时进行技术创新决策，若采取自主创新战略，则研发成本为 C。

3.2.1.2 分析

若 A、B 同时进行技术创新决策，则有以下几种可能：同时自主创新；同时模仿创新；一方自主创新而另一方模仿。本书分别对以上情况加以考虑，计算出各种情况下 A、B 的利润。

情况一：若 A、B 同时采取自主创新战略，同时产业化进入市场竞争，这种情况属于典型的古诺均衡，本书用古诺模型分析。

A 进入市场，按照利润最大化原则 $MR = MC$ 决策，由于其他生产成本为 0，因此 $MR_1 = (P \cdot Q_1)' = [(a - bQ_1 - bQ_2) Q_1]' = 0$。

由此可得出

$$Q_1 = \frac{a - bQ_2}{2b} \tag{3-1}$$

同理，B 进入市场，按照利润最大化原则 $MR = MC$ 决策，

$$MR_2 = (P \cdot Q_2)' = [(a - bQ_1 - bQ_2) Q_2]' = 0$$

由此可得到

$$Q_2 = \frac{a - bQ_1}{2b} \tag{3-2}$$

将式（3-1）与式（3-2）联立，得到古诺均衡解 $Q_1 = Q_2 = \frac{a}{3b}$。

根据公式计算 A、B 的利润 $\prod = P \cdot Q - C$。

由此得出 A、B 的利润分别为 $\prod_1 = \prod_2 = \frac{a^2}{9b} - C$。

情况二：若 A、B 都采取模仿创新战略进行竞争，则谁都无法进入市场，双方都无法享受自主创新带来的好处，此时双方的利润均为 0。

情况三：一方进行自主创新，另一方模仿创新。

在技术不扩散阶段的静态博弈中，自主创新一方进入市场，而模仿一方则意味着此阶段暂不创新，此时，率先自主创新一方进入市场独占市场份额。

假设 A 进行自主创新，B 进行模仿创新。

A 按照利润最大化原则 $MR = MC$ 决策，即

$$(P_1 \cdot Q_1)' = 0$$
$$[(a - bQ_1) Q_1]' = 0$$

得到 A 的最优产量为

$$Q_1 = \frac{a}{2b}$$

A 国得到的市场利润为总收益减去创新成本，得

$$\prod_1 = \frac{a^2}{4b} - C$$

3.2.1.3 初始静态博弈结果

根据以上的分析，本书将分析结果用博弈矩阵表示，如表 3-2 所示。

表 3-2　技术不扩散下的自主创新与模仿创新的静态博弈矩阵

B	A	
	自主创新	模仿创新
自主创新	$a^2/9b - C$, $a^2/9b - C$	$a^2/4b - C$, 0
模仿创新	0, $a^2/4b - C$	0, 0

如表 3-2 所示，若 A、B 都进行自主创新，则双方共享创新带来的好处，

平分市场份额，双方都可得到 $a^2/9b - C$ 的利润；若一方自主创新，在技术不扩散的情况下，自主创新一方独享 $a^2/4b - C$ 的利润，而模仿的一方无收益；若双方都不主动进行自主创新而选择模仿创新，则获得的利润均为 0。从表 3-2 中的初始静态博弈矩阵中可以看出，只要 $a^2/9b - C > 0$，即 A、B 产业自主创新的利润大于 0，对于 A 和 B 而言，它们都只有唯一的一个最优选择，即自主创新。此时，博弈达到了一个占优策略均衡。

3.2.2 基于斯塔克博格模型的技术扩散下的序列博弈

前面分析的是 A、B 同时进行决策的初始静态博弈情况，在现实生活中，各国进行技术创新往往有先后顺序，是一种动态的博弈。若根据斯塔克博格的观点，率先进入市场的一方可以抢占一个很大的产量水平，因此，笔者将基于斯塔克博格模型（Stackelberg model）分析一国率先自主创新的先行优势及机理，并从博弈论角度分析产业竞争环境下的自主创新与模仿创新的利润及选择。

3.2.2.1 模型假设

为了分析方便，本书对模型作以下假设：

第一，假设在国际市场上某一产业的竞争者只有 A 国和 B 国，它们分别可采取自主技术和模仿创新战略。

第二，假设其他生产成本为 0。

第三，假设 A、B 实力相当，面临相同的线性需求，逆需求函数为 $P_j = a - bQ_j, Q_j = \sum_{i=1}^{2} Q_{ij}$。其中，$i$ 为不同的国家；Q_1、Q_2 分别为 A、B 的产量；j 为不同阶段。

第四，假设 A 率先进行自主创新，采取自主创新战略，则研发成本为 C，若采取模仿创新战略，则模仿一方需向自主创新方缴纳的技术转让费为 D。

从上述假设我们可以看出，斯塔克博格模型的第一、第二假设与古诺模型相同，但与古诺模型不同的是，它考虑到了现实经济中技术的转让行为，为模仿创新创造了前提。

3.2.2.2 斯塔克博格模型分析

根据斯塔克博格模型，若 A 率先进行自主创新，则 A 国先进入市场，并在市场中维持垄断，直到 B 突破这项技术或获得 A 的专利后模仿创新。

阶段 1：创新者的单期垄断阶段。

在 B 进入之前，A 的产量为 Q_{11}，逆需求函数为

$$P_1 = a - bQ_{11} \tag{3-3}$$

则 A 按照利润最大化原则 $MR = MC$ 决策，即

$$(P_1 \cdot Q_{11})' = 0 \tag{3-4}$$

将式（3-3）代入式（3-4）中，得

$$[(a - bQ_{11}) Q_{11}]' = 0$$

得到 A 的最优产量为 $Q_{11} = \dfrac{a}{2b}$。

A 国得到的市场利润为

$$\prod_{11} = \frac{a^2}{4b} - C$$

阶段 2：技术扩散后的寡头竞争。

随着新技术扩散，B 国会积极抢占剩余市场份额。摆在 B 面前的有两条路：一是随着技术扩散效应，积极研发，攻克技术关，尾随 A 进入市场；二是 B 购买 A 的技术专利进行模仿创新。本书分别考察以下两种情况。

情况一：B 通过自主创新后进入市场。

B 是根据 A 的产量来决定自己的最优产量的。由于 A 先进入，假设第 2 阶段 A 的市场份额为 Q_{12}，随后 B 进入，此阶段 B 的产量为 Q_{22}，此时市场的总量为 $Q_2 = Q_{12} + Q_{22}$。

此时市场的价格为

$$P_2 = a - b (Q_{12} + Q_{22}) \tag{3-5}$$

B 根据利润最大化原则

$$MR = MC, \quad MR_2 = (P_2 \cdot Q_{22})' = 0 \tag{3-6}$$

将式（3-5）代入式（3-6）中，得

$$[(a - bQ_{12} - bQ_{22}) Q_{22}]' = 0$$

得到 B 的最优产量为

$$Q_{22} = \frac{a}{2b} - \frac{Q_{12}}{2} \tag{3-7}$$

而 A 作决策时也必须考虑到 B 产量对其的影响，同样按 $MR = MC$ 原则，得

$$[(a - bQ_{12} - bQ_{22}) Q_{12}]' = 0 \tag{3-8}$$

将式（3-7）代入式（3-8）中，得到 A 在第 2 阶段的最优产量为 $Q_{12} = \dfrac{a}{2b}$。

根据式（3-7），可求出 B 在第 2 阶段的最优产量为 $Q_{22} = \dfrac{a}{4b}$。

由于 A 的创新成本已在第一阶段扣除，因此 A 在第 2 阶段的利润 $\prod_{12} = \dfrac{a^2}{8b}$，B 的利润为 $\prod_{22} = \dfrac{a^2}{16b} - C$。

情况二：B 通过模仿创新后进入市场，则 B 需要向 A 支付一定的专利费 D，假设它是一个固定支出。分析方法如前。由于没有改变 MC，因此 A、B 在第 2 阶段的均衡量与第 1 阶段相同，而利润如下。

A 在第 2 阶段的利润为

$$\prod_{12} = \frac{a^2}{8b} + D$$

B 在第 2 阶段的利润为

$$\prod_{22} = \frac{a^2}{16b} - D$$

两个阶段总利润比较如下。

在情况一发生时，以上两个阶段的总利润为：

A 的总利润：$\prod_1 = \dfrac{a^2}{4b} - C + \dfrac{a^2}{8b} = \dfrac{a^2}{8b} - C$。

B 的总利润：$\prod_2 = \dfrac{a^2}{16b} - C$。

若情况二发生时，以上两个阶段的总利润为：

A 的总利润：$\prod_1 = \dfrac{a^2}{4b} + \dfrac{a^2}{8b} + D - C = \dfrac{a^2}{8b} + D - C$。

B 的总利润：$\prod_2 = \dfrac{a^2}{16b} - D$。

根据 A 和 B 的利润对比，在经济利润大于 0 的前提下，$\prod_1 > \prod_2$ 总是成立的，因此率先自主创新的一方不仅能获得更多的市场份额，而且可以赚取更多的利润，理性的生产者或产业决策者应率先进行自主创新。

3.2.2.3　基于斯塔克博格模型的序列博弈

根据斯塔克博格模型分析结果，本书用"博弈树"描述 A、B 两国某产业的博弈过程，如图 3-1 所示。

在初始状态，由 A 先进入市场，A 进入市场有两种方式，一种是通过自主创新率先进入，另一种是通过模仿创新进入市场。由于初始状态下无他国产业，A 国模仿创新道路行不同。我们用虚线表示不可能路径，则在初始状态下，A 率先通过自主创新进入市场，B 后进入，B 可以通过自主创新或模仿创新两种方式进入，B 若通过自主创新进入市场，可获得 $a^2/16b - C$ 的利润，若

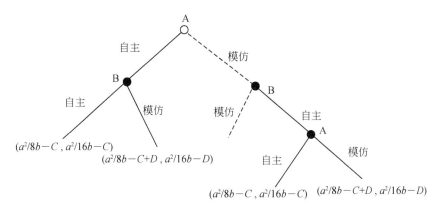

图 3-1　技术扩散下自主创新与模仿创新的序列博弈

通过模仿创新进入市场，可获得 $a^2/16b - D$ 的利润，只要 $C < D$，即创新的研发费用小于专利的支付费用，B 国就选择自主创新，否则，则选择模仿创新。

　　若 A 在初始状态没有自主创新，则 B 作为"经济人"，会率先进行自主创新，即从右端路径第二个决策结开始决策，此时原理与 A 率先进入相同，可以发现，只要 A 国的创新费用小于专利的支付费用，它也会选择自主创新。

3.2.3　基于寡头模型的技术扩散情况下的综合博弈分析

　　古诺均衡下的博弈我们考察的是同时作决策的技术不扩散阶段的初始博弈结果，一般情况下，随着时间的推移，技术的外溢效应逐渐显现，世界范围内的技术转让成为现实，则博弈的矩阵会相应发生变化。我们仍按照前面的几种情况分别进行分析。若 A、B 同时进行自主创新或模仿创新，则技术的转让与扩散对二者的市场均衡结果没有影响；若一方进行自主创新，另一方进行模仿，市场结果会有所变化。在技术不扩散阶段，自主创新一方独占市场，而在技术扩散阶段，则是首先自主创新一方独占市场，而后技术扩散后双方分别占有一定市场份额，与斯塔克博格模型的第二种情况相同。结合前面的分析，以下给出技术扩散情况下的理想静态博弈矩阵，如表 3-3 所示。

表 3-3　基于技术扩散的自主创新与模仿创新的静态博弈矩阵

B	A	
	自主创新	模仿创新
自主创新	$a^2/9b - C$, $a^2/9b - C$	$a^2/8b - C + D$, $a^2/16b - D$
模仿创新	$a^2/16b - D$, $a^2/8b - C + D$	0, 0

如表 3-3 所示，若双方都进行自主创新，则双方获得平分市场的好处，各自获得 $a^2/9b - C$ 的利润，若一方自主创新，而另一方模仿创新，则双方获得的利润分别为 $a^2/8b - C + D$ 和 $a^2/16b - D$。容易证明，当 $C - D < a^2/9b - a^2/16b$ 时，即一国自主创新所获得的市场优势带来的额外收益大于自主创新的净成本时，一国只有唯一一个最优策略即自主创新，这意味着对于 A、B 两国产业来说，无论对方的选择是什么，自主创新都是自己最好的策略，此时博弈到达了一个占优策略均衡。

3.2.4　基于产业实力的技术扩散情况下的博弈分析

在分析寡头模型下的博弈矩阵时，假设 A、B 两国产业实力相当，这意味着当双方都进行自主创新并成功时可以平分市场。因此，基于寡头模型的静态分析是在 A、B 产业实力相当情况下进行的，从博弈结果可见，只要自主创新有利可图，则自主创新就是 A、B 两国的最优选择。

然而，在现实生活中，各国产业发展往往是不均衡的，甚至实力较为悬殊。如果各国产业实力有一定的差距，博弈的结果又会如何？

为了分析方便，古诺均衡博弈的一、二、四假设仍然适用，并假设市场价格始终为 P。

若 A 国在某一产业方面的实力远高于 B 国，反映在市场中表现为 A 国该产业占国际市场的份额远大于 B 国的市场份额即 $Q_A > Q_B$，其中 Q_A、Q_B 分别为两者都同时获得新技术并进入市场时的市场份额。

若 A 国率先自主创新并进入市场，其可额外获得的市场份额为 ΔQ_A，B 国模仿后进入市场则会失去 ΔQ_A 的市场；若 B 国率先自主创新并进入市场，其可额外获得的市场份额为 ΔQ_B，A 国模仿则会失去 ΔQ_B 的市场。由于 A 国产业实力雄厚，这意味着其拥有资金、技术、人才等优势，当 A 国进行率先自主创新时，可以凭借自身雄厚的资金及市场实力抢占较多的市场份额，而 B 国率先创新也可以获得市场先发优势，但由于其有限的资金制约着生产规模，所以 $\Delta Q_A > \Delta Q_B$。将 A、B 分别进行自主创新和模仿创新的结果用博弈矩阵表示，如表 3-4 所示。

表 3-4　基于产业实力的技术扩散情况下的自主创新与模仿创新博弈矩阵

B	A	
	自主创新	模仿创新
自主创新	$PQ_A - C$, $PQ_B - C$	$P(Q_A + \Delta Q_A) - C + D$, $P(Q_B - \Delta Q_A) - D$
模仿创新	$P(Q_A - \Delta Q_B) - D$, $P(Q_B + \Delta Q_B) - C + D$	0, 0

从表3-4可见，若 A、B 同时进行自主创新，则双方各以自身实力抢占市场份额，并支付相应的研发成本 C；若一方模仿创新，而另一方自主创新，则自主创新一方通过先发优势抢占部分对方份额，而模仿创新一方则需向对方支付专利费 D。考虑到 A、B 实力差别，若 $\Delta Q_A < Q_B + \Delta Q_B$，容易证明 $P(Q_B + \Delta Q_B) < C - D < P(Q_A + \Delta Q_A)$，若 $\Delta Q_A > Q_B + \Delta Q_B$ 时，$P(Q_B + \Delta Q_B) < P\Delta Q_A < C - D < P(Q_A + \Delta Q_A)$，即 A 国产业率先自主创新的收益大于创新的净成本，而 B 国产业率先自主创新的收益小于创新的净成本，此时便产生了著名的"智猪博弈"问题。对 B 来说，只有唯一的一个最优策略，即模仿创新，而对 A 来说，其最优选择为自主创新，此时博弈达到了一个占优策略均衡，其均衡结果为实力强的 A 国家的产业选择自主创新，而实力较弱的 B 国产业则选择模仿创新。

3.2.5 结论

由于自主创新与模仿创新的特点和所需条件是对立和互补的，因而在不同的情况下采取的途径也会有所差别，一个产业的发展究竟应该走以上哪种道路，与自身产业的发展状况、进入市场的先后及技术扩散的难易程度密切相关。

一般来说，如果一国某产业在国际竞争中与他国势均力敌，这时每个国家产业都有通过自主创新获得竞争优势的内在需求。而如果一国的产业实力远高于其他国家，意味着其拥有雄厚的资金与人才积累，有较强创新能力，该产业具备自主创新的高资金、人才投入等要求，采用自主创新战略可以获得技术、市场上的先发优势，能够进一步巩固和增强产业在国际中的竞争优势。如果一国产业竞争实力较弱，则模仿创新是该国产业的理智选择。

从进入市场的先后顺序来看，率先自主创新进入市场的一方会获得更大的利益，对于后进入的一方而言，只要创新的专利收益大于创新成本，自主创新也是其最优选择。

如果市场的技术扩散受阻，这时依靠引进核心技术而后模仿创新获得国际竞争力的方法则不太可行。因此，无论产业实力强弱，各个国家要想在国际市场竞争中获得一席之地，只能致力于培养本国产业的技术实力，通过自主创新实现本国产业的跳跃式发展。

当然，产业技术创新的途径选择是涉及多方面的复杂工程，除以上几点外，还必须结合具体产业自身技术特点、发展的机遇、技术更新的速度、国家的政策导向等内外部因素综合考虑。

3.3　中国农业生物产业技术创新途径选择的实证博弈

根据前面的理论博弈分析，结合自身与世界市场的具体情况，以下对中国农业生物产业技术创新途径的选择进行具体分析。

3.3.1　基于中国农业生物产业实力的博弈分析

根据前面对不同国家产业实力的博弈分析，产业实力的强弱会直接决定一国创新途径的选择。一般而言，产业实力强的国家应采取自主创新途径以获取市场先发优势，而对实力弱的国家而言，应该通过模仿创新进行"智猪博弈"。

中国农业生物产业的发展也对创新途径或道路选择起着指导性作用。近年来，随着农业生物技术的一系列突破，农业生物产业已经成为中国发展最快的现代生物产业领域之一，已经具有相当的产业基础。技术创新能力已高于欧洲国家，与实力最强的美国之间差距尽管还存在着 18% 的差距，但已跻身于创新能力最强的第一梯队行列中。按照产业实力下的技术扩散博弈结果，如果中国采取模仿创新道路，则会闲置自身的创新资源，丧失主动进入市场的先机和本国的部分市场份额；如果进行自主创新，中国不仅能逐渐缩小与美国的技术与产业差距，而且还能凭借自身的技术优势在发展中国家甚至世界市场中获取先发优势。因此，在目前产业实力的基础下，自主创新应该是中国农业生物产业技术创新的坚持方向。

3.3.2　基于生物技术扩散壁垒的博弈分析

技术扩散是否顺畅，直接关系着模仿创新道路的可行性，从而决定着一国创新道路的选择。这是因为模仿创新的关键是能够购买或破译核心技术并在此基础上进行创新。例如，日本是模仿创新最成功的国家，从其经验看，模仿创新都是在引进技术基础上的消化吸收，通过掌握核心技术后二次开发和再创新。

然而，在各国都将生物技术作为国际竞争焦点的今天，希望通过技术市场购买或破译农业生物高新技术变得越来越困难，主要原因有三点。一是农业生物技术的应用推广基本上都是以产品形态出现的，具有高知识性和高信息性，要想学习日本的经验，通过对产品性能与工艺的了解与研究掌握复杂深奥的生物核心技术基本不可能。二是生物产业国际竞争异常激烈，各国为保持本国的竞争优势，保护本国的自主知识产权，都对产品的核心技术转让普遍持谨慎态度，特别是以美国为首的西方发达国家为维持技术上的垄断优势，对生物工程领域的新技术出口有严格的限制，最新或关键的核心技术根本无法引进，使模仿者进行技术破译的难度增加。三是跨国公司的发展方式挤占了技术交易的市场空间。取得技术先发优势的发达国家为了更好地抢占世界市场份额，防止技术模仿者捷足先登控制当地市场，往往采用直接在市场所在地建立技术中心或销售公司，使自己的产品能在最短的时间内占领目的地市场。在这种情况下，关键技术往往是通过跨国公司的形式进入其他国家并占领他国市场，即使通过生物技术交易获得了专利许可，等待我们的很可能是萎缩的市场和狭小的生存空间。

因此，在农业生物产业领域希望通过模仿创新积累本国研发能力而获得后发性优势的难度非常大，此时博弈的最终结果如表 3-2 所示，在实力相当的情况下，各国的最优选择是自主创新。考虑到各国产业实力的不同，以下对 3-2 矩阵做一个校正（表 3-5）。

表 3-5　基于不同实力的技术不扩散的自主创新与模仿创新的博弈矩阵

B	A	
	自主创新	模仿创新
自主创新	$PQ_A - C$, $PQ_B - C$	$PQ - C$, 0
模仿创新	0 , $PQ - C$	0, 0

从以上矩阵可见，若一国为了维护本产业的竞争优势，严格控制该产业的核心技术输出，这种情况下技术的溢出效应消失。此时，模仿创新的国家无法依靠模仿参与市场竞争，模仿创新带来的经济利润为 0，而自主创新一方则由于技术的垄断赢得了市场的垄断，从而独享创新带来的好处，只要 $PQ_A > C$，$PQ_B > C$，即 A、B 两国产业进行自主创新的收益大于创新的成本 C 时，双方都只有唯一的一个最优决策，即自主创新。因为此时双方都无法享受技术外溢带来的好处，因此自主创新是 A、B 的理智选择。

从上述博弈可见，由于生物产业竞争异常激烈，通过模仿创新实现产业的跨越式发展道路是行不通的。因此，无论产业实力强弱，各个国家要想在国际市场竞争获得一席之地，只能通过自主创新培养本国产业的技术实力，中国也不例外。

3.3.3　基于生物产品生命周期的博弈分析

产品生命周期理论是美国哈佛大学教授费农 1966 年在其《产品周期中的国际投资与国际贸易》一文中首次提出的。他认为，产品在市场中会经历形成、成长、成熟、衰退这一周期，而这个周期在不同技术水平的国家里发生的时间和过程是不一样的，其间存在一个较大的差距和时差。这一时差正是一国自主创新与模仿创新的时间差。

产品的生命周期与技术的垄断和扩散是紧密联系的，因此，也影响着一国自主创新到他国模仿创新时间。在产品形成期，主要是技术的研发、中试及新产品初步投入市场的时期，这时，技术的率先创新者垄断着整个产品市场。在成长期，垄断者凭借技术上的垄断地位不断扩充市场份额，赚取超额利润。而在成熟期，由于本国市场的份额有限，垄断者为了寻求更广泛的国际市场，技术的扩散开始发生。这时，垄断者会进行技术的跨国转让或进行国际直接投资。这一阶段，技术落后国家开始模仿创新，垄断者的技术优势会降低。在衰退期，产品的生产技术已被技术落后国家掌握，技术开发者的技术垄断优势已经消失（图3-2）。

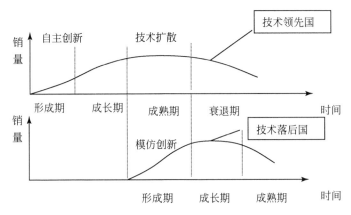

图 3-2　产品生命周期与产业技术创新途径

农业生物技术及产品也具有上述周期，但随着分子育种技术的不断突破，围绕着产品品质的竞争越来越激烈。为了不断适应市场，发达国家自主创新的频率加快，使得技术和产品的更新换代的周期大大缩短了。如图3-3所示，在这种新产品、新技术不断更新的情况下，模仿国家引进的技术往往在发达国家产品的成熟期就有可能被淘汰，因而所拥有的市场份额也是极其有限的，在此基础上进行开发的产品生命周期较短，甚至很有可能在形成真正的生产能力之前就到了淘汰的边缘。因此，在市场机制的作用下，模仿创新的链条很有可能在形成创新能力之前断裂。

在农业生物产品生命周期较短的情况下，中国若选择模仿创新，等待我们的只有萎缩甚至濒临淘汰的市场份额，而若根据自己的资源、技术等优势进行自主创新，不仅可以培育自身的创新能力，还可以在激烈竞争的市场中分一杯羹。

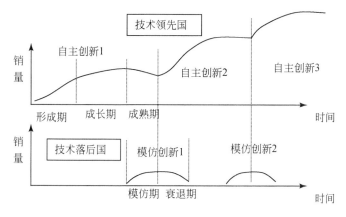

图 3-3 农业生物产品生命周期与技术创新途径

3.3.4 基于基因保护战的博弈分析

在生物领域的竞争中，谁掌握了基因，谁就掌握了生物技术的制高点，也就掌握了世界生物竞争的主动权。因为基因不仅代表着各国独特的物种资源，更重要的是，它的开发与利用将是未来自主知识产权和潜在市场的保证。近年来，世界各国都认识到了生物资源对农业发展的重要意义，逐渐加大了对物种资源的收集和保护力度，而且高度重视基因资源的自主利用与开发。

然而，在当今知识产权制度尚不完善的情况下，国外发达国家的农业生物公司正在利用其先进的技术和实力，通过建立跨国公司或技术合作形式大肆抢夺发展中国家的基因资源，中国便是发达国家掠取生物遗传资源的重要地区。例如，大豆原产于中国，世界上 90% 以上的野生大豆资源分布在中国。早在1898 年，美国就曾派人到中国调查和采集野生大豆品种资源，用来培育优质高产品种。现在，美国作物基因库中保存的大豆资源已达 20 000 多份，使其成为仅次于中国的大豆资源大国，很多原产中国的大豆资源成了美国的专利产品。又如，美国孟山都公司利用中国的野生大豆品种研发了与控制大豆高产性状密切相关的"标记基因"，向美国和包括中国在内的 100 个国家提出了 64 项专利保护申请，其申请范围涵盖了所有含有这些"标记基因"的大豆及其后代、具有相关高产性状的育种方法及所有引入该"标记基因"的作物（黄大昉等，2004），使中国在生物竞争中处于被动局面。

在这种局势下，如果我们坚持模仿创新路线，则不仅丧失了抢占市场先机的优势，而且必然还将在未来的农业生物竞争中丧失基因控制权，在这场没有硝烟的基因争夺大战中败北，成为国际生物竞争中的祭奠品。如果我们通过技术创新积极发现和保护中国生物基因资源，并申请专利，则会为中国未来的生物产业创新争取主动权和话语权。为了更形象地说明问题，以下用序列博弈分析自主创新与模仿创新对中国的基因保护情况。假设 e、f 分别为发达国家和中国的基因资源拥有量，根据当今世界基因争夺情况，以下分别对自主创新与模仿创新进行简单赋值（图 3-4）。

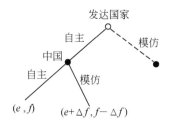

图 3-4　基于基因保护下的中国农业生物产业创新途径博弈树

如图 3-4 所示，当发达国家率先进行自主创新时，若中国也紧跟着采取自主创新道路，可以有效保护本国的基因资源，此时，中国的资源量为 f；若中国采取模仿创新方式，则发达国家会利用其技术经济优势掠夺中国一部分基因资源 Δf，此时中国的资源拥有量则为 $f - \Delta f$。通过比较可以发现，当发达国家率先自主创新时，为了保护本国未来潜在的创新基础——基因，自主创新道路是最优选择。

3.3.5　结论

通过上述实证博弈分析可以发现，在激烈的生物产业竞争中，中国很难通过模仿创新达到学习先进技术、培养产业实力、保护本国资源及参与市场竞争的目的，要想实现本国农业生物产业的跨越式发展并增强在国际市场中的竞争力，自主创新是摆在我们面前的最优选择。

3.4　中国农业生物产业自主创新的可行性及注意事项

从上述博弈的结果可见，通过模仿创新发展本国农业生物产业的道路是行不通的，自主创新才是唯一正确的选择。以下将根据中国的经济、社会发展现状分析中国农业生物产业自主创新道路的可行性。

3.4.1　中国农业生物产业自主创新的可行性分析

3.4.1.1　中国已具备了较强的农业生物技术创新能力

中国农业生物产业经过二十多年的发展，在技术及产业领域不断突破，已经形成了较强的创新能力，成为中国与世界先进水平差距最小的一个高技术领域。从第2章分析中已经知道，中国农业生物产业技术创新能力尽管与"领头羊"美国相比还存在着一定的差距，但与美国一道位居世界上创新能力最强的第一梯队中，已经积累了一定的、使该领域成为中国最有可能通过自主创新实现跨越式发展的领域之一的创新基础和较强的技术研发能力。

3.4.1.2 农业生物产业的发展为技术创新提供了产业经济基础

农业生物产业技术创新不仅需要技术上的支撑，在其后程阶段，即生物技术的应用及大规模的产业化阶段还要受一国产业水平影响与制约。总的来说，技术上的突破与创新是产业自主创新的产生源，而产业化阶段则是对创新技术的应用，是将新技术转化为生产力的过程。一般而言，一国的产业化水平越高，就意味着技术转化为现实生产力的速度越快，产业技术创新成功的概率越高。

中国农业生物产业虽然起步较晚，但经过数十年的发展，在诸多方面都拥有世界领先技术，产业化程度逐渐提高，产业化发展已初具规模。目前，中国在转基因作物、细胞工程育种培育小麦、水果及花卉、生物农药及肥料等方面都已形成了独立的产业化体系。其中，农用抗生素、杂交水稻等产业化开发方面已处于国际先进行列。此外，中国还在石家庄、天津、柳州、萧山等地建立了一批农业生物产业基地，为农业生物技术创新及产业化提供了配套的科研、中试与生产设施。中国农业生物产业的发展不仅为创新技术的应用提供了较完备的物质条件，还为自主创新培养了大批的技术应用与产业化人才，这将大大缩短产业技术创新的进程，有利于中国在激烈的国际竞争中处于主动地位。

3.4.1.3 巨大的内需为创新提供了广阔的市场空间

农业生物产业技术创新的后程阶段，即生物技术的应用及大规模产业化阶段，不仅受本国产业发展水平的制约，还受市场有效需求的影响。世界生物产业的经验表明，潜在的巨大需求是生物产业技术创新的根本动力之一。中国作为人口众多的发展中国家，正进入全面建设小康社会的经济阶段，随着中国经济高速增长和经济规模不断扩大，经济社会发展面临的人口、资源、环境等矛盾和问题日益突出，这不仅要求中国解决13亿人口的温饱问题，还对粮食的质量、食品安全、农作物的病虫害防治、生态环境与人类和谐发展等方面提出了新的更高要求，这些潜在的巨大需求不仅为农业生物技术创新指明了方向，还为技术的商品化和产业化提供了广阔的市场空间。

3.4.1.4 丰富的生物资源为中国自主创新提供了生物基因基础

中国国土辽阔、海域宽广，自然条件复杂多样，加之有古老的地质历史，孕育了极其丰富的植物、动物和微生物物种。例如，目前中国的高等植物有30 000余种，脊椎动物 6347 种，分别占世界总数的 10% 和 14%，目前已知的脊椎动物有 667 种，种子植物 17 300 种。此外，在真核微生物中，有 2000 多种是中国特有的（綦成元和王昌林，2006）。如此多样的生物资源为中国发展生物产业提供了宝贵的"基因资源库"，有利于中国在农业生物技术创新中申请专利，获得自主知识产权。

3.4.1.5 政府激励政策的不断完善优化了技术创新的外部环境

创新主体进行自主创新的根本目的是希望获得专利垄断，从而实现较高的市场回报。创新的关键在于能否有效抑制技术的溢出效应，这就对一国的知识产权保护制度提出了较高要求。中国政府为了推动生物产业的发展，先后颁布和实施了《专利法》、《商标法》、《著作权法》、《反不正当竞争法》等涵盖知识产权保护内容的法律法规。加入世界贸易组织后，中国又对相关法律法规和司法解释进行了全面修改，在立法精神、基本原则、权利内容、保护标准、法律救济等方面做到了与 WTO 的《与贸易有关的知识产权协定》以及其他知识产权保护国际规则相一致，已基本建立起了符合现行国际规则、适应中国国情的比较系统的知识产权法律保障体系，为自主创新提供了重要的法律保障（任志武和王君，2006）。

由于生物产业本身就是高投入、高风险的行业，而自主创新也具有高投入、高风险的特性，这就对规模普遍较小的农业生物企业提出了严峻的挑战。中国政府自 20 世纪 80 年代以来制定和实施了一系列促进生物技术创新及产业化发展的政策，逐渐在财政投入、税收、金融、创业投资、政府采购等方面加大了对技术创新的激励，特别是中共十六届五中全会提出了要走中国特色的自主创新之路，建设创新型国家的战略，并在"十一五"规划中将生物产业作为技术创新和产业化发展的重点领域之一，进一步完善了相关创新配套政策，优化了农业生物产业自主创新的外部环境，为其提供了坚实的政策保障。

3.4.1.6 世界生物产业格局为中国自主创新提供了重大时代机遇

当前，现代生物产业刚处于成长期，生物技术正处于大规模产业化阶段，产业内尚未形成由少数跨国公司控制的垄断局面，这为中国在农业生物领域自主创新提供了时间和空间。我们可以充分利用这一时期，在中国具有产业经济技术基础的农业生物领域，通过自主创新占领技术上的制高点，在国际分工格局中抢占有利地位。

3.4.2 中国农业生物产业自主创新应注意的问题

3.4.2.1 自主创新并不排斥国际合作与交流

在经济全球化的背景下，国与国之间的交流与合作日益密切，形成了你中有我、我中有你的格局。我们所讲的自主创新既包括原始性技术创新，也包括集成创新。无论哪一种创新都离不开知识与技术的积累和学习过程，如果我们过分强调完全通过本国自身能力进行创新，缺乏与世界的交流与合作，必将影响知识的学习与流动，降低技术创新的效率。因此，要想提高中国农业生物技术创新的能力和整体效益，不仅要培植自身技术实力，还应加大与世界各国的广泛联系，加强与国外相关领域的技术合作，集成全球生物技术，以便快速提高中国农业生物技术的创新能力。

3.4.2.2 自主创新并不排斥模仿

模仿创新与自主创新是针对农业生物产业的整体创新而言的，事实上并不存在完全的自主创新与模仿创新。现代技术的高度融合使每一项自主创新都或多或少具有模仿创新的成分，而模仿创新由于其创新性，也会有自主创新的成分。因此，农业生物产业自主创新道路的选择，并不意味着所有技术都是自主创新的结果，关键在于把握创新中自主创新与模仿创新的比例。

3.4.2.3 加大知识产权保护力度

企业或国家走自主创新道路很大程度上是为了在一定时间内垄断相应技术和市场。然而，要想独占创新的技术成果并将其应用于商业生产，在市场竞争中抢占先机，仅仅依靠技术的自然壁垒是远远不够的，还必须要在制度和法律上保证创新成果的独占性，特别是竞争较为激烈、多个竞争对手同时从事研究开发的领域，专利保护的及时性和有效性就显得尤为重要。因此，中国应进一步健全和完善知识产权法律制度，加强知识产权保护生物产业技术创新的力度，保护创新主体的利益，加快农业生物产业的技术创新进程。

3.4.2.4 中国自主创新的道路还任重而道远

虽然中国在农业生物产业自主创新中具有诸多有利条件与机遇，但也必须清楚地看到，中国与欧美等发达国家相比还存在一些差距。例如，发达国家财力雄厚，资本市场较完备，而中国资金缺乏，融资渠道单一；发达国家拥有一批跨国企业，可以在全球范围内整合资源以实现最大利润，而中国农业生物企业规模较小，国际化程度不高；中国社会主义经济体制刚刚建立，在政策、体制等方面还有一些地方不太适应农业生物产业的发展。因此，要走出一条符合中国特色的农业生物产业自主创新道路还任重而道远，它不仅要求中国不断完善自身体制与政策环境，还要扬长避短，充分利用和整合现有资源，选择适合中国国情的农业生物产业技术创新模式。

3.5　本 章 小 结

首先，本章对产业技术创新的两大途径——自主创新与模仿创新进行了比较分析，分析发现自主创新较模仿创新而言，在对技术的控制力、进入市场的先机及获得的产业竞争力等方面都占据优势，但同时也对资金、人才及对风险的抵御能力提出了更高的要求。其次，本章采用博弈分析方法基于寡头模型下技术扩散与不扩散、产业实力等方面对产业技术创新途径选择进行了理论分析，通过理论博弈分析发现，当各国的产业实力相当时，各个国家都有通过自主创新促进产业发展的内在需求，特别是率先自主创新的一方会获得更大的利益。若各国产业实力悬殊，则对实力较强的一方而言，自主创新是其最优选择，而模仿创新则是实力弱的一方的理智选择。再次，本章从中国农业生物产业创新实力、创新环境、产品周期等方面对中国农业生物产业创新途径进行了实证博弈分析，博弈结果发现，自主创新是当前中国农业生物产业技术创新的最优选择。最后，本章从世界行情、中国国情、产业产情等方面进一步验证了中国走自主创新道路的正确性。

第4章
中国农业生物产业自主创新的
模式选择

产业技术创新路径的选择不仅涉及应该选择什么样的创新途径，还涉及如何合理选择实现这一创新途径的具体模式。从第3章分析可以看出，走自主创新道路是中国资源、资金、人口、市场、产业、体制等方面综合选择的结果，但如何实现这一道路是摆在我们面前的关键问题。本章就是在前几章分析的基础上，通过借鉴国外经验，结合实际国情，探寻实现中国农业生物产业自主创新道路的具体模式。

4.1 产业自主创新的模式分类

模式原意是指元素的一种物理排列，如二进制位模式、点矩阵模式、存储模式等。在技术创新中，模式主要是指技术创新过程中有关技术的产生、选择、组织、应用与扩散方式的总和。它涉及技术创新过程中的诸多因素，这些因素在组合、配置方式及其结构上的差异就构成了技术创新的不同模式（汪碧瀛，2005）。

关于自主创新模式的研究近两年才刚刚开始。对自主创新的早期研究，如施培公（1996）、柳卸林（1997）、傅家骥（2003）等都将自主创新等同于自主开发，因此也无具体的模式研究。直到 2005 年，科技部副部长尚勇提出，自主创新应该包含三方面的含义，即原始性创新、集成创新、引进技术的消化吸收和再创新。至此，自主创新的范畴发生了重大的变化。随后，杨水旸（2005）根据技术源的不同将自主创新的模式分为原始创新、模仿创新与集成创新。不过，以上自主创新模式的分类主要是针对企业进行。而中国科技发展战略小组在《中国科技发展研究报告（2005~2006年）》中将产业自主创新的实现模式分为原始创新和集成创新两种，并明确提出一国可以通过原始创新和集成创新实现产业的自主创新。本书的研究将沿用中国科技发展战略小组对产业技术创新的分类。

4.1.1 原始创新模式

原始创新模式是创新主体系统以自身的研究开发为基础，通过实现科技成果的商品化，进而获取商业利益的创新活动（朱玉贤，2005）。原始创新的创新源源于本国创新主体系统（如研究机构、高校和企业）的内部，这是一种完全基于自主研发的突破性技术创新，往往孕育着科学技术的重大发展和飞跃，是形成科技创新能力的重要基础和科技竞争力的源泉，它的出现可以改变一个产业的发展速度或前进轨道，甚至可以引发一个新的产业。从世界范围看，手机、计算机的发明都曾是历史上的重大原始创新，并由此缔造了手机业和计算机业的诞生和迅猛发展。袁隆平教授的杂交水稻也是中国农业史上的一项重大的原始创新，它使中国水稻产业走向高产、优质的发展轨道。

原始创新模式具有三大优势。一是产业内的原始创新往往能导致一系列的技术突破，带动一批新产品、新技术的诞生，从而推动本国产业的迅猛发展；二是有利于创新主体先于竞争对手积累起生产技术和管理经验，获得产品成本和质量控制方面的经验；三是具有对技术的完全控制权，从而获得在市场中的垄断地位，在国际技术与产品市场中获得双赢，在一定时期内独享超额利润。

同时，原始创新模式也对一国产业提出了较高的要求。一是需要大量投入。它不仅需要大量资金用于基础研究与开发，还必须拥有实力雄厚的研发队伍和培养具备一流研发人才的能力。二是要有一定的基础积累。重大的科学技术的突破往往是在对某种传统理论长期研究基础上对新发现的现象进行细致研究的结果，因而需要长期的基础积累。例如，生物领域的重大突破——DNA螺旋结构就是英国剑桥大学卡文迪实验室长期以来对 X 射线和生物化学研究积累的结果。三是需要有较强的抵御风险能力。由于原始研发具有高风险性，成功率相当低，即使在美国，基础性研究的成功率也仅为 5%，在应用研究中有 50% 能获得技术上的成功（杨洁，1999）。这种研究结果的不确定性蕴含着巨大的资金和时间成本，因此，对创新主体的风险抵御能力提出了更高的要求。

根据一国产业创新主体的不同，本书将原始创新模式分为以企业为主体的原始创新、以科研院校为主体的原始创新和企业、高校、科研单位等互相合作的合作创新模式。

4.1.1.1 以企业为主体的创新模式

以企业为主体的创新模式是以企业作为整个产业的技术创新源，通过企业自身的技术实力完成从技术开发到产业化等一系列技术与商业活动。在这种模式中，企业既承担技术的研发工作，还要进行新技术、新产品的中试、生产、推广等活动。

由于企业最贴近市场，会在市场机制的激励下按照利益最大化原则去决定创新的方向、程度和创新活动的实施，因而这一模式下技术的选择往往集中于市场前景好、效益高和应用前景广阔并可物化为新产品的新技术上。因此，这种模式能够有效结合技术的供与求，有利于技术成果快速有效地转化为现实生产力，缩短产业技术创新的周期。但由于这一模式的创新主体是企业，这意味着创新的运行经费和科研技术人员完全由企业自身解决，风险也由企业自己承担，因此这种创新模式也对企业的技术实力和资金实力提出了较高的要求。

4.1.1.2 以科研院校为主体的创新模式

以科研院校为主体的产业创新模式是指以高校或科研单位为技术依托，依靠其自身技术优势进行知识技术上的突破并将技术成果产业化。在这种模式下，科研院校是技术创新的主体，不仅要进行技术创新，还需要将技术成果进行推广及商品化。

这种模式在技术研发阶段具有无可比拟的优势。因为科研院校聚集着大量的顶尖知识型和技术型人才，在科学研究、项目课题攻关方面容易获得国家的资金支持，因此具有技术层面上的创新优势。但同时，由于高校及科研单位的事业单位属性，它们的科技商品化意识相应淡薄，存在着重科研、轻推广的现象，在产业技术创新的后半程——技术的推广应用方面显得力不从心。

4.1.1.3 合作创新模式

合作创新是指一国企业、科研机构、高等院校等创新主体之间的联合创新行为。合作创新通常以合作伙伴的共同利益为基础，以资源共享或优势互补为前提，有明确的合作目标、合作期限和合作规则，合作各方在技术创新的全过程或某些环节共同投入、共同参与、共享成果、共担风险（庄卫民和龚仰军，2005）。

合作创新的经济学研究最早源于人们对研究开发和创新相联系的市场失效问题的研究。曼斯费尔德、拉波波特、瓦吉内尔等在研究美国 17 项技术创新成果后发现，企业在研究开发中的投资通常少于社会最优投资，若要达到帕累托最优状态，往往需要政府的资金支持。但政府对研发活动的补助又可能会干预市场机制，因此他们提出通过合作创新来解决市场失灵的观点。后来，威廉姆森及 Sakakibara 等在结合国内外学者观点的基础上提出合作创新有以下优点。一是可以分享创新资源，分担研究开发成本，分享研究成果。很多技术领域，特别是高新技术研发领域和系统性基础研究领域，耗费的研究成本很高，且呈高速增长趋势。例如，在航天产业开发一种新型发动机所需成本动辄就需要数十亿美元，单个企业或研发机构往往很难承受。而合作创新则有效地集合了创新资源，可以弥补单个创新个体创新资源的不足，共同分担创新中的巨额成本，并分享创新成果。二是合作者可以消除重复研究，降低过度竞争，获得规模经济。国内外的学者都发现，各国在同一领域重复研究的现象比比皆是，这不仅浪费了创新资源，还约束了整个产业的做大、做强。若一国高校、科研机构和企业进行合作创新，则可以集中创新资源集中研究某一领域，不仅可以有效避免重复研究，节约创新成本，还可以获得规模经济带来的好处。三是可以分享新技术和信息，分散技术创新风险。合作创新既可以使企业获得互补性的科学技术与知识，也可以为高校和科研机构带来更多的项目与资金支持，有利于发挥技术的协同效应，提高创新的成功率，降低主体风险。四是可以克服研发过程中的"搭便车"现象，有利于将科技成果的外部效应内部化，提高创新积极性。

合作创新较个体创新最大的特点是具有协同效应，即多个主体合作取得的收益大于个体单独创新的收益之和。这种效应是合作系统各主体和主体内部创新资源整合和优化的结果（陈德智，2006）。但在合作创新中，各创新主体合作过程中会产生交易费用，交易费用的大小与合作过程中机制、组织等密切相关。

4.1.2 集成创新模式

集成创新的技术创新源在于创新主体系统内外部创新要素的持续融合，是一种基于系统创新要素集成的自主创新（杨水旸，2005）。它是创新主体将创新要素（技术、战略、知识、组织等）优化、整合，相互之间以最合理的结构形式结合在一起，形成具有功能倍增性和适应进化性的有机整体，通过组织学习为创新和竞争创建一个管理秩序（张保明，2002）。集成创新既包括国内外技术的融合，也包括利用全球资源进行的创新，如委托他国进行研究开发等。对于一国产业创新而言，集成创新指国内外创新主体通过合作而完成的创新。例如，中国成功将美国 GPS 系统应用于集装箱起重机上，解决了起重机的跑偏和堆场箱位管理问题，并在全球范围内成功申请了专利，成为该技术的领跑者。

产业集成创新具有以下特点。一是要素的融合性。产业集成创新是将创新各个阶段具有优势的各方按一定的组织方式联系起来，按照各自的优势分担所需要的资源要素，并把各种创新要素与资源紧密地融合在一国产业技术创新的各个阶段中，以完成从技术研发、中试、应用、生产、销售的各个环节。从这个意义上说，它已超越了单纯产业技术创新的微观层面，实现了在管理层面和战略层面上进行要素与资源的融合。二是要素的协同性。产业集成创新包含着创新主体的主动性和优选行为，它要求创新主体的各成员既能发挥各自的最大优势，又能在相互间实现优势互补和高度协同。同时，它超越了单纯的技术集成，还包括对信息、资源、文化等要素的集成，亦要求它们之间相互一致和高度协同，以实现系统整合（杨水旸，2005）。三是超国家性。产业集成创新以世界范围内产业系统的信息、技术、资金、人才、知识、战略、组织等要素集成为基础，超越了传统的国界概念，通过对一国产业内部创新要素及其层面的集成和外部创新网络的建设打破国家间沟通的障碍，汇聚世界各种创新资源，从而使一国产业建立起核心技术能力。

产业集成创新模式强调创新资源的组合和全球创新主体的合作，通过对特定目标的各要素和各层面的系统集成，将国外的先进技术与自身技术优势相结合，在较短时间内形成自己的技术或产品，率先占领市场，从而取得经济竞争上的主动权，因而在缩短创新周期，分摊创新成本，分散创新风险上具有一定的优势。但其也是把双刃剑，它带来的直接后果是一国产业创新主体不能独占创新成果，获取绝对垄断优势，或要为独占创新成果付出一定的费用。

产业集成创新与产业合作创新的区别标准是合作的各创新主体的国别归属。如果创新是一国产业技术创新链上本国主体利用本国创新资源通过合作而达到的，就将其归为产业合作创新的范围；如果创新是本国创新主体利用外部力量和创新资源进行的，就将其归为产业集成创新的范畴。

集成创新虽然也是利用国外的技术或创新资源而进行的创新，但其与模仿创新有本质的区别。在模仿创新中，合作双方技术知识的流动是单向的，或者是部分双向但仍以单向的技术知识流动为主。而集成技术创新模式强调的是合作双方的技术知识的双向流动（裴晓红，2006）。

4.2 产业创新模式选择的二元最优模型分析

任何国家选择适合自身的产业创新模式，其根本目的是通过资源与创新要素的合理组合提高本国产业发展水平，并进一步提升产业的自主创新能力，从而达到良性循环。自主创新的能力不仅可以通过一国产业自身的技术积累获得，而且还可以通过对国外先进技术学习消化进行积累，二者是增强一国产业自主创新能力的两个重要途径。本书将建立二元最优模型对产业创新模式的选择进行分析（图4-1）。

图 4-1 中,以对国外知识技术学习积累为横坐标 X,以产业自身技术能力为纵坐标 Y。在分析之前,本书先对模型做一些基本假设。

假设一:产业自身技术实力及对国外技术的学习积累都可以进行量化。

假设二:产业在寻求提高技术创新能力时在 X 方向和 Y 方向上是可替代的。Y 方向的提高通过原始创新得以实现,X 方向的提高是通过对国外技术学习获得的能力。

假设三:任何技术实力的提高都需要一定的成本,假设对任何产业发展而言资金都是有限的,为 C。若通过原始创新每增长一个单位技术实力的花费为 P_Y,通过对国外技术学习所增长一个单位技术积累的花费为 P_X,则成本约束为 $P_X X + P_Y Y = C$。

由于 X 与 Y 可以相互替代,则在图形有无数条 T 曲线,它表示通过投入不同的 X 和 Y 所获得的自主创新能力相等的曲线。本书为分析方便,只选取了其中三条曲线 T_1、T_2、T_3,每一条曲线代表着一个自主创新能力。从图 4-1 中可以看出,离原点越远,代表自身技术实力或国外学习积累越多,则自主创新能力越强,因此,T_1、T_2、T_3 所代表的技术创新能力是递增的。

如图 4-2 所示,仍以对国外知识技术的学习积累为横坐标 X,以产业自身的技术能力为纵坐标 Y。若一国某产业处于 T_1 曲线的任一点 a 处,那它将选择什么样的方式提高自主创新能力呢?

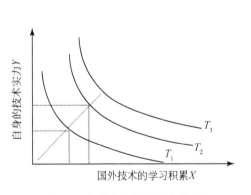

图 4-1 产业自主创新能力实现
的二元模型

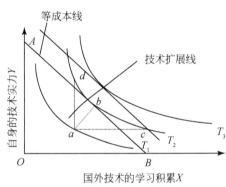

图 4-2 产业自主创新模式选择的二元
最优模型

从图 4-2 中可以看出,若一国某产业从 T_1 曲线上 a 点运动到 T_2 曲线,则其自主创新能力是提高的。从 a 点到 T_2 曲线,有无数条路径可以选择,本书选取三种典型路径进行探讨。若一国某产业单纯通过原始创新提高自主创新能力,在图形中表现为从 a 点到 d 点;若一国某产业完全通过学习国外技术提高自主创新能力，其路径为从 a 点到 c 点；当然，一国也可以选择提高自身技术实力与学习国外先进技术并举的策略，其路径可能为 ad 与 ac 路径夹角的中间路径，假设为 ab。

无论选择哪条途径，都将受到成本 C 的约束，我们用一条等成本线表示成本约束，其预算空间为 AOB 空间。从图形中可以看出，ad、ac 和 ab 线路尽管可以达到相同的自主创新能力，但其花费成本是不同的，ad、ac 花费的成本多，在预算空间之外，因此财力无法支撑，ab 则是在众多路径中唯一满足成本约束的，即是最优的。

以下用数学方法进一步解释分析。

根据前面假设，产业的成本约束方程为

$$P_X X + P_Y Y = C \tag{4-1}$$

设产业的等自主创新能力曲线方程为

$$T\ (X,\ Y)\ = K\ (K\ \text{为常数}) \tag{4-2}$$

既要在 P_X、P_Y 一定的情况下满足成本约束，又要使产业的自主创新能力达到最大，则需要同时满足以下等式：

$$\begin{cases} \max K = T\ (X,\ Y) \\ \text{s. t. } P_X X + P_Y Y = C \end{cases}$$

建立拉格朗日函数为

$$L = T\ (X,\ Y)\ - K + \lambda\ (C - P_X X + P_Y Y) \tag{4-3}$$

用拉格朗日法，求得均衡解为

$$\frac{\mathrm{d}y}{\mathrm{d}x} = -\frac{p_x}{p_Y}。$$

$\mathrm{d}y/\mathrm{d}x$ 在图形中的几何意义为等自主创新能力曲线的斜率，$-P_X/P_Y$ 在图形中的几何意义为等成本线的斜率，只有等成本线与等自主创新能力曲线相切时，二者的斜率相等。因此，最优解在图形上表现为等成本线与等自主创新能力曲线的切点 b。

从上述分析中可以看出，均衡点为等成本线与等技术创新能力曲线的切点 b，这说明从 a 到达 T_2 的最佳路径是 ab。同理，所有可能的等成本线与等技术创新能力曲线的切点都是最有效率的均衡点，因此产业最佳技术发展线路应该是所有等成本线与相应等技术创新能力曲线的切点的连线，我们称其为技术扩展线。

以上分析结论表明，简单地利用国外技术难以在有限资源约束下提高产业的技术能力，而盲目地追求完全的原始创新，同样有碍于产业技术进步的效率，唯有两者的合理结合才是最佳选择。

需要指出的是，由于各国创新起点不同，同时，不同国家的 P_X、P_Y 和成本约束也是不同的，因而每个产业的最佳技术发展模式是不一样的。一般而言，当 P_X 较大时，一国产业倾向于更多通过提高 Y 来提高技术创新能力，当 P_Y 较大时，一国则倾向于更多通过增加 X 来提高技术创新能力（孟方，2003）。

4.3　中国农业生物产业自主创新模式的选择

根据产业创新二元最优模型，中国农业生物产业有效率的创新模式应该是原始创新与学习利用国外技术相结合。一般而言，对国外技术的学习利用可以采用技术引进、技术模仿和集成创新等方式进行。但是，由于生物产业技术引进的高壁垒与高知识特性，我们很难通过技术引进与模仿提高自身技术能力，因此，中国农业生物产业自主创新应该通过原始创新与集成创新模式共同实现。

4.3.1　产学研相结合的合作创新模式

作为经济过程的产业技术创新由多个阶段构成，是一个逐步递进的价值实现阶梯，包括基础研究、应用研究、开发研究、生产组织和市场开拓五个环节。基础研究即科学研究，是发现自然界中的新事物、新属性和新规律，属纯理论研究范畴，是整个产业技术创新的源泉。应用研究即技术研究，其任务在于发明新技术原理和技术规范等，是基础研究的延伸，属潜在经济研究范畴。开发研究也称工程研究，是创造成熟工艺、产品、装备和设施等的研究，是应用研究成果的物化，属经济研究范畴（刘霁堂，2001）。而生产与市场开拓则是纯经济范畴，也是企业的生命线。

在原始创新模式中，以科研院校为主体的创新模式以高校及科研单位为技术依托，因而在农业生物产业技术创新的源头——技术基础研究与开发方面具有较强的优势。但由于科教单位的商品化意识淡薄，一部分科研院校可能对生产及市场开拓等环节不够重视，即使科研单位非常重视技术推广，通过创办企业进行成果产业化，但由于科研单位不擅长经营管理，同时因害怕失去企业的控制权而主观上不愿意增资，因此企业很难做大。目前，中国农业生物企业中有一部分是科研院校创办的。

而以企业（非科研院校创办）为主体的原始创新模式由于企业的"经济人"特性，在技术创新过程中能够有效结合技术的供与求，完成从技术应用到生产的一系列产业技术创新过程，是产业技术创新的核心力量，但其在技术的基础研究方面则显得力不从心。同时，由于目前中国农业生物企业多数规模较小，资金短缺，技术实力薄弱，尚未成为技术创新的主体力量，因此对高投入、高风险的技术研究领域涉足不深。从欧洲小企业技术创新中可以发现，中小生物企业的技术创新往往会使企业成立 10 年内负债运营，且一旦创新失败往往意味着整个企业的终结。因此，对风险性很高的生物技术创新而言，企业技术创新承受的风险和压力很大。综合以上分析可见，以上两种模式各有利弊，单靠任何一个主体都很难完成中国农业生物产业技术创新的重任，因而需要各创新主体发挥优势，紧密协作，依靠合作创新开辟中国农业生物产业自主创新的道路。

在产学研合作中，我们可以通过下列具体模式加速农业生物产业技术创新的步伐。

4.3.1.1 共建模式

共建模式是指高等院校与企业通过按出资股份共同建立新的联合实体，共享资源和人才、共同收益的模式（Katz，1986）。该模式所建立的实体是在共同制定的战略目标下以契约的形式开展工作，它不附属于任何一方，由双方共同投资、共同经营、利益分享和风险分担。它的具体表现形式有共建研究开发中心、中试基地、高新技术产业园等。一些企业主导型的研究开发机构、博士后流动站、大学主导型的孵化器、大学科技园等合作形式，随着产学研合作创新进一步发展的需求也正在向这种模式转化（孟方，2003）。

这种模式具有两方面的优势。一是国内各创新主体之间按自身优势重新整合和配置资源，可以节约交易成本、集优成势，以合力加速技术创新与扩散的步伐。二是双方以契约形式共建实体，责权利清晰，并有利于分散风险，但这种模式也具有自身独特性，即它必须建立在有依托的共建载体之上，且必须强调合作各方所提供的资产有资质信誉及担保。

共建模式也适合中国农业生物产业技术创新活动。目前，中国的高校和科研机构在农业生物领域的科研实力非常雄厚，基础性研究成果丰富，但却缺乏中试基地和商品化的动力，而农业生物企业迫切需要可以转化的科技成果以获得经济效益，但其整体技术实力不强。因此，各方可以本着长期合作的原则共建中试基地、研发中心、产业园等实体，实现从基础研究到应用的顺利衔接。

在共建模式中，中国的大学和科研机构具有人才和科研优势，因而以提供人才、科研力量、技术成果为主；企业是市场中的经济实体，可以提供资金和实践场地。此外，政府作为创新体系中的一员，也应积极提供政策、法律甚至资金等方面的保障与服务。同时，中介机构作用巨大，作为各方沟通的桥梁，为产学研合作各方提供市场信息，甚至进行风险、信誉担保，以促进、保证产学研合作创新的顺利进行。其作用机理如图 4-3 所示。

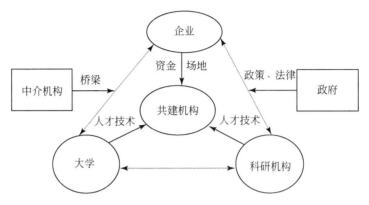

图 4-3　共建模式及其作用机理

　　当然，共建模式的应用也是有一定条件的，它适合具有一定规模和实力的企业。目前，中国农业生物企业普遍规模不大，因此，在共建一些大型项目上，如产业园等，还需要政府的扶持。今后中国政府应在进一步完善相关政策法规体系，为共建模式创造良好的外部环境的同时，积极参与共建活动，引导并支持对农业生物产业技术创新具有推动作用的大型共建项目。

4.3.1.2　专家办企业模式

　　生物技术专家办企业模式是以生物科技专家创办的科技型企业为主体，以市场为导向，以研究单位及高校为技术依托，通过有偿及无偿等形式对生物技术专家挂靠或关联的科研院校的研究技术成果进行中试、生产、加工及推广，并以市场销售为最终目标的技术创新模式。该模式的技术来源有两方面：一是通过技术交易等形式获取大学或科研院所的研究成果，这是目前技术来源的主要途径；二是借助科技专家所掌握的先进知识为依托，进行企业自主技术研发，这是生物产业发展的方向。公司在获取研究成果后，利用自己的生产基地对这些知识性成果进行中试、生产和加工，并最终实现市场销售。

　　国外发达国家在生物产业技术创新中都采取了产学研结合模式，其中最成功的是教授办企业模式。美国政府认为，这种模式使生物技术从实验室走向市场的时间可能缩短 10 年以上。美国政府为鼓励教授办企业，最高出资 100 万美元，帮助握有创新技术的学者注册成立新型生物技术公司，促进该项技术的迅速产业化（朱玉贤，2005）。

　　目前，中国生物产业创新中也存在科技专家办企业的模式。它最大的特点是技术专家具有双重身份，既是高校或科研单位的员工，又是企业的兴办者。这种双重身份使这种模式具有三方面优势。一是有利于企业获取创新技术，增强企业的技术实力。企业的创办者可以利用其高校或科研单位的身份，以很少的交易成本获取科教单位的最新科研成果并将其商品化，为企业在节约科研经费的同时提供先进的应用技术，有利于培养企业成为真正的产业技术创新主体。二是有利于技术推广。企业在技术应用过程中，往往会建立自己的生产加工基地，对科研单位的技术创新成果提供中试、生产或加工活动，有利于产学研一体化和技术成果的转化。三是可以有效结合技术供求，加快农业生物产业技术创新的步伐。科研院校是创新技术的供应主体，企业是技术的需求主体，也是技术产品的供应主体，市场中的消费者是技术产品的最终需求主体，因此，企业是技术市场最终需求与初始供应的中间体。技术专家办企业模式不仅将技术的供求直接结合起来，而且还可利用企业的经济属性及时掌握市场对技术产品的最终需求，为技术市场最终需求与初始供应搭起了一座桥梁（图4-4）。

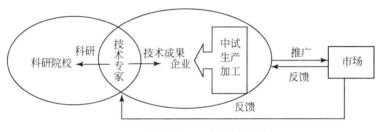

图4-4 专家办企业技术创新模式

由于技术专家具有双重身份，因而企业与高校及科研院所的地位都同等重要，缺一不可，是科教单位为主体的创新模式和以企业为主体的模式有效结合的中间模式。

由于中国在农业生物技术领域的专家实力较强，很多专家学者手中拥有专利技术和最新科研成果，具备这种模式运行的良好基础。因此，这种模式是适应中国现实国情，促进农业生物产业快速发展的较好模式，值得在有条件的地方大力推广。

专家办企业模式以大学和科研单位为依托，因而适用于大学和科研单位比较密集的地区。但这种模式在具体运作中也存在着一些困难和阻力，如企业规模较小，资金较为短缺，科教单位内部的压力，专利知识产权的归属问题等。因此，中国要借鉴国外经验，在政策、投入、融资、服务等方面提供保障，为技术专家办企业模式的运作创造良好的条件。

农业生物技术属于高新技术范畴，技术含量较高，技术风险及市场风险较大，使得一些企业不愿涉足农业生物技术领域，这就为当前技术专家领衔办企业的模式提供了较大的发展空间。但随着农业生物产业的不断发展，企业内部的科技人才比重将日益提高，可以凭借自身的技术优势进行自主科研开发，真正成为生物技术产业的技术创新主体。这时，企业与高校及科研院所紧密的合作关系便趋于松散化，高校及科研院所在这种模式中的重要性逐渐降低，这种模式将逐渐过渡为真正意义上的以企业为主体的模式。

4.3.1.3 战略技术联盟

以上两种组织形式是较紧密的合作模式，其应用需要一些条件。对于条件不具备的地区和企业，也可以采用战略技术联盟这种较为松散的模式进行合作创新。

战略技术联盟是指各创新主体为了技术创新活动而进行的战略技术性合作，包括两种类型，一类是涉及产权治理的股权联盟，另一类是非股权形式的契约合作（陈德智，2006）。股权联盟目前常见的表现形式为高校或科研机构以技术形式入股，这一模式使企业与高等院校、科研机构的关系较为紧密，可经常保持沟通，有利于企业逐步培养自身的科研力量，但农业生物技术发展的更新较快，这种技术发展的高度不确定性要求技术联盟的形式更为灵活。

契约型合作模式的特点是合作各方以契约为纽带，将各创新主体的经济利益联系起来，形式更为灵活。契约的内容可涉及产业创新的各个环节，如从技术、生产到资金、设备、人才、管理、销售等多个方面，合作过程可以从技术协作、技术生产协作延伸到技术—生产—经济合作的全过程（朱桂龙和彭有福，2003）。例如，企业委托高校或科研单位进行技术开发、科研单位进行技术外包等。这种模式操作简单、形式多样，可根据各方实力及技术的变更灵活进行，是产学研合作中常用的形式。尽管这种模型形式灵活，但由于创新主体之间组织关系松散，容易受外界环境的影响，其合作的不确定性也较大，因此适用于较短时间的技术合作。

4.3.2 集成创新的具体实现模式

在经济全球化的背景下，各国的发展都形成了你中有我、我中有你的格局。因此，要提高中国农业生物自主创新的能力和整体效益，不仅要培植自身技术实力，还应加大与国外相关领域的技术合作，集成全球生物技术。

选择什么样的集成创新模式，取决于一个国家的基础研究水平、企业的技术实力、资源的丰富性及国家政策取向。根据中国的现实国情，可以选择以下几种模式进行农业生物产业集成创新。

4.3.2.1　通过国际合作研究进行自主集成创新

由于现代农业生物技术应用历史相对较短，许多领域的研究还处于探索起步阶段，对人才、资金提出了较高的要求，且风险很大，特别是对一些大的项目单靠一国力量完成的难度很大，因此，国际合作研究日益受到各国的重视。

跨国联合研究具有以下三点优势。一是可以分担成本、分享创新成果。二是可以学习国外先进技术及管理经验，提升本国产业整体技术实力。三是可以通过部分国际合作，获得他国的基因和优质种质资源。例如，中国参与的"全球水稻分子育种计划"使中国引进了含有优良基因的优异稻种资源 200 多份，并将其导入了中国 15 个大面积推广的优良品种中，共获得了 30 000 多份近等基因导入系种质，极大地丰富了中国的水稻种质资源（李宁和程金根，2007）。

中国在农业生物技术研发过程中非常重视国际交流与合作，先后与多个国家和地区的研究机构建立了长期的合作关系，并取得了一定的成效。中国农业生物领域的国际研发合作始于 20 世纪 70 年代与国际农业研究磋商小组（CGIAR）各中心的合作，到目前为止，中国仍有 50 个机构与 CGIAR 保持着良好的合作关系，共培育了 260 多种含有 CGIAR 各中心遗传物质的作物品种。此外，中国还与生物实力雄厚的发达国家建立了良好的合作关系。例如，2002年，中美双方签订了《中美农业科技合作议定书》，迈出了中美农业生物领域合作的实质性步伐；2005 年，中美又确定了建设四个农业生物技术联合研究中心，签署了促进植物遗传资源转换、小麦品质与病理研究等 5 个合作协议（李宁和程金根，2007）。此外，中国与澳大利亚农业研究中心和澳大利亚工程院等研究机构也保持着良好的合作。除了与生物技术实力较强的发达国家之间保持良好的合作关系外，中国还出资 70 万美元建立了中国—东盟合作基金，资助可促进双方交流与合作的出资少、见效快的项目，目前已在转基因抗虫棉、杂交稻、抗病香蕉、生物信息等多个领域开展了合作活动。

除了与各国的技术交流与合作外，中国还积极参与了全球重大技术攻关项目，如进行全球种质资源研究的"挑战计划"、由国际水稻研究所发起的"全球水稻分子育种计划"和国际热带农业研究中心与国际食物政策研究所发起的"Harvestplus-China 计划"等项目。通过参与这些项目的研究，中国目前已创建并完善了理论分子标记与常规技术相结合，品种资源的利用与培育相结合，大规模导入外源种子培育新品种的一套方法，并形成了从基础研究到应用研究再到推广的一个完整体系，提高了中国农业生物产业技术实力。

中国未来农业生物领域的国际合作前景非常广阔。目前，中国农业生物领域的技术实力不断增强，在某些方面已跻身世界领先水平，一些领域已经成功进行了产业化，具有进行国际合作的技术基础，且中国地域辽阔，物种资源丰富，雄厚的技术基础和资源优势会吸引发达国家与中国合作。例如，2000 年 5 月，北京大学和耶鲁大学成立了植物分子遗传及农业生物技术联合实验室。今后，中国应尽量争取与发达国家进行基础研究领域的合作与开发，进一步增强自身技术实力。同时，发展中国家具有丰富的资源优势和迫切需要发展的宽松环境，也有利于中国与它们进行应用技术合作和产业化推广。

4.3.2.2　通过能力移植型模式进行自主集成创新

能力移植创新是指产业创新主体通过招聘关键技术人才，收购、兼并他国企业或科研单位，将产业外部的技术资源吸纳到一国内部，通过集合内外技术资源提升产业创新能力。其实质是以产权交易资产重组来实现技术能力的重组（孟方，2003）。

这种模式具有两点优势：一是将外部资源内生化，减少交易成本。能力移植型模式通过兼并等方式将他国的创新资源纳入本国产业创新系统，成为一国产业直接掌握、独立支配的内部资源，这是一个内生化的过程，其直接结果是减少了外部交易成本，促进了内部创新资源的整合和优化配置，有利于快速获取技术源，缩短创新时间。二是有利于提高一国产业对世界市场的控制力。一国企业在兼并他国机构时，不仅可以是科研机构和科技型企业，还可以是生产型企业，对生产型企业兼并意味着直接进入了国外的销售市场，有利于控制世界市场。其作用机理如图 4-5 所示。

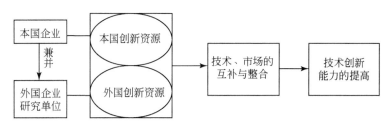

图 4-5　能力移植型模式及作用机理

这种模式的应用也对一国的产业提出了一定的要求。一是要具有一定的技术基础。兼并模式的核心是按优势互补的原则集合国内外先进技术，通过对国外技术的消化吸收及整合以提高一国产业的技术能力，因此，它要求一国产业具有一定的技术实力进行资源的整合。二是具有一定的经济基础。兼并的过程是不同企业组织、文化、管理、财务方面的有效整合过程，需要强有力的资金支撑，因而要求企业具有一定经济基础。

能力移植型模式是国外生物产业发达国家常用的制胜法宝。美国经济学家乔治勒蒂格勒说过："没有一个美国大公司不是通过某种程度、某种方式的兼并收购而成长起来的。"（周静珍，2004）例如，美国孟山都、杜邦等大型农业生物公司通过收购或投资等方式在巴西、印度及中国等地拥有了自己的科研及生产单位，不仅充分利用了国外的科研优势，还成功地抢占了别国的市场和基因资源。中国也应该鼓励通过能力移植型模式提高自己自主创新能力。尽管中国农业生物企业在规模和技术实力方面普遍都不如欧美企业，但中国有坚实的基础研究做后盾，相对于其他后起国家的企业还是具有技术优势和经济优势的。中国政府可以采取一些鼓励农业生物企业对外投资的措施，激励企业在农业生物资源丰富但农业技术水平落后于中国的亚洲、非洲国家投资，兼并小型创新公司或建立生产销售机构，吸引他们的创新人才，以提高整个产业的创新能力和国际市场控制力。

4.3.2.3 采用交叉许可模式进行自主集成创新

在一个产业领域，一项新技术的开发涉及的技术或资源可能在不同国家手中，通过交叉许可，双方可以拥有对方的知识产权，从而实现技术创新。尽管这种创新的自主程度低于原始创新，但它在降低创新成本、提高创新速度、培养生物创新人才、抢占生物技术制高点等方面具有巨大的优势。

交叉许可模式的应用也是有一定条件的，它要求双方都有农业生物产业领域的自主知识产权，且双方都有合作意愿。它与国际合作研究的区别在于，后者强调通过合作研发共同享有创新成果，而前者强调知识产权的互换，各自进行创新研究，独享创新成果。

目前，中国农业生物产业的基础研究在国际上处于上游水平，部分领域具有领先优势。因此，中国可以在基础研究领域与国外农业生物技术较发达的国家进行尖端技术或关键技术的技术交叉许可，或与基因或种质资源丰富的国家进行技术—种质资源的交叉许可，共同掌握一项创新成果的技术要诀。

当然，产业发展是一个动态的过程，相应的模式选择也不会是一成不变的，究竟如何变化始终取决于产业在特定阶段的两个重要因素：一是中国产业与国际先进水平的差距，二是产业自身的技术能力（陈德智，2006）。但无论采取什么样的模式，关键是立足于自身，以提高自主开发能力和形成自主知识产权为重要目标。

4.4　本 章 小 结

本章探寻了中国农业生物产业自主技术创新道路的实现模式。在阐述产业自主创新模式分类的基础上，利用二元最优模型分析了中国农业生物产业自主创新的总体模式，并根据中国国情，在借鉴国外经验的基础上，选择了中国农业生物产业自主创新的具体模式。

分析认为，目前中国农业生物产业自主创新总体上应该通过原始创新与集成创新共同实现。在原始创新模式中，中国应该选择产学研相结合的合作创新模式进行自主创新，而合作创新的实现可以采用专家办企业、共建模式、战略技术联盟等具体模式进行。在集成创新中，中国可以尝试国际合作研发、能力移植型模式、技术交叉许可等模式。当然，具体模式的选择不是固定不变的，产业内不同的创新主体应该根据自身情况酌情选择。

第5章
中国农业生物产业技术创新模式的实证分析

产业技术创新是产业内不同创新主体的创新集合，对于产业内的不同创新个体而言，由于自身的技术基础、生产规模、生产条件等各不相同，因而在创新的实现上也不尽相同。本章选择了几家农业生物企业进行调查和剖析，实证分析其技术创新的实现模式、运作方式和实践效果，旨在总结创新模式选择及应用的相关经验。

5.1 案例一：武汉联农——专家办企业模式

5.1.1 公司简介

武汉联农种业科技有限责任公司（以下简称武汉联农）是国内专门从事油菜种子产业的农业生物科技公司，公司于 2001 年在武汉市南湖农业高新技术产业园区注册成立，现有注册资本 2000 万元，固定资产 2600 多万元，2003年被湖北省政府认定为产业化龙头企业，属于"AAA"级高新技术企业。

武汉联农是集科研、生产、销售为一体的科技经济实体，拥有"华杂油菜"系列 ①、"华赣油 1 号"、"华皖油 4 号"、"华浙油 1 号"、"新油 15 号"等杂交油菜系列品种。公司有三个控股子公司，其中，湖北谷城圣光种业有限公司和甘肃圣光种业科技有限公司是专门从事油菜种子生产、加工的企业，武汉八零种业科技有限公司是专门从事营销的企业。

公司董事长杨光圣系华中农业大学教授、博士生导师，拥有专利 10 余项，曾获国家科技进步一等奖、二等奖，省技术发明一等奖，省部级科技进步一等

---

① 武汉联农的"华杂油菜"系列主要有"华油杂 5 号"、"华油杂 6 号"、"华油杂 8 号"、"华油杂 9 号"、"华油杂 10 号"、"华油杂 11 号"、"华油杂 13 号"、"华油杂 14 号"等品种。

奖，获"中国青年科技奖"、"全国优秀青年科技创新奖"等多个奖项，其采用分子育种与传统育种相结合的方法选育了"华杂6号"等多个双低杂交油菜新品种，是国内著名的油菜育种专家。

5.1.2 武汉联农的技术创新模式

武汉联农是杨光圣教授创办的科技型企业，公司的技术来源主要是杨光圣教授科研团队在华中农业大学国家油菜改良中心主持的各项油菜技术成果。公司获得这些创新成果后，利用自己在湖北谷城及甘肃圣光子公司的生产基地对成果进行中试和选育，使其转变成能为农民接受和应用的技术产品，并借助湖北省油菜中心已形成的农业技术推广网络及自己创建的直达县级销售网络，完成市场中"惊险的一跳"，并对农民提供后期的技术咨询与指导。

从公司总体运作中可以看出，武汉联农的创新模式是典型的专家办企业模式，该模式是以杨光圣教授创办的科技型企业为主体，以华中农业大学为技术依托，以市场为导向，以农民为最终受体，集应用研究、生产、加工、销售及技术咨询与服务为一体的新型技术创新模式。

5.1.3 联农模式的具体运作机制

5.1.3.1 以合作机制获得稳定的技术支持

武汉联农的技术依托是华中农业大学国家油菜改良分中心，杨光圣教授是该中心的科技骨干，其所从事的华油杂系列研究都是在华中农业大学实验室完成的，因此，个人并没有对该研究成果的完全处置权。为了完全获取其研究成果的开发权，武汉联农与华中农业大学签订了合作协议，协议规定华中农业大学以技术入股的方式获取公司20%的股份，学校在油菜方面的成果只能交由武汉联农生产开发。正是由于与技术专家所在研究单位建立了一种共同合作、利益共享、风险共担的合作机制，武汉联农成立5年来，已经拥有十几个油菜新品种的开发与生产权。

5.1.3.2 以市场机制为导向确定研究方向

由于农产品种植具有较强的地域性，因此，不同地区对农产品的品质要求各有不同。武汉联农每一项研究成果都是在市场调研的基础上确定研究方向，并根据市场对产品的反馈及时改进。例如，在研究华油杂系列新品种之前，公司以市场为导向，对不同地区的气候、病虫害等进行了考察，并按照不同地域农民对油菜高产、抗病、抗倒伏等要求，依托华中农业大学研究中心进行遗传育种，其新品种一经推广就取得了良好的经济效益。例如，公司在 2001 年开始推广的"华油杂 5 号"是针对长江流域地域特点研制的超高产、优质、抗（耐）病杂交油菜新品种，尽管价格是一般油菜种子的两倍以上，但当年 10 万斤的试销量仍供不应求，第二年该品种为公司创造的利润达 500 多万元。

5.1.3.3 以协作机制进行内部分工

武汉联农作为集科研、生产为一体的农业生物种业公司，需要有对科研成果进行中试的基地及生产公司，因此，企业内部是一个复杂的多要素系统，武汉联农引入了协作机制对公司内部各要素进行专业分工和整体综合协调。目前，联农公司有 3 个控股子公司和 2 个大型生产基地，公司按照地域特点和销售特点为它们制定了一系列的分工协作方案：谷城基地由子公司湖北谷城圣光种业有限公司管理，主要负责长江流域油菜种子的生产、加工；民乐基地由子公司甘肃圣光种业科技有限公司管理，主要负责西北地区油菜种子的生产与加工；在基地建设上，公司主要采取与农民签订订单合同的形式保证一定的播种面积。此外，武汉八零种业科技有限公司是专门进行营销的子公司。正是由于实施了内部的协调分工与管理，公司在产量和销售方面都取得了一定的成效。目前，两个生产基地常年播种面积分别在 600 亩和 2500 亩左右，可生产加工油菜种子 200 万千克以上，公司已在湖北、湖南建立了直达式的以县级经销商为核心的销售网络，并配套建立了技术服务网络，目前正在长江中下游构建销售网络。

5.1.3.4 以动力机制激励员工的工作热情

任何系统的运转都需要一定的动力，农业生物科技企业也不例外。武汉联农作为技术专家创办的企业，内部人员结构较为复杂，既包括技术人员、管理人员、营销人员在内的企业正式员工，又包括企业特聘的常年专业顾问及兼职人员。如何调动这些员工的积极性，将直接决定企业的经济效益。武汉联农公司制定了一系列的方法来激励员工的积极性，提高公司效益。对公司特聘的常年顾问采取发放聘书、送公司股份或发放津贴等形式给予物质和精神上的激励；对公司内部员工按其工作性质给予不同的激励，例如，公司的高级管理层按公司业绩的好坏按一定的比例提成；对一线的营销人员实行保底基本工资＋计件工资制，工资直接与个人的销售业绩挂钩；对公司的技术人员和其他人员则实行基本公资＋岗位工资制，而岗位工资和工作表现及公司业绩相挂钩，此外,公司每年还对优秀人员进行表彰。这些激励的实施使公司员工既有归属感又有拼搏的动力,极大地调动了企业员工的积极性和工作热情。

5.1.4 对专家办企业模式的分析与总结

5.1.4.1 良好的运作机制是专家办企业模式顺利运转的保障

专家办企业模式是一个涉及模式内部各结构要素之间、功能要素之间以及传输要素之间的相互联系、相互作用的开放式系统,结构较为复杂。从武汉联农专家办企业模式成功运转的经验中可以发现,其关键是建立了一套联系约束各个要素和主体的运作机制。因此,我们应借鉴武汉联农的成功经验,通过建立合作机制、市场机制、协调机制及动力机制保障模式的正常运作。

5.1.4.2 专家办企业模式的优点及问题分析

通过对武汉联农的调查发现,由于专家既是科教单位的员工,又是企业的创办者,这种双重身份使专家办企业模式具有以下优点。一方面,这种模式使企业与技术专家所在的高校及科研院所保持紧密的联系,便于企业掌握和获取最新的科技成果,加之企业的创办人是技术专家,对技术的风险及应用前景较为了解,有助于企业规避风险,获得良好的经济效益。另一方面,由于专家掌握着相关领域的技术知识,其通过创办企业,将知识性成果转变为能为农民所接受的技术产品,有助于农业生物技术成果的转化。

但在调查中也发现,这种模式在运作中也存在以下问题。一是面临着科教单位内部的压力。由于高校及科研院所部分职工的思想观念不能与时俱进,认为从事第二职业是不务正业、拜金主义,因此对职工创办公司采取不支持甚至反对的态度,给技术专家带来了一定的压力。二是创办的企业规模较小,资金短缺。由于企业是由专家创办,且多数创办资金都是专家筹措获得的,因此专家创办的企业规模偏小,资金短缺,竞争力偏弱。三是专利产品的归属问题。一项技术的研制不仅动用了研究单位的资源设备,而且还凝结了技术研究者的个人智慧,那么,此项技术专利的归属权究竟是归学校、个人还是共同所有,如何分配其所带来的后期利益,也是困扰这种模式运行的一大问题。

5.1.4.3 专家办企业模式的优化方向

为了进一步发挥优势,克服缺点和困难,我们应在遵循产业技术创新规律的基础上,从内部运作及外部环境上逐步完善和优化专家办企业模式。

专家办企业模式的内部优化应按以下方向进行。一是为了克服专利产品归属不明可能引起的与科教单位的利益纠葛，企业要改变被动接受高校及科研单位的研究成果的状况，积极探索自主研发，逐步成为产业技术创新的主体。二是进一步向产前、产后领域拓展，加大产前技术开发力度和产后技术咨询服务，形成技术开发、中试、推广、咨询一条龙创新服务体系。三是要创造条件，积极推广股份制改革，为企业筹措研发、生产资金。

一种模式是否发挥有效作用还与其运作环境密切相关，因此，政府应逐步优化模式的外部环境。具体来讲，今后不仅要加大宣传，为专家办企业提供良好的人文环境，还要在融资、专利保护等方面不断完善促进创新的相关政策，为模式的运作提供良好的政策环境。

5.1.4.4　专家办企业模式的发展定位

由于农业生物领域技术风险及市场风险较高，因而一些企业不愿涉足，这就为专家办企业提供了较大的发展空间。但随着农业生物产业的不断发展，企业逐步发展壮大后，企业内部的科技人才比重将日益提高，其可以凭借自身的技术优势进行自主研发，真正成为生物产业的技术创新主体，这时，企业与高校和科研机构紧密的合作关系则趋于松散化，高校及科研机构在模式中的重要性逐渐降低，这种模式将逐步过渡为以企业为主体的技术创新模式。从武汉联农的发展看，公司已经建立了自己的研发中心进行油菜新品种的培育和研究，并逐步探索企业的自主创新之路。

5.2　案例二：中博生化——合作创新模式

5.2.1　公司简介

武汉中博生化有限公司（以下简称中博生化）是由原东湖高新农业生物工程有限公司和武汉中博水产科技有限公司重组而成。2006 年 12 月，股权进行了变更，明确了武汉市农业科学院控股中博，中博公司由武汉市农业科学院、东湖高新农业生物工程有限公司共同投资，注册资本 5000 万元，股本比例分别为 83.56%、16.44%。

武汉中博以动物保健产业为核心，2002 年进入中国动物保健品行业 50 强之列，是武汉"AAA"信誉企业、湖北农业科技创新 50 强、国家高致病性猪蓝耳病灭活疫苗定点生产企业、政府采购专用猪瘟活疫苗（细胞源）指定生产企业、武汉市重点龙头企业。

公司经营范围包括兽用生物制品、兽药、渔药、渔用生物制品、饲料及饲料添加剂等动物保健产品的研发、生产和销售，现已形成疫苗、渔药、兽药三大生产基地，可提供10大系列50个品系90多种产品。目前，已在全国30个省份设立了10个办事处30个市场部，建立了覆盖全国的营销网络。

公司现有员工220人，研发人员35人，占员工总数的15.6%，营销人员55人，占员工总数的25%。大专以上文化程度的员工占员工总数的95%，具有中高级职称的员工占员工总数的35%。公司组建了一支年轻化、专业化、知识化，有凝聚力和战斗力的中博团队。

5.2.2　中博生化合作创新模式的实施与成效

5.2.2.1　积极构建多元化合作研究平台

中博生化依托武汉市农科院的畜牧兽医研究所和武汉市水产科学研究所两个研发中心，与南京农业大学、华中农业大学等国内知名科研院所等科教单位建立了良好的合作关系，逐渐增强了企业的技术与经济实力。

（1）通过与科研院校签订合作协议建立技术联盟

为了增强公司的产品实力，中博生化先后与国内大学和科研机构签订了合作协议，极大地增强了企业技术支撑平台。例如，2003年，中博生化与南京农业大学签订技术合作协议，聘请了南京农业大学资深教授、博士生导师陈溥言为首席科学家，建立了长期合作关系，双方已成功合作研制了猪蓝耳病中试疫苗，已上报农业部获准生产。2007年，中博生化与山东医科院合作研发的"50万倍高效猪瘟活疫苗（细胞源）"正式投入生产，产品质效达到农业部制定的"政府采购专用猪瘟活疫苗（细胞源）"最高标准，制作技术全国领先。

（2）通过共建模式提升技术实力

公司还积极探寻与科研院校联系更加紧密的合作方式，共建研究中心和企业就是中博采取的典型方式。

2005年，公司为了加强在渔药方面的研发实力，积极尝试与武汉市水产科学研究所、武汉高科农业集团有限公司等共同投资组建新的分公司，即武汉中博水产生物技术有限公司。其中，中博生化投资200万元，占股比例20%。

2008年，公司为了进一步提升自身的技术实力，与华中农业大学共同组建了"武汉博科动物生物制品研发中心"，该中心主要进行兽药及饲料添加剂的研发。其中，中博投资3600万建立"博科大楼"并购买仪器，华中农业大学则发挥科技与人才优势进行研发。华中农业大学和"中心"在该大楼内所完成的科技成果将优先优惠转给中博开发，中博将按新增产值的5%提取奖励金奖给"中心"相关成果的完成者，并每年向"中心"提供不少于400万元的科研经费，用于有潜力的科研项目预研。

5.2.2.2 取得的成效

（1）形成了一支研究层次高、技术造诣深的专业团队

中博生化本身拥有研发人员35人，同时，其依托的武汉市农科院的畜牧兽医研究所和武汉市水产科学研究所拥有技术实力雄厚的专业人员，因而拥有一批长期从事兽用生物制品生产与研发的专业技术队伍。此外，中博还聘请了相关领域的知名教授作为首席科学家，形成了一支多渠道、高层次、稳定的专业技术团队。

（2）新产品不断涌现，产业化实力不断增强

中博生化通过合作创新，不断开发新型动物保健产品和前沿技术，形成了猪用疫苗、禽用疫苗等50个品系90多种产品的兽用生物制品生产和销售的经营格局，其中具有自主知识产权的产品3个。目前，公司新疫苗和新兽药产业化开发项目已经列入原国家经贸委"双高一优"项目，中草药渔病防治产品被列入武汉市重大科技产业项目和武汉市经委、财政局批准的创业基金项目。

随着中博生化技术实力的不断提升，其不断研发新产品并将其产业化，已经将技术优势延伸为整个产业链的优势。从生产上看，中博公司现有疫苗、渔药、兽药三大生产基地，GMP生产车间也由最初的一个弱毒活疫苗车间扩建为3个GMP车间，拥有5条生产线，可生产组织5大类疫苗产品，年疫苗生产能力50亿羽（头）份以上。从市场销售看，中博生化按照"公司＋市场＋客户＋终端用户"联合经销的销售模式，建立形成了立足中东部，辐射全国的营销网络，与全国100多家省市兽防单位、700多家经销商建立了长期友好的合作关系。

5.2.3 对合作创新模式的剖析

5.2.3.1 合作创新模式的效应剖析

中博生化根据企业自身情况选择了与科教单位共建机构及签订技术协议两种方式进行合作创新，取得了良好的成效，我们对其运作及效果进行分析后，发现合作创新模式主要是通过以下两种效应发挥作用的。

一是人才凝聚效应。生物技术的创新需要人才的积累，因为从技术的研发

到生产分属于产业技术创新链中的不同环节，创新的实现不仅需要各个环节，特别是研发环节的人才积累，还需要各个环节链条之间的"链状积累"。有时，单靠一个企业或一个科研单位很难在短期内完成创新所需要的人才积累，而从中博生化的发展中可以看出，合作创新的一个显著效应就是凝聚人才。中博生化不仅依靠与科教单位的合作拥有了稳定的技术研发团队，还将积累的研发人才与公司的工程生产、管理及营销人才共同凝聚在一个大的团体中，初步完成了从技术研发到生产、营销的人才"链状积累"。

二是利益共享效应。细观中博生化与科教单位的合作创新可以发现，利益共享是各方合作的前提和动力。在研发阶段，科教单位分享企业的研发经费，而企业分享科教单位的技术人才；在成果产业化阶段，企业分享科教单位的技术成果，而科教单位则分享企业的经济收益。在这些分享的原则下，产学研各方根据自身情况签订合作协议，共同完成技术创新。

5.2.3.2 合作创新模式的应用条件分析

若企业的技术实力不强，但却希望掌握或拥有某项核心技术，我们都可以考虑采用合作创新模式。例如，中博生化成立初期，在资金与技术实力不强的情况下，公司采取了与南京农业大学等科研机构签订合作协议的方式，建立了联系较为松散的技术联盟提高企业的技术实力，而随着公司资金及技术实力的逐渐增强，公司与武汉市水产科学院及华中农业大学分别共同组建了新公司和研究中心，以进一步增强企业的经济实力与技术实力。

通过对中博生化创新模式的运用考察可以得出以下结论：共建模式的应用门槛较高，由于企业需要定期投入一定资金或人力保障共建机构的运转，因而需要企业具备一定的经济实力；而以合作协议等形式的松散技术联盟的要求较低，只要企业能够与高校或科研单位达成一致的合作意向，且有支付单次合作的研究经费，都可以形成产学研之间的合作。

5.2.4 经验及启示

从中博生化运用合作创新谋求发展的道路中可以得到如下经验及启示。

5.2.4.1 合作创新是培育企业技术实力的重要途径

中博生化在企业创立之初，技术实力并不强，其一些有支撑力的关键技术都来自于合作的高校或研究单位。随着中博生化与科研单位和大学之间合作逐渐密切和深入，企业逐渐积累和培养了自身的技术力量，2007 年，已经成功自主研发了第一个基因工程疫苗产品"重组基因猪 γ - 干扰素",并实现了生产与应用。中博生化的经验表明,合作创新是增强企业技术实力,逐步实现企业自主创新的重要途径。

5.2.4.2　企业应因地制宜,选择适合的创新模式

企业在创新模式的选择上不能是一成不变的,而应根据自身情况合理选择。中博生化的经验告诉我们,当技术实力不强时,可以与高校和科研单位建立松散的技术联盟实现创新;当企业具备一定的经济实力时,可以考虑与研究机构共建研究中心等机构实现长期稳定的合作;当企业技术实力与经济实力都很强时,就可以逐渐凭借自身实力进行自主技术研发。

5.2.4.3　应明确合作各方的责权利关系

在合作创新中,联系各合作方的内在纽带就是相互之间的利益及责任关系,因此,要事先明确各方的责权利关系。中博生化与高校和研究单位进行合作创新时,都以合约形式明确确定了各方的关系,特别是技术的产权关系,因而避免了潜在的纠纷。

5.3　案例三:隆平高科——原始创新与集成创新并举

5.3.1　公司简介

袁隆平高科技股份有限公司(以下简称隆平高科)是由湖南省农业科学院、湖南杂交水稻研究中心、袁隆平院士等发起设立,以科研单位为依托的农业高科技股份有限公司。公司成立于1999年6月,成立之初注册资本1.05亿元。2000年5月发行A股,2004年12月,长沙新大新集团有限公司受让湖南省农业科学院的全部国有股权,成为公司控股股东。2006年完成股权分置改革,成为完全市场化运作的上市公司。

公司是农业产业化国家重点龙头企业和国家科技创新型星火龙头企业,同时还是湖南省重点高新技术企业,公司连续6年被评为优秀高新技术企业和技术创新先进单位,"隆平高科"商标被认定为中国驰名商标。公司发起人之一袁隆平先生是中国工程院院士、世界著名的农业科学家,曾获得国家特等发明奖及9次国际大奖,被全世界公认为"杂交水稻之父"。袁隆平现在是公司名誉董事长。

隆平高科的研究重点是杂交水稻、杂交玉米、杂交油菜、杂交辣椒等农作物新品种的选育创新和农化新产品、农业新技术的研制与推广。其中，杂交水稻是公司的主营业务。2000 年以来，公司主营业务收入平均每年增长48.29%，利润平均每年增长35%，总资产从成立时不到 2 亿元发展至 2006 年的 19 亿元，4 年增长 5.8 倍，已经成为亚洲销售规模排名第一的高科技种业公司。

5.3.2　隆平高科的原始创新之路及成效

隆平高科认识到现代种业的竞争很大程度上是先进育种技术的竞争。谁掌握了创新技术，谁就掌握了竞争的主动权。因此，公司自建立之初，就建立了"责任为先、质量为本、创新为魂"的理念，积极倡导通过技术研发与创新提升企业技术实力。

5.3.2.1　从科教单位办企业到合作创新和自主创新并举

隆平高科在创立之初就有着良好的技术基础。由于公司是由湖南省农业科学院、湖南杂交水稻研究中心、中国科学院长沙农业现代化研究所等科研单位创立而成的，属于科研单位创办的生物企业，因此，公司拥有良好的技术依托，并且拥有以袁隆平院士为首的一大批国内农业技术应用研究的精英人才，加上公司员工多为科研人员的背景，因而具有很强的科技领悟力和创新力，为原始创新的实现奠定了基础。

2004 年，湖南省农业科学院转让股权，公司的大股东变更为长沙新大新集团有限公司，公司开始了合作创新与企业自主创新并举的原始创新之路，具体方式如下：

一是通过共建模式实现与科研单位的技术合作。2005 年，隆平高科与公司的技术依托单位——湖南杂交水稻技术中心共同组建了由隆平高科控股的工程研究中心，2007 年，公司又与中国科学院上海生命科学院共同设立上海隆平农业生物技术有限公司，隆平高科持有其 80% 的股权。通过与科研机构共建机构，隆平高科与研究机构建立了稳定的技术合作关系。

二是依托公司的博士后科研工作站积极开展技术自主研发。隆平高科为了进一步增强公司的科技实力及自主创新能力，经人事部批准，设立了博士后科研工作站，每年投入研发经费 3000 多万元，新上课题 30 多项，依托科技研发实现生物科技人才培养。

三是通过制定规章制度建立技术创新的管理机制。2007 年，公司设立了董事会科技发展委员会，制定了《科研管理办法》、《博士后科研工作站暂行管理办法》等一系列规章制度，初步建立了科技创新的长效管理机制，形成了以公司总部为核心，公司控股的亚华种子科学院、上海隆平农业生物技术有限公司和湖南隆平超级稻工程研究中心有限公司为主体的研发体系。

5.3.2.2　取得的成效

隆平高科始终坚持以杂交水稻为核心，致力于杂交水稻、杂交辣椒、优质西甜瓜、蔬菜、棉花、玉米、油菜等农作品种选育开发，同时配套农化产品开发销售以及农资配套服务。经过多年的研究与创新，隆平高科拥有了70多件注册商标，拥有自主知识产权的产品达153个，拥有各项专利97项（次），获奖成果30余项，其中"水稻不育系培矮64S的选育及应用研究"荣获国家科学技术进步一等奖1项、国家科技进步二等奖3项。

隆平高科积极进行市场运作，将科技优势转化为生产和市场优势。在生产方面，公司是全国最大的杂交水稻供应基地。此外，公司经营的"湘研"牌辣椒是全世界种植面积最大的辣椒品种，公司是亚洲最大的蔬菜种子集地。生产管理方面，公司已通过ISO 9000质量体系认证，建立了产品质量检测中心以及质量保证队伍。在营销方面，隆平高科已在全国设立了24家子公司和6家分公司，形成了20 000多家以乡镇为重点销售终端的现代营销网络。2005年，杂交水稻种子的销量已占全国市场份额的25%，玉米种子的营销网络也正在向长江以北及西南地区迅速扩张，蔬菜、棉油种子的营销网络已遍布全国。

同时，在种业领域的执著研究也成就了公司卓越的品牌。"隆平高科"是中国水稻种业迄今为止唯一的国家驰名商标，有着"中国农业第一品牌"的美誉，而公司另外两个品牌"农平"、"湘研"商标也已成为湖南省著名商标。

5.3.3　隆平高科的集成创新之路及成效

自杂交水稻研究成功以来，隆平高科在杂交水稻的研究和应用上始终处于世界领先地位，种子出口量也逐年增长。为了有效避免由于进口国技术壁垒带来的出口限制，进一步扩大世界市场份额，隆平高科积极转变思路，通过产业技术集成走向世界。

5.3.3.1　通过国际技术培训开拓海外市场

1995 年以来，联合国粮农组织为了支持解决低收入、粮食短缺国家的粮食安全问题，选择个别国家提供经费，推广杂交水稻，这为杂交水稻在世界的研究推广提供了良机和条件。隆平高科在杂交水稻方面承担了中国向世界推广杂交种子的宣传培训任务，将被动的技术培训转变成主动的国际市场开拓。隆平高科于 2000 年开始承办定期杂交水稻技术培训班，截至目前，隆平高科已经对亚洲、非洲、葡萄牙语国家举行了数届培训，每年为国外培养的杂交水稻专家达上百人，累计培训达 1200 人。通过技术培训，许多国家都萌生了与隆平高科进行技术合作或贸易合作的意愿，部分国家已经与公司进行了科技与贸易合作。

5.3.3.2　积极开展国际合作研发项目

通过技术研发与创新，隆平高科杂交水稻技术已居世界领先水平，公司利用技术优势，在科技部、商务部和湖南省科技厅的大力支持下，积极开展了国际科技合作项目。项目采取中国经援项目起步、企业跟进的商业化运作模式，为推进杂交水稻走向世界、占领国际市场奠定了坚实的基础。隆平高科承担的国际合作研发项目主要有：中国—巴基斯坦杂交水稻合作研究与开发项目，中国—印尼杂交水稻科技合作项目，中菲农技中心技术合作实施方案等。通过这些项目，隆平高科不仅与巴基斯坦农业研究委员会、巴基斯坦农业研究中心、PUNJAB 和 SINDH 省水稻研究所、印尼普世家公司建立了技术合作关系，还培育和筛选了符合合作国市场需求和气候要求的优质高产杂交水稻品种，不仅将公司的技术优势成功转化为产业优势，而且赢得了信誉，树立了品牌形象，唤醒了国外对中国杂交水稻的需求，加快了隆平高科的国际化进程。

此外，隆平高科还在杂交水稻及水稻种子方面与越南、缅甸、孟加拉、巴西等多国进行了技术合作。

5.3.3.3　通过建立跨国子公司稳定国外市场

为了更好地避开合作国的相关技术和其他出口壁垒，更好地输出种子、技术和售后服务，并积极利用当地的生产资源，享受当地政府的优惠，公司转变了思路，采用能力移植型模式，将部分在国内的生产转移到合作国当地生产与销售。目前，公司已经在菲律宾建立了自己的第一家跨国控股子公司——隆平高科菲律宾研发股份公司，公司持股比例为 99.99%，同时，公司在印度尼西亚的控股子公司已经完成了筹备工作，并将在近期正式成立。

5.3.3.4 取得的成效

一是部分品种通过了合作国的审定。在国际合作项目的实施中，隆平高科在充分考察杂交水稻品种的生物学特性和生态适应性以及合作国稻米消费习惯的基础上，筛选出 13 个杂交水稻组合进行品种区域试验。其中，GNY50、GNY53 分别通过巴基斯坦、印度尼西亚用于旱季的品种审定，GNY50 通过孟加拉用于旱季品种审定，为在合作国大面积推广杂交水稻奠定了坚实的品种基础。

二是探索并推广了与合作国相适应的栽培技术。隆平高科根据目标国农业气候生态条件、稻田耕作制度特点和水稻病虫害发生规律，在巴基斯坦研创出杂交水稻避旱避热高产栽培的关键技术，在孟加拉研创出以保水、保肥和防病为核心的杂交水稻旱季高产栽培关键技术，在印度尼西亚研创出杂交水稻一年三熟品种搭配及配套栽培技术，为杂交水稻在合作国大面积推广应用提供了强有力的技术支撑。

三是打开了国际市场，将技术优势成功转变为产业优势。通过国际技术合作，国际社会认识和了解了中国杂交水稻的品质，隆平高科的品牌也越叫越响。至今，已有东南亚、南亚、南美、非洲等 30 多个国家和地区研究或引种，增产效益十分显著，被世界誉为"东方魔稻"、"中国第五大发明"。近 3 年来，隆平高科出口杂交水稻种子年增长率达到 100%。2007 年，公司杂交水稻种子年出口量为 2500 吨，2008 年出口量为 4500 吨。

5.3.4 经验与启示

5.3.4.1 科教单位办企业不是实现原始创新的主要模式

目前，科教单位办企业模式在中国农业生物领域占有一定的比重，但从隆平高科的发展历程看，随着企业规模的不断扩大，这种模式将会逐渐向合作创新及企业自主创新模式过渡。例如，隆平高科主要是湖南省农业科学院及水稻研究中心等科研机构创办的，但随着企业规模的不断扩大，科研机构在体制方面的约束和资金运作方面的弱势逐渐显现，因此 2004 年，湖南省农业科学院转让了其股权，大股东变更为长沙新大新集团。自此，隆平高科走向了合作创新与企业自主创新并举的道路。

5.3.4.2 高水平的学术带头人在原始创新中发挥着重要作用

从对隆平高科原始创新道路的考察中可以发现，高水平的学术带头人对原始性创新成果的取得发挥着重要作用。这是因为，在高水平学术带头人的带领下，不仅可以培养一批高水平的研究人才，使研究本身处于高的起点，还有利于创造创新的良好氛围。例如，袁隆平教授是隆平高科的学术带头人，其在杂交水稻的研究取得了世界瞩目的成果，在他的带领和指导下，公司取得了一批又一批的具有自主知识产权的技术成果。因此，在中国农业生物技术的原始创新中，不仅要借鉴隆平高科经验，为学术带头人提供施展才华的良好平台，还应该重视对高水平学术带头人的培养，形成一套人才脱颖而出的机制。

5.3.4.3　政府国际项目加企业运作是实现集成创新的良好方式

企业实现集成创新需要一定的交易成本，这无疑会增加企业的负担；但是从隆平高科进行集成创新的运作中可以发现，其有效借助了政府力量，通过政府的国际项目起步，企业积极跟进运作。这种方式不仅增强了企业在国外市场中的威信，还可以获得国家的资金支持，是实现集成创新的良好运作方式。但是也必须看到，这种方式运作的前提是企业已经具备了一定的技术实力，符合政府项目的实施条件。因此，企业在增强自身技术实力的基础上，还应积极参与国家的对外项目，为集成创新创造良好条件。

5.3.4.4　发展中国家应成为中国技术优势领域集成创新的重点对象

隆平高科在进行集成创新时，始终将发展中国家作为重点，通过举行技术培训班，开展技术合作项目，甚至建立子公司等形式与它们进行合作，并取得良好的成效。这是由于隆平高科在杂交技术领域，特别是杂交水稻技术方面处于国际领先水平，而发展中国家普遍存在农业生物技术水平不高、粮食紧缺、资源过度消耗等问题，有通过农业生物技术解决本国人口、经济与环境和谐发展的迫切需要，因此对技术的交流与合作持积极态度。根据隆平高科的经验，在具有技术优势的领域可以与发展中国家进行形式多样的技术或生产领域的合作，通过集成创新分享世界生物经济市场。

5.3.4.5　建立跨国子公司是增强国际市场竞争力的有效模式之一

随着生物市场竞争日趋激烈，国外的跨国农业生物企业已开始全面进军中国市场，农业生物领域即将进入更高层次的竞争时代，在此环境下，只有具有综合竞争能力的公司才有未来，即公司不仅应该具备通过技术创新提升公司核心竞争力的能力，还应具备将核心竞争力转变为国际竞争力的能力。通过对隆平高科的考察可以发现，国际培训、国际技术合作、建立跨国子公司等多种集成创新方式都可以增强国际竞争力，但从资源及市场角度看，在这些方式中，效果较好的是建立跨国子公司。因为这种方式不仅可以有效利用他国的生物资源和技术人才，还可以绕过出口技术壁垒，直接开拓国外市场，将本国技术优势顺利转变为国际市场优势。但是，建立跨国子公司对公司的技术经济实力有较高的要求，一般只适用于规模很大的企业。

5.4 案例四：武汉科诺——"内合外联"

5.4.1 公司简介

武汉科诺生物科技有限公司（原名为武汉科诺生物农药有限公司，以下简称武汉科诺）成立于 1999 年 5 月，是武汉东湖高新集团、武汉东湖高新农业生物工程有限公司和湖北省植保站共同组建的高新技术企业，位于武汉东湖高新技术开发区内，注册资本 1.4557 亿元。公司主要从事生物农药及相关产业产品的开发、生产和销售，具有自主进出口经营权。1999 年 12 月被武汉市人民政府认定为高新技术企业；2000 年 3 月被国家发改委等 4 部委联合认定为国家级企业技术中心；2004 年 8 月，科学技术部授予武汉科诺"生物农药龙头企业技术创新中心"荣誉称号；2005 年 9 月通过 ISO 9001 质量管理体系认证，是中国人民银行评定的"AAA 资信企业"。

5.4.2 通过"内合外联"进行联合创新

作为公司与科研单位共同组建的企业，武汉科诺自成立伊始，就依托组建单位的技术基础与实力，使公司在成立之初就奠定了高技术实力的起点。例如，公司创立之初，东湖高新集团就建立了与科诺公司产业发展配套的生物产业研究院，作为武汉科诺的技术支撑。此外，湖北省植保站在微生物研究、植物保护等方面的技术优势及以微生物杀虫剂专家谢天健教授为首的专业人才队伍也为武汉科诺提供了坚实的技术支持。

从国外农药企业经历的"残酷搏杀—醒悟—联合"的历程中，武汉科诺认识到，要想在国内甚至是国际市场上占有一席之地，就必须坚定不移地走规模化、科技化、联合化的发展道路。科诺公司凭借自身雄厚的技术实力积极进行"内合外联"，通过与国内外机构的联合创新增强企业核心竞争力。

5.4.2.1 国内产业技术合作

武汉科诺在创新过程中非常注重与国内创新主体和参与者的合作，主要表现在以下三方面：

一是与研究机构的合作创新。武汉科诺为了增强企业的技术实力，与国内多家大学和科研院校建立了合作关系，通过共建、签订技术协议等多种方式进行技术创新。例如，1999 年，科诺公司就与华中师范大学、华中农业大学、中国科学院武汉病毒所等单位建立了战略合作关系，共同组建了"农药与分子生物学国家重点实验室"。根据协议，科诺公司将与华中师大农药研究所通过共同研究、技术转让和委托开发等方式进行合作。此外，公司还吸纳了以武汉大学、华中农业大学等多家大学与研究机构的人才和技术，成立了"科诺植物农药研究所"，开发拥有自主知识产权的植物农药系列产品及家庭卫生用植物性杀虫剂系列产品。东湖高新集团董事长黄立平称，与科研院校的联合既有利于推动学校的科研活动，也大大提高了科诺公司的技术创新能力。

二是企业间的合作。科诺公司还加强了与其他企业的合作，分别与怡农公司、云宏公司和金达生化等生物农药公司签订了创新与技术合作协议，以吸收合并、联合创新等方式领衔组建生物农药的"航空母舰"。科诺公司首先吸收合并了湖北怡农生物农药公司，接受了该公司具有完全知识产权且达到国际先进水平的植物农药（0.1% 氧化苦参碱水剂）产品及技术的转让，这使科诺公司在原有微生物农药的基础上又增加了植物农药这一被广泛看好的新发展领域。接着，科诺公司又引进了武汉云宏农化公司的"必威"、"特灵"两个农药专利产品，为整合生物农药新产品增加了技术资源。此外，该公司还投资控股了宜昌金达生化农药公司，这为科诺公司建立了新的制造平台，可增加其核心产品 Bt 生物农药的生产能力 3500 吨。

三是产品的合作推广。为了将公司的技术实力转化为竞争力，科诺公司加大了产品营销力度，与各地植保系统、农技推广系统建立了战略协作关系，采取了将行政推广与公司营销推广相结合的推广模式。例如，科诺公司承办了许多由国家农业技术推广中心、原国家经贸委等单位主办的全国性学术研讨会及科诺论坛，引起业内和社会的强烈反响，使产品进入了全国农业技术推广网。其中，千胜系列产品被列为全国农技推广网重点推广产品。

5.4.2.2 国际合作

武汉科诺认为，加强与国际大公司的合作可以吸收其科技创新与管理的相关经验，使公司较快地在产品和市场上有突破性的发展，并使公司的人员素质、科技和管理能力达到国际水平。因此，科诺公司将"国际合作创新、探索走国际化发展道路"确定为一项自身发展的战略。

一方面，科诺公司与国际跨国公司开展了技术合作。科诺高举联合创新的旗帜，赢得了国外同行的青睐，它们不约而同伸出了联合的双臂。2000 年，美国杜邦公司率先与科诺签署技术合作协议，联合开发一种新型生物农药。随后，双方的合作日益深入，在互相授权产品生产、技术指导、共建生产线等方面先后达成了协议。在协议中，科诺获杜邦"农胜"商标使用权成为中国独家享有杜邦"农胜"商标使用权的企业。同时，杜邦生产和销售科诺生物农药产品，并承诺在科诺产品进入国际市场运作等方面全力合作，促进中国生物农药冲出中国国门。随后，韩国锦湖石油化工集团（KKPC）与武汉科诺签署基因工程科技合作协议，双方在共同开发和生产生物杀菌剂、生物杀虫剂和生物肥料、互派研究人员、共同申报政府间合作研究项目和进行产业化、互相代理销售产品等方面达成了共识。南非钻石公司也与武汉科诺签署协议，共同开发非洲市场并销售科诺无公害生物农药。此外，固信、诺华、明治、罗姆哈斯、捷利康、陶氏益农等跨国公司相继访问武汉科诺，并与武汉科诺达成了各种形式的合作或相关合作意向。

另一方面，武汉科诺还积极开展了国际技术研讨与培训班。为了积极打开国际市场，特别是发展中国家的市场，武汉科诺公司还承办了各种生物农药的国际研讨会及应用技术国际培训班，包含亚洲、非洲等数十个发展中国家参加。培训班使学员对中国生物农药，特别是武汉科诺的生产和应用技术有全面了解，促进了科诺生物农药产品出口。

5.4.3 取得的成效

武汉科诺建业以来，秉承资源集成、技术创新的理念，并在市场中显示出强大的生命活力。承接原有的技术底蕴，又经过了几年技术创新与国际化的不断锤炼，科诺已形成较完善并具有科诺特色的技术体系，拥有一流的养虫、生测系统，以 HPLC、GC、蛋白质凝胶电泳为主的化测体系，30L 全自动发酵罐及其配套的中试设备，完善的微生物实验室等科研设施，并在董事长兼总经理谢天健教授的带领与培养下，组建了一支攻关能力强、创新欲望强、能参与国际竞争的年轻技术队伍。公司自主研发了"特杀螟"、"高效苏云金芽孢杆菌杀虫剂"等一系列产品，并与国外公司联合开发合作开发了 Bs（枯草芽孢杆菌）、Bl（地衣芽孢杆菌）等微生物杀菌剂及饲料添加剂，使产品从单一的 Bt 杀虫剂扩展到生物杀菌剂农抗 120、井冈毒素等 11 个系列 30 多个产品。其中，Bt 创新产品被列为原国家经济贸易委员会"两高一优"产品，千胜系列被列为农业部全国农业技术推广中心重点推荐产品，产品已销往全国 20 多个省份，远销美国、日本、韩国、越南、肯尼亚等世界各地。同时，美国杜邦"农胜"、"亿力"、陶氏益农"追击手"等品牌也纷纷落户武汉科诺，大大增加了武汉科诺的国际竞争能力。

5.4.4 经验与启示

5.4.4.1 产学研之间及各类主体内部的合作都是合作创新的实现方式

武汉科诺在国内技术合作中，不仅与大学和研究机构建立了稳定的合作关系，还通过吸收合并、联合创新等形式与其他企业进行了技术与生产上的合作。从武汉科诺的经验中可以看出，合作创新不仅可以通过产学研之间相互合作实现，也可以通过研究机构内部及企业内部之间相互合作进行。只要彼此之间存在着技术合作意愿及拥有合作的基础，且能通过合作加速技术创新的进程，都值得我们借鉴和应用。

5.4.4.2 共建模式有利于奠定企业自主创新的技术基础

共建模式是进行合作创新的主要方式之一，它不仅有利于建立企业与大学或研究机构的长期稳定的合作关系，更重要的是，还有利于增强企业自身的技术实力，为其自主研发奠定良好的技术基础。从武汉科诺技术创新中可以发现，武汉科诺的创立本身就是企业与科研机构共同组建的产物，这就使武汉科诺从建立之初就处于高的技术经济起点。同时，公司还与大学和科研机构共同组建了"农药与分子生物学国家重点实验室"，进一步增强了企业的技术实力。在此基础上，武汉科诺在武汉市东湖新技术开发区建立了自己的国家级企业技术中心——科诺生物农药技术中心和中试基地，并其正在积极向企业自主研发之路迈进。

5.4.4.3 可以通过多种形式进行国际技术合作

在与国外进行技术合作中，既可以与国外科研机构进行技术合作，也可以与国外的生物企业进行技术合作。在具体合作形式上可以有多种选择，如可以与国外科研机构采取共同研发或委托国外进行技术开发等。与国外生物企业的技术合作不仅可以通过以上形式进行，还可以采取共建生产线、互相授权技术产品、互派研究人员进行技术指导、共同申报政府间合作研究项目等多种形式。武汉科诺与国外的技术合作就采用了以上多种形式，并从实践角度充分证明了它们的可行性。当然，具体采取哪些形式，取决于合作双方的技术经济实力及合作意愿等。

5.4.4.4 产品合作推广也是合作创新的内容之一

武汉科诺在合作创新的过程中,不仅积极开展了与大学和科研单位的技术合作,还与科研单位和政府部门进行了产品推广合作。例如,公司与各地植保站、农技推广系统建立了合作关系,加速了从产品研发到市场化的创新进程。根据科诺的经验,产品合作推广也是合作创新的组成部分。因为从技术创新的流程看,产品合作推广是包括从技术研发、中试、生产到市场化的全过程,产品的推广是技术创新中技术产品从生产到市场化的环节,直接影响着技术创新的经济成效。因此,在合作创新中,不仅要重视技术的研发合作,也要积极开展技术产品的推广合作。

5.5 本章小结

本章选取了武汉联农、中博生化、隆平高科、武汉科诺4家农业生物企业进行实地调查,在剖析其技术创新的实现模式、运作方式和实践效果的基础上,总结了它们在创新模式选择及应用上的相关经验。

通过调查发现,这些企业的技术基础、生产规模、资金条件、产品种类等各不相同,它们纷纷选择了适合自身的技术创新模式,都取得了良好的成效。从它们选取的模式看,主要是建立技术联盟、共建模式、专家办企业等合作创新模式以及开展国际技术合作、建立跨国子公司等集成创新模式,而隆平高科由于技术实力强,还积极通过自主创新实现技术积累。同时,这些企业选用的创新模式基本上都是产业自主创新途径的实现模式,说明这些企业都是中国农业生物产业自主创新道路上的生力军。

对典型农业生物企业的考察与分析不仅给我们带来了各企业在创新模式选择中的具体经验,还使我们得到了一些结论与启示:合作创新和集成创新都是产业自主创新的主要实现模式;在具体模式的选择上,企业应根据自身情况合理选择;对一些资金与技术实力强企业,不仅可以积极探索通过自主创新进行技术研发,还可以通过建立跨国子公司增强自身国际竞争力。

第6章
中国农业生物产业自主
创新体系的构建

　　从前面的分析看，中国农业生物产业的发展有技术、人才、资源、需求等良好基础，有利于通过自主创新实现产业跨越式发展。然而，产业自主创新是一个系统化的过程，不仅涉及技术的研发、中试、推广和生产等创新环节，还需要大学、研究机构、企业、政府及中介机构等创新主体的共同参与，他们之间相互作用、相互影响、相互衔接，形成了一个网络系统，而这个系统的结构及功能将直接影响各创新主体的作用发挥和创新环节的顺畅程度。因此，本章从系统的角度出发，根据创新的主体要素（大学、研究机构、中介等）、功能要素（学习与合作）、环境要素（制度保障）在创新各环节中的地位与作用，初步构建促进中国农业生物产业自主创新道路实现的体系保障。

6.1　创新体系的相关理论

6.1.1　国家创新体系的理论及发展

　　随着技术创新理论的发展，越来越多的经济学家认识到，创新是一个系统的过程，系统中各个要素间不是简单的线性关系，而是相互作用的网络。最早提出"国家体系"的经济学者是19世纪德国的经济学者弗里德里希·李斯特，他从国家的角度研究了后进国家的政治经济问题。李斯特认为，后进国家在面对先进国家的技术限制和技术封锁时应采取国家技术战略，并率先提出了"政治经济学的国家体系"这一概念，但遗憾的是，他并没有对这一问题展开系统的研究。

　　著名技术创新理论家Freeman（1982）在吸收李斯特思想的基础上率先提出了国家创新体系（national system of innovation），自此掀起了一股研究国家创新体系的热潮。但是，迄今为止，理论学界并没有形成一个完整的理论，也没有形成统一的概念和共同的学术研究方法。

弗里曼在对日本经济进行研究后发现，日本在技术落后的情况下只用了几十年就成为工业化大国，这不仅是技术创新的结果，还是制度与组织创新的结果，是一种国家创新体系演变的结果。弗里曼认为，国家创新体系就是"公私部门的机构组成的网络，它们的活动和相互作用促成、引进、修改和扩散了各种新技术"。在创新体系中，他对以下四种因素给予了特别关注：政府政策的作用、企业及其研究开发的作用、教育与培训的作用及产业结构的作用，具体关系如图6-1所示。此外，弗里曼还特别强调将技术创新与组织创新和社会创新有效结合，他认为，创新的成败取决于国家调整有效社会经济活动能力的强弱。

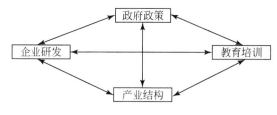

图6-1 弗里曼的国家创新体系结构

波特在研究国家创新体系时，不仅强调一国国家制度等因素的影响，还着眼于国家间相互作用等因素的影响，因此属于国家创新体系研究的国际学派。他认为，一国的优势决定于以下四个重要因素：一是要素条件，即熟练劳动力的供给、基础设施状况等；二是需求条件，指该国对产业产品和服务的需求；三是相关支持产业，如中介组织等一些辅助性服务行业；四是企业的竞争战略。为此，他提出了国家创新体系的钻石模型（图6-2）。波特理论的最大特点就是将国家创新体系的微观机制与宏观运行绩效有机结合起来。他认为，国家的优势是建立在成功地进行了技术创新的企业的基础之上的，并且一国产业竞争力的关键是该国能否有效形成竞争性环境和推动创新，因此，政府应该追求的主要目标是为国内的企业创造一个适宜的、鼓励创新的外部环境（波特，2005）。

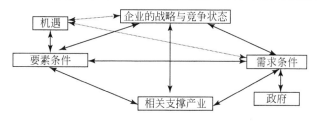

图6-2 波特的国家创新体系钻石结构图

Lundvall 在 1992 年出版了《国家创新体系：建立一种创新和互动型学习的理论》一书，他通过考察用户与厂商的相互作用来研究国家创新体系，属于国家创新体系研究的微观学派。Lundvall 认为，所谓的国家创新体系就是"由新的且经济有用的知识的生产、扩散和应用过程中相互作用的各种构成要素及其相互关系组成的创新系统，而且这种创新体系包括了位于或植根于一国边界之内的各种构成要素及其相互关系"。他认为，国家创新体系是一个社会系统，其中心活动就是学习，并且学习是一种社会活动，包括人与人之间的相互作用。他将国家创新系统分为以下几个子系统：企业内部组织、企业间的关系、公共部门的作用、金融部门及其他部门的作用、研究开发部门（图 6-3）。

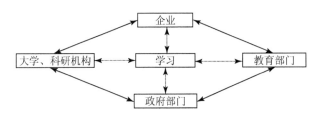

图 6-3　Lundvall 的国家创新体系结构图

Nelson 在 1993 年出版了《国家创新体系》一书，书中比较分析了美国与日本等国的国家创新体系。他认为，现代国家创新体系较为复杂，不仅包括各种制度与技术行为等因素，也包括致力于公共技术知识的大学与研究机构以及政府的基金和规划类的机构，其中，以营利为目的的厂商是创新体系的核心（张永谦和郭强，1999）。因此，他将研究重点放在知识和创新的生产对于国家创新体系的影响上。他认为，科学技术的性质在总体上是不断变化的，而且在不同的技术领域也是有变化的，因而有关知识和创新的制度安排也在不断地调整变化。Nelson 一再强调制度结构变化和适应的重要性，并将国家创新体系定义为一种将制度安排与一国的技术经济实绩相联系的分析框架。

近几年来，经济合作与发展组织（OECD）也开展了对国家创新体系的研究。OECD（1997）的《国家创新体系》报告指出："创新是不同主体和机构间复杂的互相作用的结果。技术变革并不以一个完美的线性方式出现，而是系统内部各要素之间的互相作用和反馈的结果。这一系统的核心是企业，是企业组织生产和创新、获取外部知识的方式。外部知识的主要来源则是别的企业、公共或私有的研究机构、大学和中介组织。"根据 OECD 的观点，企业、科研机构和高校、中介机构是国家创新体系中的主体，而创新体系的核心问题就是知识流动（图 6-4）。由此，OECD 对国家创新体系的定义为公共和私人部门中的组织结构网络，这些部门的活动和相互作用决定着国家扩散知识和技术的能力，并影响着国家的创新业绩。

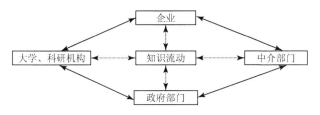

图 6-4　OECD 的国家创新体系结构图

　　中国对国家创新体系的研究是从 20 世纪 90 年代中期开始的。大体说来，中国学者的研究基本上是沿着弗里曼、Nelson 及 OECD 的思路进行的。例如，齐建国（1997）认为，国家技术创新系统并非科学研究系统，而是指以技术创新为基础的综合经济系统，典型的国家创新体系包括创新人才与基础知识生产、创新方案与思路生产、创新过程的实施、创新成果的扩散和创新需要的反馈四大部分，而这四部分又由教育培训、基础研究、应用研究与开发、民用研究及军事研究五个子系统组成的。

　　石定寰和柳卸林（1998）将国家创新体系概括为由政府和社会部门组成的、以推动技术创新为目的的机构和制度网络。他们认为，国家创新系统主要是由国家科研机构和高校、企业、教育部门和中介服务机构、政府相关部门几方面因素组成。

　　路甬祥（1998）将国家创新体系定义为与知识创新和技术创新相关的机构和组织构成的网络系统，其骨干部分是企业（大型企业集团和高技术企业为主）、科研机构和高等院校等；广义的国家创新体系还包括政府部门、其他教育培训机构、中介机构和起支撑作用的基础设施等。他认为，国家创新体系的主要功能是知识创新、技术创新、知识传播和知识应用，具体包括创新资源（人力、财力和信息资源等）的配置、创新活动的执行、创新制度的建设和相关基础设施建设等。根据其功能，路甬祥将国家创新体系分为知识创新、技术创新、知识传播和知识应用四个子系统。

　　晋胜国（1999）在对国内外国家创新体系的典型内涵进行陈述的基础上认为，国家创新应该包含知识创新系统、技术创新体系、知识传播系统和知识应用系统四大部分。他认为，知识创新系统主要负责知识的生产、扩散和转移；技术创新体系是以企业为核心的，包括政府部门、科研机构、高等院校、其他教育培训机构、中介机构等的网络体系；知识传播系统主要负责高等教育和职业培训系统，包括高等院校、科研机构、企业等；知识应用体系则应以市场机制为主导，其主体是社会与企业。

陈红霞（2004）在借鉴路甬祥相关研究的基础上认为，国家创新体系是由科学技术知识的生产、扩散和应用机构组成的网络系统，并将国家创新体系的构成分为以研究性大学为核心的科学创新系统、以企业为核心的技术创新系统、以高校为核心的知识传播系统及以社会为核心的科技应用系统。

林善浪（2004）在阐述 OECD 的国家创新体系概念的基础上认为，国家创新体系应包含以下要点。一是国家创新体系内部蕴含着知识创新和技术创新的体制和运行机制，即其不仅是知识和技术的创新，更是制度的创新；二是国家创新体系是企业、高校、研究机构、政府、教育培训、中介组织及相应的社会支撑等机构组成的合作网络，这些机构的活动和相互影响推动着技术的创新、传播、应用和扩散，是知识创新、技术创新和知识创办的有机联系体系；三是国家创新体系依赖于创新人才、创新资金等创新要素的投入。

何树全（2005）认为，建设国家创新体系不仅要重视知识技术的创新，还要重视包括观念、管理等方面的创新，并由此将国家创新体系框构为观念创新系统、制度创新系统、知识创新系统、技术创新系统、知识传播与应用系统五个子体系。

李丹（2006）认为，要提高一国的自主创新能力，必须建立国家技术创新体系，有效整合国家层次上的各种创新资源。他认为，国家技术创新体系应包括三个子体系：以政府为主体的技术创新调控体系，以企业为核心的、产学研相结合的技术生产应用体系，以各种中介机构为主要组成部分的技术创新服务体系。

从国内外学者的研究中可以看出，尽管国家创新体系还没有一个统一的定义，但就其实质而言，国家创新体系是一个网络，是由一个国家内各有关部门和机构间相互作用而形成的推动创新的网络，是由经济和科技的组织机构组成的创新推动网络，是一个涉及新思想的产生、产品设计、试制、生产、营销和市场化等一系列活动的知识流动网络，是由企业、大学、科研机构、中介机构和政府部门共同参与的创新推动网络。其核心内涵是实现国家对全社会技术创新能力和效率的推动，以取得竞争优势。

此外，国家创新体系非常强调联系、合作与交流。它强调通过各部门与要素的合作形成良好的知识创造、流动、扩散和应用体系。其合作形式是多种多样的，可以是人员之间的交流，可以是共同研究开发技术，可以是专利交叉授权，也可以是联合设备购置等，可以说，联系、合作与交流是国家创新体系的灵魂。

尽管理论学者对国家创新体系的框构不尽相同，但基本都包括了知识创新、技术创新、知识传播和知识应用等子系统。

6.1.2 产业创新体系的理论及发展

产业创新体系（industrial system of innovation）的研究是继技术创新理论和国家创新体系（系统）理论之后在创新研究领域兴起的前沿领域。其概念最早是由 Malerba、Breschi 等人于 20 世纪 90 年代提出的。Malerba 将产业创新系统定义为由一组为了创造、采用和使用属于某一行业（新的或已有的）的技术，以及创造、生产、使用（新的或已有的）属于某一行业的产品，而进行市场或非市场交互作用的异质的个人、组织和机构组成的系统（Malerba，2002）。

Malerba 认为，产业创新系统由知识领域（knowledge domain）、技术体系（technology regime）、各种行为者（actors）（包括组织和个人）三个部分组成。知识领域是一个行业内作为创新活动基础的科学和技术领域，不同产业具有不同的知识领域和技术体系。行为者是指一些异质的企业或消费者、企业家、科学家；组织包括企业、学校及金融部门等。在产业创新体系中，这些行为者会不断互动以实现创新。另外，各种行为者的行为会受到习惯、规范、惯例、规则和法律等制度的影响，制度上的重大变化会通过行为者的行为影响到创新的方向和进程。这几个方面的相互作用和制约共同决定了产业创新的方向和变迁。Malerba 还分析了国家创新体系与产业创新体系的关系。他认为，国家创新体系以国家为边界，产业创新体系可以是区域、国家乃至全球的；另外，国家产业创新体系由一个国家内许多产业创新体系构成，其中一些可能会非常重要（Malerba，2002，2007）。

Asheim 和 Gertler（2005）认为，存在着两种不同知识领域的创新体系：一个是基于科学研究的创新体系，另一个是基于工艺（或者称基于诀窍知识）的创新体系（表6-1）。它们的差异决定了不同产业创新的方式和模式上的差异。

表6-1 基于不同知识的产业创新体系

	以分析知识为基础	以诀窍类知识为基础
知识来源	正式的研发活动	主要是实践经验的总结
知识属性	基础和应用	诀窍类知识、应用研究
产学研	很重要	不重要
产品创新	会有重大创新	不多
工艺创新	不多	很重要
企业类型	新技术小企业很重要	企业规模、专业化很重要
产业	IT、生物产业	造船、专业设备

资料来源：Asheim and Gertler，2005

中国的学者也对产业技术创新体系（系统）进行了研究，不过，研究都是与国家创新体系相对照展开的。张凤和何传启（1999）在分析国家创新体系结构的基础上提出了产业创新体系的概念，认为产业创新体系是指与产业相关的知识创新和技术创新的机构构成的网络系统。同时，他们还分析了国家创新体系与产业创新体系的关系，认为产业创新体系是国家创新体系的重要组成部分，是构成国家创新体系的二级结构。

陈劲（2000）以国家创新系统理论为基础，以技术系统理论为工具，提出了建立"包容企业环境要素"的创新体系与框架的产业创新系统思想。他将产业创新系统与国家创新系统、技术创新系统联系起来，认为"国家创新系统应当被看成是各子系统的综合体，而各子系统又可以根据不同的产业、区域和关键技术进行进一步划分。而且，国家创新系统是由许多产业创新系统构成的。由于每一个产业中都存在创新源—用户关系，因此可将国家创新系统的概念应用到产业中，通过推动主要创新源之间的协作和信息流动，加强产业的竞争能力"。

此外，陈志兴和柳国华（2004）、曲凤宏和黄泰康（2005）等结合种子、医药等具体产业进行了产业创新体系的构架，这些研究也都是在国家创新体系的框架下进行的。

刘德学（2003）认为，在全球化背景下，应该建立开放式的产业创新体系以提升本国产业的创新能力。他认为，开放式的产业创新体系由主体要素（高校、科研机构、中介服务机构、金融机构、用户和供应商、政府等）、资源要素（知识资源、技术资源、科技基础设施建设、技术市场、咨询和创业中心等服务等）和对象要素（技术创新、组织创新及管理创新）三个部分构成，要使这三个部分有效运转，还离不开行之有效的运行机制。

6.1.3　全球化视角下的国家产业创新体系

结合国内外理论学者的观点，本书认为，在经济全球化迅猛发展的今天，各国都希望在国际经济舞台上发挥重要作用，因此，各国都致力于发展本国优势产业和具有国际竞争力的支柱产业，世界范围内产业之间的竞争愈演愈烈，主要表现为以国家为边界的同一产业之间的技术与市场份额的较量。同时，各个国家为了促进本国某一产业的跨越式发展，纷纷制定各种政策和措施，以促进产业的技术创新，增强本国技术实力，这使各国产业技术之间的竞争也呈现出国家竞争的特点。由此看来，在经济全球化的今天，产业创新更多表现为以国家为边界的技术创新。

因此，本书将产业创新体系纳于国家创新体系的理论框架之下，结合农业生物产业的知识领域和技术体系，应用系统的观点构建促进农业生物产业技术创新的自主创新体系。

6.2 构建中国农业生物产业自主创新体系的意义

随着知识经济的发展，世界范围内生物知识更新越来越频繁，科技创新速度越来越快，技术升级换代时间越来越短，因此，要在激烈的国际生物技术战场中屹立不倒，就必须充分依靠本国产业创新中各主体之间的协调配合，通过自主创新加快创新步伐。然而，纵观中国国家生物产业创新史不难发现，在创新过程中，我们一直都受到"系统失灵"问题的困扰，主要表现在：农业生物企业与科研机构、大学之间合作和联系不足；政府资助的基础研究与应用、开发研究不匹配；中小企业在收集信息、获取技术培训等方面显得力不从心；技术转移等中介机构在促进知识流动方面没有发挥应有的作用；高等学校创新型人才培养与产业需求存在一定差距等，这些都已成为农业生物产业自主创新道路上的绊脚石。

系统失灵问题可以通过构建和完善创新体系得以解决，纵观世界经济发展史，任何科技创新体系的研究构建都是以"系统失灵"问题为前提的。创新体系是一个系统化的工程，具有政策兼容性，强调政策间的互补和创新要素的互动，其实质就是在一定范围内有关科学技术知识在经济体系（大学、企业、研究机构、中介等）的循环流转的制度安排（张永谦和郭强，1999），而这种制度安排的根本出发点是加强和改进创新过程中各行为主体的联系与合作，以增强技术的实绩。

目前，自主创新作为增强农业生物产业国际竞争力、实现产业跨越式发展的根本途径越来越受到世界各国的重视，各国政府纷纷投身于生物产业的发展，制定各种政策和措施，以促进产业的技术创新，增强本国技术实力，中国也不例外。在这一过程中，很可能出现政府过度代替市场机制配置社会资源的现象，这种过度干预会导致资源配置效率降低，出现"政府失灵"现象。而创新体系既强调创新活动的市场需求拉动，又强调公共政策的辅助与实现创新活动的技术推动，因此，它可以在保持政府在自主创新中的必要作用的同时，克服"政府失灵"问题。一方面，国家或产业创新体系都强调企业是创新体系的中心，企业可以通过外在的知识源，如大学、研究机构、其他企业、中介机构等组织生产、进行创新，从而与外在知识源之间构成了合作和竞争的网络，网络中各个主体作为经济独立体，都以利益最大化原则指导自己的行为，因此，市场机制是维持这个网络正常运行的"无形的手"。另一方面，创新体系非常强调政府的必要作用，因为只有政府才能整合各种资源与要素，协调政府、企业、教育、科技等机构的关系，通过建立各种政策、法规等一系列政治手段和经济方式，为自主创新提供资金和制度保障，在克服"市场失灵"的同时，加快自主创新的步伐。但是，创新体系也为政府干预创新活动提供了行为原则和分析框架，即政府干预创新活动不能超越和破坏创新体系的整体功能（林善浪，2004）。

进入 21 世纪以来，国际竞争格局正悄然发生着深刻的变化，以转基因、克隆技术为代表的生物领域的创新能力已成为决定国家间科技乃至经济竞争成败的一个重要基础条件。为此，世界发达国家都纷纷建立本国的生物产业创新体系，中国要应对以上困难和挑战，也应该根据本国的经济发展情况，结合农业生物产业的科技实力，按照改革、发展、创新的思路构建具有中国特色的农业生物产业自主创新体系，建立一套完整的以支持农业生物科技发现、发明与应用为基本指导思想的制度与网络体系，充分发挥创新体系对生物产业创新资源的配置功能，克服自主创新过程中的困难，促进产业自主创新，提高国家竞争实力。

6.3 中国农业生物产业自主创新体系的总体构建

6.3.1 构建原则与总体目标

6.3.1.1 构建原则

（1）国情原则

自主创新体系构建的根本目的是为了提高中国的自主创新能力，因此，在构建过程中不能脱离中国的基本国情，应结合中国市场机制的完善程度、科技体制改革的状况、农业生物产业发展的现状及技术创新能力等多方面综合考虑。

（2）市场机制与政府引导与扶持相结合的原则

创新体系是在市场的基础上建立起来的资源配置系统，因此，市场机制是建设农业生物产业自主体系的基本原则。但是由于技术的不确定性、市场的不确定性、利益分配的不确定性和政策环境的不确定性，以及市场激励的失效，政府在技术创新中的作用显得十分重要。因此，在创新体系建设中，还应强调市场机制与政府作用的相互补充。

（3）自主创新与国际合作相结合的原则

中国在构建自主创新体系时，依靠本国力量完成自主研究是构建创新体系的一个重要依据。但在经济全球化的背景下，国家的技术创新体系是世界技术创新体系的有机组成部分，竞争已经成为世界范围内的竞争，因此，必须坚持开放与合作的原则，加强与国外相关领域的技术合作，强化集成创新，以便快速提高中国农业生物产业的创新水平。

6.3.1.2 总体目标

中国农业生物产业自主创新体系的构建应立足市场经济，结合中国生物产业创新实际，建立一个以市场为导向、企业为主体、自主创新为核心、应用为目的、制度创新为保障，官产学研紧密结合的具有中国特色的农业生物产业自主创新体系。在创新体系的建设中，应做好以下三方面的工作：一要着重建立生物产业中科学技术的良性流转机制，加快产业技术创新速度，提高科技成果转化率；二要建立各创新参与者的合作机制，集成生物技术，增强中国生物技术创新实力；三要建立一套完整的促进产业自主创新的制度体系，克服创新过程中的"市场失灵"和"系统失灵"问题，引导企业成为研究开发投入的主体、技术创新活动的主体和创新成果集成应用的主体。

6.3.2 "一体多翼双力"的自主创新体系的总体构建

国家创新体系是由知识、技术的开发、应用、传播相关的组织和社会单元构成的网络体系，就其构成来说，主要包括企业、科研机构、高校、政府、中介机构等。因此，中国农业生物产业自主创新体系的构建应在国家创新体系的框架下，结合中国国情和农业生物产业未来发展目标，构建以市场为导向，以企业为核心，以技术创新为重心，以高校、科研机构、政府机构、中介机构、金融机构为左膀右臂的官、产、学、研紧密结合的"一体多翼双力"的创新网络体系。一体指以企业为核心主体；多翼指高校、科研机构、政府机构、中介机构、金融机构为重要组成部分；双力指市场机制的驱动力和政府的推动力。当然，国家创新体系是一个开放的系统，来自国外的技术合作和转移也是本国创新体系的有机组成部分。

在这个体系中联系和约束各个创新主体和要素的是市场机制和由国家战略、制度、政策系统形成的非市场机制（黄少坚，2006），其功能和目的是为了创造、扩散和使用新的知识和技术。由于创新体系是在市场的基础上建立起来的资源配置系统,因此,农业生物产业自主创新体系的运转应以市场机制为主导;同时,为克服市场激励的失效,还应强调市场机制与政策机制的相互补充,其体系结构如图 6-5 所示。

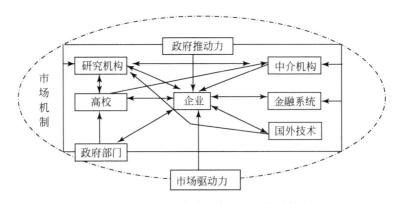

图 6-5 中国农业生物产业自主创新体系结构图

在农业生物产业自主创新体系的构建和运作中,应注意以下五个方面。

(1) 将农业生物企业作为创新体系的核心和主体

创新体系主体是指参与产业技术创新活动过程,并在技术创新活动中占主导地位、发挥主要作用的社会组织或经济实体。基于此,农业生物企业应成为农业生物产业国家自主创新体系的核心和主体。首先,产业技术创新是从研究开发到产业化和商业化的过程,这意味着创新是一项与市场密切相关的活动。在这个过程中,企业最贴近市场,会在市场机制的激励下按照利益最大化原则去决定创新的方向、程度和创新活动的实施,因此,企业是创新决策的主体。其次,根据新古典学派的创新理论,创新是生产要素的重新组合,这种组合只有企业通过市场中的生产活动来实现,这个作用是其他组织和个人无法替代的(张永谦和郭强,1999),因此,企业是自主创新活动中的生产主体。最后,在生物产业自主创新过程中,需要许多与产业相关的特定知识。例如,从基础知识向应用知识转化过程中需要工艺、制造等方面的知识。此外,从科研成果转化成商品还需要大量生物工程和市场方面的知识,这些知识往往需要在"干中学"、"用中学"的实践中积累,企业更具有这方面的供给优势,因此,生物企业还应该是技术创新的主体。

目前,中国农业生物企业规模普遍较小,技术基础薄弱,创新能力不强,尚未成为自主创新的主体。因此,在农业生物产业自主创新体系的构建中,应在遵循市场规律的前提下,进一步加大对农业生物企业的激励,建立产学研合作机制,不断增强企业技术实力,强化主体地位,使其真正成为创新体系的核心。

（2）以市场机制为技术创新的基本激励机制

改革开放以来，市场经济逐渐给技术创新带来了强大的动力，同时也提出了更高的要求，这主要是由于市场机制这双无形的手调节着资源的优化配置。因此，当前中国农业生物产业自主创新体系的构建必须以市场需求为导向，将市场机制作为基本激励机制，充分发挥价格机制、竞争机制、供求机制对创新资源的配置作用，提高产业技术创新的效率。

（3）将高校与科研机构作为创新体系的知识创新源

高校与科研机构是自主创新的知识库，也是农业生物产业自主创新体系的创新源。这主要表现在以下三方面：一是高校与科研机构是生物产业科学知识创新的主体。目前，理论学界将知识分为科学知识和技术知识（简称知识和技术）两类。科学知识是对客观世界的认识，通常属于"公共产品"，它的更新是产业技术创新的源泉和基础。由于科学知识与实际的生产应用往往有相当大的距离，企业不能立即见到经济效益，因而它们对科学知识的兴趣不大（黄少坚，2006）。所以，研究和发展科学知识的任务落到了高校和科研机构的身上。研究表明，全世界 2/3 的 *Nature* 和 *Science* 论文、3/4 的诺贝尔奖是大学发表和获得的，这体现了大学是知识创新的核心力量（范绪锋，2002）。农业生物产业是高知识、高技术的产业，其创新更离不开大学和科研机构的知识开拓。二是高校与科研机构为农业生物产业的自主创新提供信息支持。目前，中国高校有 389 个生物类专业点，涉及农业生物技术的各类研究机构已超过200 家，各个高校和研究机构都有完善的计算机网络为载体的图书资料系统及图书情报系统，这为自主创新提供了非常方便的信息资源。三是为农业生物产业自主创新培养了创新所需的各种人才。创新从根本上依赖于人的素质和创新思维能力的提高，没有一支高水平的人才队伍，新的知识就难以创造，技术创新就难以发生。而高校的教育不仅为农业生物产业自主创新体系提供了高端技术人才，其教学—科研—实践机制还为生物产业创新培养了急需的应用科研型、科研经营型、生物工程等复合型人才。

（4）政府应为农业生物产业自主创新体系的良性运转提供引导和保障

农业生物产业自主创新体系是一个以市场为基础的资源配置系统，由于农业生物技术创新的高风险性、市场的不确定性、科学知识和技术的外部性和公共性，以及市场机制在激励创新中的不完善，单纯依靠竞争性市场机制是不能完全实现科技资源的优化配置的，它往往需要政府及其主管部门担负起宏观引导、组织协调和提供保障的职能。例如，政府可以为生物产业创新提供符合本国国情的法律环境和基础设施，通过政策、法规、计划、项目、财政金融、服务等多种形式引导与干预创新活动。

（5）将中介机构作为连接各创新主体的桥梁

在自主创新体系中，政府和企业、高校、研究机构都是相对独立的部门或个体，有各自的社会位置，按照相应的原则运行，于是，在几者之间就会出现一定的"空白地带"，而中介组织就是填补"空白地带"、联系各创新主体和要素的桥梁和纽带。社会中介机构最重要的职能就是服务、传播和沟通功能。服务功能是指为创新体系各主体提供具体的包括金融、法律、信息咨询、技术咨询等细节上的服务；沟通功能指中介组织通过与政府、企业、大学及科研机构的联系相互反馈意见、沟通信息；传播功能是指中介机构是自主创新体系中传播和扩散知识和信息的桥梁，是科技产业化的中间环节。目前，中介服务机构主要通过产业服务中心、咨询服务公司、生产力促进中心、国家大型科技数据库、重大技术需求信息库及科技信息和服务网等发挥作用。

6.4　中国农业生物产业自主创新体系的具体构建

根据国外相关理论，国家创新体系是知识与技术创新、知识传播和知识应用构成的网络系统，在这些系统和网络中，知识、技术等在各个系统中流转、传播。但是，在知识、技术传播过程中，离不开为其提供政策和制度保证的政府以及提供技术咨询、金融服务的其他系统的运作和流转。因此，在农业生物产业自主创新体系建设中，本书构建以下四个子体系：技术创新体系、知识传播体系、制度保障体系、创新服务体系。其中，技术创新体系是农业生物产业自主创新体系的核心，它承担了从知识研究、技术开发到应用的一系列产业技术创新过程，而知识传播体系、制度保障体系及创新服务体系都是为产业技术创新提供人才、资金、制度、服务保障的辅助创新体系。

6.4.1　构建以生物企业为中心，产学研紧密结合的技术创新体系

从产业技术创新的过程看，它包括从科学知识与技术创新到推广应用的一系列活动。因此，本书按照创新体系中各要素在创新过程中角色的不同，把农业生物产业科学技术创新体系分为研发体系和推广体系。

6.4.1.1　建立农业生物产业研发体系

农业生物产业研发体系的职能主要是进行农业生物产业知识和技术研发活动，它是农业生物产业技术创新的源泉。根据农业生物产业技术创新的特点和

中国国情来说，目前中国农业生物产业研发体系应包括高等院校、科研机构和农业生物企业三类主体。一般而言，高等院校和科研机构是知识研发的主体，农业生物企业是技术研发的主体。由于目前中国涉农生物企业的规模普遍偏小，技术实力不强，还未出现国外发达国家集基础研究、应用研究和生产于一体的大型企业。因此，企业尚未成为真正的技术研发主体，高等院校和科研机构不仅承担了科学知识的研发任务，还进行着技术的研发活动。

因此，现阶段农业生物产业技术创新研发体系的构建必须把握以下原则：明确高等院校和科研机构是中国农业生物技术创新过程中的知识与技术提供者，是中国农业生物产业技术创新活动的重要源泉，同时，要加强产学研之间的紧密合作及进行科研单位的改革，最终增强企业自主技术开发和应用的能力，成为生物产业技术研发的真正主体。

今后，农业生物产业研发体系建设的重点是包括以下两方面：

一要加大对生物类高校及研究性科研单位的支持。一方面，应建立和完善国家重点实验室、国家工程研究中心、技术转移中心、大学科技园等创新平台，并在科技项目上加大向重点农业生物学科倾斜的力度，强化高校在知识创新中的主体地位。另一方面，应根据国家对科研院所改革的方向，重点支持和发展从事基础研究的国家级研究所和国家重点实验室及部分省级科研院所，主要承担重要的农业生物科学知识的基础研究和企业不愿从事的研究与开发（白京羽和王君，2006）。

二要增强企业创新能力，逐步将企业培育成为技术创新的主体。一方面，要借鉴发达国家经验，加大产学研之间的合作，通过设立企业、高等院校和科研机构合作的专项基金，支持和鼓励高等院校和企业共同参与课题及高校与科研机构入股企业等多种形式的创新联盟，鼓励企业参与技术研究过程，逐步增强企业的知识积累和创新能力。另一方面，企业应逐步建立自己的技术研究体系。除了科研机构企业化形式外，企业应在条件成熟的情况下逐步建立自己的研究中心或工程中心，从事应用技术的研究与开发，自主选择确定创新项目并承担相应的损益。

6.4.1.2　完善农业生物产业技术创新推广体系

农业生物技术推广作为连接农业生物技术供体与受体的中间环节，是完成"惊险的一跳"的关键环节。在这一过程中，生物企业既是创新知识的受体甚至是开发体，又是技术产品的供体，这种特殊的身份决定了企业必然按照市场需要开发或选择技术并加以推广，是技术推广活动的真正的主力军。然而，中国生物企业由于受规模、创新能力的限制，技术的来源和推广能力都受到一定的影响，需要其他推广机构的共同参与和合作。因此，应根据中国国情，构建以企业为主体、官产学及中介机构共同参与和合作，以多种推广方式为载体的推广体系。

在体系建设中，应联合产学研、中介机构之间的力量，共同推动技术扩散。

一方面，要加强产学研之间的合作，将高校与科研机构作为技术推广体系中的辅助力量。今后，应联合产学研之间的力量，共同按市场需求进行技术研发，企业可以建立自己的更便捷的推广渠道和网络进行推广活动，也可以利用中国原有的三级推广机构（国家级、省级、县级）进行技术推广活动。同时，教学部门和科研部门在进行科学研究和培养人才的同时，也可以进行试验推广、产品的开发示范、技术咨询及技术培训等辅助推广活动。

另一方面，要发挥中介机构的力量，组织开展多种形式的农业生物新技术推广活动。中介机构要充分发挥桥梁作用，加强与生产、教学、科研等部门的联系与合作，共同促进农业生物技术的推广。中介机构可以采取单独或与企业、高等院校和科研机构联合等方式开展技术咨询、技术交流与合作、技术推广、技术培训等活动，传播先进、成熟的技术，推动市场前景好、技术含量高、附加值高、产业关联度强、经济社会效益显著的技术向企业和农民转移和扩散，加速产业技术创新的步伐。

6.4.2 发挥政府职能，推动农业生物产业制度保障体系的建设

农业生物产业政策保障体系是以各级政府为主体，以行政管理职能为依托，以各项法律、规范、政策及制度等为工具的激励和保障农业生物产业自主创新的体系。在体系建设中，应做好以下三方面工作。

6.4.2.1 健全政府的宏观管理机制，强化政府职能

发达国家的经验表明，管理创新、制度创新已经成为技术创新不可或缺的组成部分。因此，在中国农业生物产业自主创新体系中，应逐渐健全政府的宏观管理机制，强化政府的管理职能。政府对农业生物产业创新的管理应运用宏观导向和市场调控等手段来实施间接管理，通过规划、指导、监管、服务加强与创新体系各主体要素的互动，形成互动管理机制，提高管理效益。具体来说，政府在农业生物产业技术创新体系建设中应履行以下职能：一是根据中国农业生物产业自主创新的实际，制定适合的中长期总体规划，对中国生物技术创新作出科学预测和方向引导。二是适时出台一系列有利于产业自主创新的政

策，为技术创新提供政策指导，并根据企业和市场的反映及时调整，避免企业技术创新由于市场机制的失灵而导致盲目和失误。三是应制定相关法规，监督市场的正常经济秩序，避免创新主体的盲目竞争和不正当竞争，为自主创新创造良好的社会环境。

6.4.2.2 建立"规划—课题—成果转化"一条龙管理模式

在农业生物产业自主创新体系建设中，应将政府的规划、指导、监管等各项职能相结合，形成国家农业生物产业及技术发展规划—课题—成果转化的管理模式。国家应根据经济和农业生物科技发展规律制定农业生物技术的中长期发展规划和年度发展计划，然后根据国家规划制定各项创新课题。课题的招标应实行公开、公平、公正的原则，由科研单位或个人以竞争方式取得。课题的组织应以投资资产为纽带，实行目标管理，组织真正意义上的跨学科、跨专业、跨部门、跨地区的重大课题协作机制（邓建成，2002），激发广大研究人员的创新潜能。在课题评审方面，应摒弃成果评审完全由"专家评审"的弊端，以自主知识产权和技术产品的市场占有率作为评判的依据之一，建立起"专家评审"与"市场评审"、"用户评审"与"效益评审"相结合的崭新评审机制（邓建成，2002）。在实行课题管理过程中，要充分发挥中介机构、专家组织及社会各界在课题决策、管理过程中的评议、咨询和监督作用。

6.4.2.3 健全支持创新的制度和政策体系

营造良好的技术创新环境需要有制度及创新政策的支持。根据中国农业生物产业发展中存在的困境及农业生物产业和产品的特点，今后，中国在生物产业创新过程中应逐渐完善商品安全管理制度、风险管理制度、知识产权制度、生物科技创新奖励制度、科技人员的管理与分配制度和政府采购制度、高等院校的教育制度等。此外，根据《中共中央、国务院关于加强技术创新，发展高科技，实现产业化的决定》及国家"十一五"规划，今后，中国还应制定和完善直接促进生物产业技术创新的经济、技术、产业等方面的政策，在政府投入、税收扶持、金融扶持、专利保护、人才培养及科技奖励等方面对创新给予一定的引导和激励，并颁布相应的配套法律、法规保障政策的执行。

6.4.3 构建以大学为核心的知识传播体系

任何知识的传播都要以人为载体，通过人才的培养实现知识的传播与流动，因此，知识传播体系在一定意义上，就是相应的人才培养体系。农业生物产业创新具有高知识、高技术的特性，加之生物技术是综合性、多学科交叉的技术，它对人才的要求就更高。它不仅需要培养顶尖的技术开发人才，还需要应用、推广生物技术的技术人员、管理人员和工程人员，甚至还需要具有一定生物知识的农民作为最终受体。因此，中国农业生物产业创新的知识传播体系应是以高等院校为核心，科研院所为依托，以职业教育、成人教育、网络教育、农民培训为辅助的一整套完整的人才培养体系。

在知识传播体系建设中，应做好以下三方面的工作：

一要进一步发挥大学作为培养人才主力军的作用。一方面，高校在利用学士、硕士、博士点进行专业生物人才培养的同时，还可以在有条件的高校增设一批生物专业的博士后流动站，并采取与国外大学或科研机构联合办学等模式吸引和培养一批尖端生物技术人才。另一方面，高校还应根据中国生物产业发展的需要，及时调整专业设置和人才培养模式，高度重视实践环节，培养一批懂管理、懂市场的复合型人才。

二要加强产学研之间的人才交流。企业可以通过提供实习基地和就业岗位等形式为高校和科研机构提供锻炼、吸纳人才的舞台。同时，高校和科研机构也可以通过开办有关生物技术创新的各种培训班或技术咨询会等形式，对企业技术创新骨干、创新管理人员和技术工人提供在职继续教育与培训，培养一批具有创新意识、懂技术、善经营、会管理的企业家，技术创新人才和技术推广人才。

三要加强对农民的培训和指导。尽管农民不是创新体系中的组成部分，但它可能是创新成果的接受者和最终应用者，其应用技术成果的好坏直接决定着整个创新的效果和产业化程度的高低。因此。应在基础教育的基础上，利用电视、广播、网络、现场咨询、技术专家下乡等多种形式加强对农民的培训，增强其使用新成果的技能。

6.4.4　建立适应市场规律的农业生物产业创新服务体系

农业生物产业创新服务体系是为技术开发、成果转化及产业化提供资金、信息等服务支持的网络体系，是促进生物产业创新的重要保障。针对目前中国农业生物产业技术创新过程中融资难、风险大、知识技术流通不畅等情况，要重点发展企业技术创新咨询、技术创新成果转化、公共科技信息发布、融资等方面的科技中介机构和生物技术网络建设。

首先，要加强有关生物产业的中介服务机构建设。今后，政府可以设立一级国家生物技术工程中心，充当国家层次上的中介机构，负责国内介绍、推荐、引进国外的先进技术及设计和修改重要研究计划与成果。同时，科研机构、高等院校等也可利用自己的优势，成立具有部分中介服务功能的机构，为农业生物技术创新或推广活动进行设计和技术咨询。此外，政府应根据农业生物技术的特性，发展或完善一批非营利性或公益性的科技中介机构，如建立和完善生物信息中心、科技成果评估机构、管理咨询机构、金融机构、高科技园区、技术创新中心、孵化器等，为农业生物产业技术创新提供信息、融资、管理甚至场所和设备等方面的服务。另外，还应鼓励民营组织按照产权明晰的股份制形式单独建立和完善营利性的中介服务机构，如科技服务企业、专业技术协会等，使生物中介机构逐步向专业化、规模化方向发展。

其次，要加强农业生物技术网络的建设。今后，要设立专项经费，确立有关农业生物产业的各项技术标准与统计口径，建立和完善国家农业生物产业数据库。同时，要加快大学、企业和国家实验室等重点科研基地以及各大城市内部及相互之间的信息网建设，建立覆盖全国的开放式的农业生物技术信息网络和产学研合作网络，为创新主体提供国家政策法规、行业发展趋势、投资融资、科技成果、技术需求、企业管理、市场营销、人力资源等信息服务，帮助各创新主体提高市场预测和快速反应能力，提高管理水平。另外，应在现有的星火计划、火炬计划和成果推广计划这三大技术研发数据库的基础上，集成建设一个面向农业生物企业技术创新的非营利性的数据资料库，专门向农业生物企业传播技术信息和技术知识，促进企业间的技术合作和企业网络的发展（向钦，2005）。

最后，还应进一步加强技术交易市场体系的建设，大力推进技术市场、产权交易所、劳动力市场的发展，为各类风险投资的变现、知识产权的转让和生物技术人才的流动提供交易场所。

6.5　本 章 小 结

本章根据国家创新体系与产业创新体系的理论及中国国情，框构了保障中国农业生物产业自主创新道路得以实现的创新体系。通过对国家创新体系与产业创新体系的研究，本书认为，在经济全球化迅猛发展的今天，各国的产业竞争呈现出国家竞争的特点，因此，应该将产业创新体系纳入国家创新体系的理论框架下，并结合农业生物产业的知识领域和技术体系，构建中国农业生物产业的自主创新体系。

在创新体系构建上，本章基于中国农业生物产业技术创新面临的系统失灵和政策失灵问题，从总体上构建了以企业为核心主体，以高校、科研机构、政府机构、中介机构、金融机构为左膀右臂，以市场机制和政府的作用为动力的

"一体多翼双力"的自主创新体系，并按照各创新要素在创新中的不同作用，具体构建技术创新、知识传播、制度保障、创新服务四个子体系。

在子体系的建设中，本章也进行更加细化的框构。在技术创新子体系中，分别构建高校、科研机构和农业生物企业为一体的技术研发体系和以企业为主体、官产学研及中介机构共同参与的技术推广体系；在知识传播子体系中，构建以高校为核心，科研单位为依托，以职业教育、成人教育、网络教育、农民培训为辅助的人才培养体系；在制度保障体系建设中，强调以各级政府为主体，以行政管理职能为依托，以各项法律、规范、政策及制度等为激励工具；在创新服务体系建设中，强调重点加强中介机构建设和农业生物网络的建设。

第7章
中国农业生物产业技术
创新的政策分析

纵观发达国家生物产业及技术创新的发展历程可以发现，制度变迁在生物产业发展中发挥着几乎与技术变革同等重要的作用。按照新制度经济学的观点，创新的制度安排可以有效地规范市场主体行为，净化产业发展环境，激发创新潜能，从而实现产业的健康、快速发展。因此，根据中国农业生物产业技术创新的现状，制定有针对性的政策，营造有利于中国生物产业发展及技术创新的政策环境就显得尤为重要。

7.1 政府介入农业生物产业技术创新的必要性

7.1.1 克服生物技术的经济特性引起的市场失灵问题

在生物技术创新、研发及产业化过程中，任何一项技术的取得都不具有消费的竞争性，即任何人都可以通过支付购买同一项技术。此外，由于技术的溢出效应，一部分人不需支付任何成本即可使用这项技术，这就产生了经济学中的"搭便车"问题。"搭便车"现象的产生使生物技术具有消费的非排他性，因此，一定意义上生物技术具有公共物品属性。由于公共物品的非竞争性与非排他性，市场本身提供的公共物品的数量通常低于帕累托最优状态下的数量，市场机制无法正常发挥作用，从而导致市场失灵。

此外，由于生物技术的外溢效应，其他人能享受技术带来的利益，而技术的拥有者却不能从中得到相应的回报，于是便产生了技术创新的正外部性。正外部性的存在使部分创新者的回报率大大降低而退出市场，这必然会阻碍私人投资，使大量的技术创新窒息在萌芽中。因此，在外部性很强的技术创新领域，市场机制无法有效配置资源而产生市场失灵。

正是由于生物技术具有公共物品性与外部性等经济特性，因而市场机制无法合理配置资源而存在帕累托改进，而市场本身无法完成帕累托改进使经济效率达到最优，按照凯恩斯的经济学观点，这就需要政府的介入与干预。政府可以通过制定战略、政策及法规等优化农业生物产业技术创新的市场环境，引导和整合资源配置，保护创新主体利益，弥补市场失灵缺陷，促进和激励农业生物产业的技术创新。

7.1.2 解决系统失灵问题

所谓系统失灵是指在产业或国家创新体系中各个行为主体之间相互作用的缺乏，如研究部门的基础研究与产业部门的应用研究之间的失衡、技术转移机制和信息的不对称、企业技术吸收能力的贫弱等，这些都会导致产业及国家创新活动的贫乏（周正祥和李金玉，2002）。农业生物产业发展与创新过程中也存在系统失灵问题。例如，企业尚未成为技术创新的主体；企业与研究机构联系松散，尚未形成合作创新机制；产业内部重视基因工程而忽视细胞工程；生物技术研究与应用脱节，成果转化率低等。解决产业技术创新的系统失灵问题，理论学界提出了许多理论与解决方案，无论哪种方案，都需要政府的参与。政府可以通过制定政策与措施，对农业生物产业技术创新活动进行合理的规划，引导和促进生物产业技术创新过程中内部各要素和谐互动发展，加快技术创新进程。

7.1.3 克服农业生物产业自身特性带来的技术创新瓶颈

农业生物产业属于高新技术产业，具有高投入、高风险的特性。据报道，美国孟山都公司对抗除草剂转基因小麦进行了长达 6 年的研究，仅 1994 年经费就接近 500 万美元，但由于市场前景的不乐观，孟山都公司中途停止了这项技术的研发。农业生物产业这种高投入、高风险的特点一方面使大多数的基础研究机构和企业由于缺乏资金而望而却步，另一方面，部分资金实力雄厚的大公司由于创新的高风险而不敢投资或转向周期短、风险低、见效快的中平技术，不利于农业生物产业的发展和国家竞争力的培养。因此，政府应当介入农业生物产业技术创新过程，对资金投入大、技术风险高的基础研究领域给予一定的财政支持，并对生物企业给予一定的税收优惠和政策支撑，通过制度安排有效减少创新中的不稳定性，打破农业生物产业自身特点所带来的创新瓶颈，为技术创新奠定坚固的基石。

7.2 农业生物产业技术创新政策的作用机理分析

农业生物产业技术创新政策要发挥作用，往往是在现实产业经济特征及产业创新目标的基础上，通过刺激市场对农业生物技术的现实需求，提供技术创新所需的稳定性，改善创新体系中各主体要素的组织关系及市场环境及体制，从而激励技术创新行为的发生，其作用机理如图7-1所示。

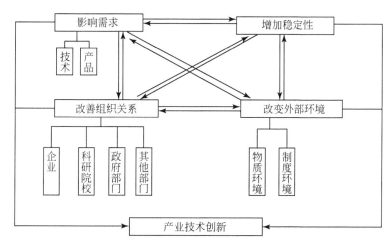

图 7-1 农业生物产业技术创新政策的作用机理

（1）通过政策刺激农业生物技术需求

凯恩斯有效需求理论的核心思想是需求决定供给，反映到技术领域则意味着人们对技术及技术产品的需求会对技术的研发、创新及推广起着决定性作用。人类作为自然生物界的一员，对生物技术产品有着巨大的潜在需求，这是诱发生命科学和相关生物领域技术创新的根本动力之一。总结世界生物产业的发展经验，正是人类对粮食安全、环境保护等方面的巨大需求推动了农业生物产业的快速发展（任志武和王君，2006）。因此，如何将生物技术的巨大潜在需求转化为有效需求，是生物技术产业化及技术创新的关键。而政府在制定国家生物产业发展规划、发展目标及实行时，通常会涉及经济发展、生态环境与人类的可持续发展问题，并对相应的生物技术领域提出更高的要求，这无疑会间接地刺激对农业生物技术及其产品有效需求的大幅增长。同时，市场政策的实施更直接刺激了有效需求。根据凯恩斯的有效需求理论，这些需求都将是农业生物产业技术创新的推动力。

（2）政策为创新提供了稳定性

生物产业技术创新是包括生物技术开发、生产、产业化到商品化的一系列活动的总称，其过程长，参与者多，风险大，且易受外界环境的影响。因此，技术创新的发生需要一定的稳定性。这种稳定性不仅包括各主体之间稳定的相互作用，还包括技术变化本身所需的稳定性。通过政策的系统形式，确定农业生物产业技术发展的目标与方针，并制定相应的规划、战略及优先发展领域，为创新提供较长一段时间的稳定性，有利于加快创新进程。

（3）政策有利于完善产业创新系统的组织关系

农业生物产业技术创新体系是一个复杂的系统，不仅包括生物企业、科学研究机构与人才培养机构，还包括政府、科技中介机构及社会金融系统等的支持（王春法，2005）。一次创新过程需要各方的参与与合作，这就意味着生物产业创新过程具有较强的系统集成性及较大的组织风险性。因此，促进各种组织之间在创新中相互合作自然成为政府促进产业技术创新政策的重要内容。政府在制定技术创新政策及建立合理制度时，都会直接或间接地引导创新系统内各个要素的互动，鼓励各种组织的合作，这必然会导致创新体系中资源的重新整合和组织关系的完善，加速产业技术创新过程。

（4）政策为创新提供良好的外部环境与氛围

近年来西方对高新技术产业的研究表明，一个国家及产业技术发展既需要一定的物质环境，也需要良好的制度环境。生物产业创新的物质环境包括政府对基础研究领域及产业基地的投资和建设情况，直接影响着基础科研领域的创新及推广。而制度环境主要包括生物产业技术创新管理机构的设立和法律制度环境的建设，它们是产业良性发展和技术创新的根本保障。政府通过物质环境与政策法规建设吸引生产要素向生物领域流动，为生物产业的发展创造良好的环境，从而对产业创新起着关键性的作用。

当然，以上四种机理并不是单独发挥作用，而是相互作用，产生"乘数效应"，共同促进产业技术创新活动。例如，国家对创新需求的刺激必然对产业技术创新的参与者提供一个信号，即这种技术或产业是国家目前甚至是未来的发展重点，发展具有一定的持续性和稳定性，因而各个参与者会在中长期利益的驱动下，按照市场机制重新配置资源，理顺与其他参与者的关系，从而加速整个产业技术创新活动的发生，并在一定程度上为技术创新营造良好的氛围。同时，产业技术创新稳定性的增加也会给消费者及技术创新者带来良好的心理预期，导致市场消费的增加及创新组织关系及氛围的完善，而创新环境与氛围的改善又为创新活动提供了良好的外部平台，创新者的活动及利益都会得到保障，其创新积极性也会进一步增加，创新者会按照逐利的本性改善与其他组织的关系，在这个过程中，无形中会降低产业创新的不确定性，增加产业技术创新的稳定性。综上所述，只要政府采取政策或措施使其中的一项功能发挥作用，产业技术创新政策的作用机理就开始发挥综合作用，使其他功能互相循环作用，共同影响产业技术创新的进程与结果。

技术创新政策的作用机理表明，并非任何现存的政策在任何时期都会促进产业技术创新，不同的政策体系可能会促进产业技术创新的发生，也可能会阻碍技术创新的发生。要使产业技术创新政策发挥良性作用，关键在于根据不同时期经济特征、环境状况及技术水平，利用各种政策工具制定促进生物产业发展和技术创新的各项具体措施。

7.3 国外典型国家的政策措施及与中国的比较与启示

为了争夺生物产业的制高点，世界发达国家都采取了促进生物产业技术创新的政策。目前，在中国生物技术产业秩序尚不规范、相关产业政策缺失的情况下，借鉴国际社会发展经验，构筑具有中国特色的农业生物技术产业政策体系显得十分必要。

7.3.1 国外典型国家促进农业生物产业技术创新的政策措施[①]

7.3.1.1 美国

纵观美国农业生物产业的技术创新史，其十年如一日的世界领先地位与美国政府实施的多项政策和措施是分不开的。总的来讲，美国在农业生物技术创新上实行宏观调控和直接推动相结合的方式。

（1）制定战略及发展计划，促进官产学研的合作

在美国，联邦政府将生物产业作为战略性产业来发展，先后出台了一系列战略报告、蓝皮书等，从宏观上勾画了生物产业发展的基本框架，明确了美国支持生物产业发展的基本原则和基本措施（刘助仁，2005），为生物产业的发展指明了道路。同时，美国还通过不断推出企业、大学、研究机构共同参与大型科技发展计划和生物产业计划，促进产业创新体系中各要素的互动，以增强生物产业技术创新的实力。例如，美国先后实行了"先进技术计划"、"未来产业计划"、"面向21世纪的生物技术"、"生物科技周"及2003年的"生物盾计划"等，这些计划的实施促进了生物技术及新产品的研究与开发，增强

---

① 由于各国主要是将所有生物产业技术创新作为一个整体而制定创新政策，其政策也会激励农业生物产业技术创新，因此，本书在这里的考察是以典型国家促进生物产业技术创新政策为框架，以农业领域为核心内容，从而为中国农业生物产业创新政策提供借鉴。

了企业与科研机构的合作，使企业、政府、科学界形成了一种独特的伙伴关系，大大缩短了产业技术创新的进程。

（2）成立高效的组织管理体系

在美国，生物技术从基础研究到产品上市都有政府机构参与，已经形成了高效的组织管理体系。其中，最高层的生物产业决策者是总统（刘助仁，2007）。目前，美国总统、国会均设有专门的生物技术委员会，跟踪生物产业技术发展的相关法规政策。在这些高层的授权下，美国还形成了一系列具体组织管理生物产业及技术创新的机构。其中，农业部进行有关的协调和管理工作；食物与药品管理局（FDA）和环境保护局（EPA）分别负责有关生物技术食品和饲料及环境等方面的安全评估工作与税收工作；国立卫生研究院（NIH）作为创新体系的起点，每年得到联邦政府生物技术预算总额的80%左右，用于支持前沿基础研究，资助新研究、新发现；专利商标办公室（PTO）将突破性研究成果备案，直至成果的知识产权得到保护（王静波和王萍，2003）。此外，美国生物技术行业组织——生物技术工业组织（BIO）一直致力于协调产业和政府之间的关系，推动政府制定有利于生物技术研究、开发和产业发展的政策。

（3）制定和完善了一系列法律及制度，优化了技术创新的政策环境

美国政府为了引导和保护技术创新，保持其在生物技术领域的领先地位，刺激生物产业快速发展，还出台和完善了一系列法律法规和制度：①制定了促进生物产业技术创新与扩散的法律。目前，美国已出台《合作研究法》、《技术转移法》、《技术扩散法》、《联邦技术转让法案》等，这些法规进一步规范和放宽了技术转让的相关政策。例如，允许科研机构和科学家个人持有专利所有权（如科学家可对所发现的基因申请私有专利权），允许政府研究机构的科学家在不脱离原机构的情况下与企业签订合作研究契约（简称"CRADA"）（王静波和王萍，2003）。这些法案加强了产、学、研之间的密切合作，有利于鼓励发明创新和促进技术转移。②制定和完善了保护产业技术创新的法律。美国为了保护创新主体的收益，还制定了《专利法》、《知识产权法》和《商标法》等一系列法律，形成了对知识产权、技术转让、技术扩散等强有力的法律保护体系。③对美国食品和药物管理局（FDA）的有关生物技术与产业的规章进行了改革。例如，食品药品管理局对采用生物技术方法生产出的药品与食品给予与传统药品与食品的公平待遇，即规定全美生物技术公司、新办生物技术产品制造厂不再需要申请特别许可证。此外，还简化了田间试验程序，放宽了转基因植物大田试验的管理条例等，并将生物技术专利保护期限从17年延长到20年（王春法，2005）。这些规章与制度的改革为农业生物技术创新及其产业化发展提供了宽松条件。

（4）加大了在基础研究领域的投入

美国联邦政府对生物产业技术创新的资金支持主要集中在基础研究方面。2000 年联邦政府对基础研究的支出比 1993 年增长了 45%，2002 年美国国立卫生研究院（NIH）的预算比上一年增长 28 亿美元，2003 年科研经费又增长到 273 亿美元。正是由于政府对基础研究的大力投入，大学或科研机构才成为生物产业技术创新的源头。此外，全美 50 个州至少有 41 个州实施了至少一项生物技术领域的投资。

（5）鼓励多渠道融资

美国在鼓励生物产业多渠道融资方面取得了很好的成效。目前，美国已经形成了多样的融资形式，包括发行股票、二次融资、风险投资、政府拨款、大公司出资、成立基金会、贷款等。其中，发行股票、二次融资、风险投资是美国融资的主要形式。如表 7-1 所示，仅 2006 年，美国的生物技术企业就获得 203.13 亿美元的资金，比 2005 年和 2004 年分别增长了 38.24% 和 19.67%。其中，公开发行股票融资、二次融资、风险投资分别为 9.44 亿美元、51.14 亿美元、33.02 亿美元，各占总融资比例为 4.6%、25.17%、16.26%。

表 7-1　美国生物产业融资情况　　　（单位：百万美元）

年　份	发行股票融资	二次融资	风险资金	其　他	总　计
2006	944	5 114	3 302	10 953	20 313
2005	626	3 952	3 288	6 788	14 694
2004	1 618	2 846	3 551	8 964	16 979
2003	448	2 856	2 826	8 306	14 405

资料来源：Ernst & Young，2008

同时，美国还是世界上风险投资最发达的国家。2004 年以来，美国风险投资在生物产业领域稳定保持在 30 亿美元以上，这主要得益于美国政府的政策扶持。一方面，美国政府通过提供信息服务、信用担保、调低长期资本收益税率、允许养老基金和退休基金进入风险市场等措施来促进风险资本对生物产业及技术创新的支持。另一方面，为了支持风险企业的投资，分担风险企业的风险，美国还建立了补贴基金，许多州还专门设立了科学技术基金会、研究基金会、风险投资基金会等为生物产业技术创新提供资金支持。

（6）实施税收优惠

税收政策是美国各州最常用的促进生物产业发展与技术创新的政策，主要包括以下四种。一是研究与发展信贷，该项措施允许企业将其一部分研究与开发支出的一定比例用于税收抵扣；二是消费和使用税减免或延期，即美国许多州对生物企业购买用于研究开发的设备和生产资料产生的消费税或使用税进行减免或延期上缴；三是投资所得税减免，美国部分州还规定对股票上市一年以上的生物企业可适当减免或缓交投资所得税；四是可转让税收信贷，即允许生物企业转让税收信贷形成资本（纪云涛等，2005）。

（7）鼓励中小生物企业技术创新

据OECD资料显示，尽管美国的农业生物企业实力很强，但其69%的企业都是50人以下的中小企业。为了促进中小生物企业技术创新，加快生物技术的发明与转化，美国专门设立了生物技术小型发明基金和技术转化基金，帮助中小企业创业及有创新技术的学者创立新型生物技术公司。如表7-2所示，1996～2003年，接受美国生物技术小型发明基金资助的生物企业数量呈稳步上升趋势，平均资助额始终保持在30万～40万美元。

此外，由于美国一向重视中小企业的技术创新，已经形成了较完善的政策法规与措施，这些政策也同样对农业生物企业的技术创新起着重要作用。其中，最有支撑力的措施是按《小企业创新发展法》设立的中小企业创新研究计划（SBIR）（舒春等，2004）。按照该计划，研究开发预算超过1亿美元的，联邦政府机构要按照一定比例向中小企业拨出专款，用于资助中小企业的技术创新，在1983～2003年的21年里，政府给予小企业的资金达154亿美元，共资助了76 000多个项目。这项计划无疑对既缺乏资金、又需高额投入的中小生物企业的研发注入了强大的动力。

表7-2　美国生物技术小型发明基金基本数据

年　份	批准企业数量	平均金额（万美元）	年　份	批准企业数量	平均金额（万美元）
1996	1 718	40	2000	2 789	35
1997	2 193	38.5	2001	2 855	33
1998	2 286	39.2	2002	3 122	32
1999	2 578	36	2003	3 337	32.5

资料来源：国家发展和改革委员会高技术产业司，2005

（8）重视生物人才战略

美国的生物人才战略体现在培养与引进两方面。在人才培养方面，美国最富特色的战略是普及生物技术教育。一方面，美国大幅提高了生物科技教育投资额，年增幅最高达9%。例如，据美国麻省理工学院（MIT）统计，学校每年用于生物技术研究和人才培养的经费有88%来自联邦政府，主要是国家卫生总署、国家科学基金、国防部和能源部等，总数达到7500万美元。另一方面，美国通过调整生物技术课程增强应用生物学的教育力度，并为生物技术企业家开设高级技术课程，加大职业培训力度，使其了解技术发展和应用的动态，把握产业发展趋势。在吸引人才方面，美国除了提供优越的待遇外，还积极为优秀科技人才打开国门。例如，2000 年，美国国会通过了新法案，不但提高 H1-B 签证的年度配额，还赋予签证持有者在雇主选择方面的更大自由，并更易获得绿卡（王静波和王萍，2003）。此外，美国还积极创造生物人才脱颖而出的环境。例如，建立了专项生物技术小型发明和转化基金，鼓励大学教授及其他科学家创办生物技术公司。迄今为止，美国绝大多数生物高技术公司都是由大学教授创办的，而他们的实验室培养的博士生和博士后往往成为这些公司的早期骨干（朱玉贤，2005）。

7.3.1.2 欧盟

欧洲是生物技术的重要发源地之一，在生物技术领域拥有雄厚的实力。尽管欧盟谨慎性的管理政策抑制了农业生物产业的发展，但其在整个生物领域的政策有许多值得中国学习之处。

（1）成立专门的领导和协调机构

欧盟国家为促进生物产业技术创新与发展，成立了专门的领导协调机构。例如，英国政府早在 1981 年便设立了"生物技术协调指导委员会"，负责领导全国生物技术的发展；英国贸工部负责有关生物技术法规及政策的制定及帮助企业利用生物技术来提高竞争力；生物技术及生物科学研究理事会具体负责支持有关非临床生物科学的研究与培训，每年的研究经费达 1.8 亿英镑。德国也有专门的负责机构，联邦教研部（BMBF）是负责生物技术与产业发展的主要机构之一，鼓励大学与科研院校的技术创新与创业活动。此外，德国还成立了专门的技术转让单位，负责技术推广工作。

（2）制定生物技术发展计划，为技术创新提供了良好的氛围

从 20 世纪 80 年代欧洲的"尤里卡计划"到欧盟的第六个研究计划，欧盟一直非常重视生物技术的创新与应用，欧盟各国为促进本国生物产业的发展，也纷纷推出了一系列生物技术发展计划。例如，英国政府提出了联合计划（LINK 计划）、BIO-WISE 计划及《生物技术制胜——2005 年的预案与展望》，德国在 1995～1996 年由联邦教研部发起了生物技术竞赛活动，法国政府提出了"法国生物技术计划"、"国家生物工程研究发展计划"以及瑞典的"三年计划"等，这些计划的实施为欧洲生物技术的突破及产业的跨越式发展创造了良好的条件及氛围。

（3）进行税制改革，鼓励技术开发

欧盟各国为促进生物技术创新与产业发展，还实施了许多税收优惠政策。例如，英国政府实施了鼓励研发的税收补贴政策，政策规定，对小型高技术企

业的投资减免 20% 的税收，小公司的职工可以用税前工资购买该公司的股票。此外，英国政府引入了针对中小企业的研究开发税务信贷，这些企业可享受 150% 的研究开发费用免税。法国政府也对青年创新公司进行 7 年税收豁免和提供全额社会保障费用，并规定每年固定资产免税（Franch Biotech，2008）。

（4）采取多样的融资方式，重视发展风险资本

欧盟国家在生物科技创新过程中始终面临资金短缺的困境，因此，欧盟特别重视融资渠道的多样化。英国规定，对私营技术企业短期资金可以通过银行透支、贸易信贷等方式融通，中期资产可以通过银行信贷、资产抵押、自发信用券、发行股票等方式取得。法国政府设立了"工业发展基金"及生物技术"种子基金"等，以优惠利率为企业提供融资。同时，法国还在 2005 年及 2006 年积极实行了一系列财政改革，缓解生物领域资金缺乏问题，如重新公开发行股票、增加国有银行的贷款、鼓励私募资金和风险资本的投入等。

欧盟各国促进生物产业融资中的一项重大举措就是发展风险资本。以英国为例，早在 20 世纪 80 年代中期，英国政府便做出了国家扶植高技术产业、支持私人资本建立风险资本业的决定，使得英国的风险投资金额迅速增长，成为继美国之后风险资本的第二大国。今天，英国科技企业投资的 90% 来自风险资本，其中 85% 的风险投资用于发展高新技术企业，中间很大一部分投向了生物企业。为保证私人投资者和风险基金能够与迅速发展的高技术公司密切联系，英国政府还拨款为风险投资业建设基础设施。

此外，欧盟一些风险投资尚不发达的国家，政府设立了专用于生物产业的"种子基金"，不但可以直接为企业融资，还可以凭借自身信誉引来更多的风险投资。例如，法国政府正在考虑由政府委任的"技术和创新"委员会提出的一项建议：建立一个生物技术"种子"基金（拨款 1 亿～1.5 亿法郎），帮助创办新的生物技术公司；德国政府也建立了一个生物技术研究中心，供有关科研单位和公司共同使用，并为此提供 1.5 亿马克的风险基金。

（5）重视生物技术人才的培养与吸收

与美国相比，欧洲国家生物技术人才短缺的矛盾较为突出。因此，欧盟已经推出了相应的政策和措施加强生物技术人才的培养，主要包括三点：一是重视培养市场开拓型的科技人才。例如，英国划拨 1500 万英镑专款用于建立科研机构与企业联合中心，对高校毕业生进行商业技能培训。二是注重优化本国的科研环境，防止人才外流。例如，英国政府在研究人员的税收、研究用贷款以及弹性工作时间方面相当优惠，并在 2002～2004 年增加了 10 亿英镑的科研投资，用于改善科研条件和科研人员生活水平（王静波和王萍，2003）。三是加大了人才吸引。英国政府与沃尔夫森基金会和皇家学会协作，每年出资 400

万英镑高薪聘请 50 名世界上最优秀的科学家到英国作科研学术带头人。

（6）鼓励中小企业参加创新

欧洲绝大多数的生物公司都是中小企业，因此，欧盟非常重视中小企业的创新。欧盟不仅为中小企业建立了专门的服务窗口，随时向中小企业提供各专项计划信息，受理中小企业的项目投标书，还建立了支持中小企业的辅助体系，包括中小企业直接进入地区信息网，协助企业进行项目的合同管理，帮助企业进行技术鉴别，预测市场的技术需求。

此外，欧盟委员会正积极推行"青年中小企业创新公司"措施。青年创新公司是由法国战略创新委员会和生物科技公司最初提议的，并于 2004 年 1 月正式实施。由于政府配套实行了税收豁免和提供全额社会保障费用，因而法国生物领域在世界范围内更有吸引力。目前，法国 2/3 的生物公司被纳入青年创新公司，每年研发费用占总收入的 15% 以上。截至 2006 年年底，76% 的企业招募了研发人员，71% 的公司开始了新的研究项目。欧盟委员会认为，这是促进创新的有利措施，并积极在欧盟各国推广，相似的措施也已经在比利时实行（Franch Biotech，2008）。

7.3.2 中国农业生物产业技术创新政策的实施

为推动中国农业生物技术创新与产业的迅速发展，中国政府从 20 世纪 80 年代起就出台了一些政策措施，主要包括以下四方面。

7.3.2.1 制订系列研究与发展计划

从中国农业生物产业刚刚起步时，政府就制订了一系列大型计划，以促进农业生物产业技术创新。例如，1982 年，国家计划委员会开始实施"国家重点科技（攻关）计划"，主要任务是对生产中的关键技术进行研究与开发，农业生物技术的研究与开发项目是该计划的组成部分。1986 年，科学技术部实施了为期 15 年的"863"计划，总投资 100 亿元，生物技术被列为 8 个优先发展的高技术领域之一，每年预算大约为 7000 万元。1997 年，中国推出"973"计划，主要支持基础科学的研究计划，生命科学是一个重要的资助领域。而后，国家又相继实施了"国家转基因研究及其产业化专项计划"，"高技术产业化发展专项"，"跨越计划"等，在 2007 年的国家"十一五"发展规划中，生物技术又被列为重点发展的领域（表7-3）。

表 7-3　20 世纪 80 年代以来中国与农业生物技术有关的国家科研计划

计　　划	简　　介
国家重点科技项目（攻关）计划	由国家计委于 1982 年开始实施的面向经济建设主战场的应用研究计划，主要任务是对生产中的关键技术进行研究与开发，该计划每 5 年编制一次，滚动实施，生物技术的研究与开发项目是该计划的组成部分
生物技术领域国家重点实验室建设计划	由科技部于 1985 年开始实施的为加强基础研究的科技计划，迄今已建成 30 个国家重点实验室，其中 15 个是农业生物技术或农业生物技术有关的国家重点实验室
攀登计划	1991 年开始实施的包括农业生物技术在内的主要支持重大基础理论研究项目的计划
"863" 计划	科技部于 1986 年 3 月开始实施的为期 15 年，总投资 100 亿元的为促进国家高技术研究与发展的科技计划。共 20 个主题，生物技术被列为 8 个优先发展的高技术领域之一
国家自然科学基金计划	由财政部管理的始于 1986 年，主要支持基础科学研究，生命科学与农业是与农业生物技术有关的两个支持领域
"973" 计划	1997 年 3 月开始执行，主要支持基础科学的研究计划，生命科学是一个重要的资助领域
国家转基因植物研究及其产业化专项计划	由科技部管理并于 1999 年 8 月开始执行的为促进中国转基因植物研究与开发的一个 5 年计划，第一个 5 年的预算总投资为 5 亿元，其中 1 个亿用于专门在吉林建立国家转基因大豆研究与检测中心
重大科学工程项目	由科技部和国家计委共同管理的于 1998 年代后期开始执行的为促进基础研究（包括生物技术）而设立的计划
高技术产业化发展专项基金	始于 1998 年由国家计委管理的为促进高技术的应用与产业化而设立的特别项目
跨越计划	由农业部和财政部共同主管的于 1999 年开始实施的一个促进新技术扩散的应用研究计划

资料来源：张银定，2001

7.3.2.2　加大科研投入

为了建立一个具有国际竞争力的生物技术研究与开发体系，中国从 20 世纪 80 年代早期就逐渐增加在生物科研方面的投入。如图 7-2 所示，中国的生物技术研发投入呈递增趋势。从 80 年代到 90 年代中期，投入呈缓慢增长态势，10 年总的增长率为 200%，而从 90 年代中期开始，随着 "973" 等一些重大项目的执行，生物技术研究方面的投资呈现明显增长趋势，特别是 2003 ~ 2005 年，增长迅速，增长率高达 200%，到 2005 年，用于生物研发方面的投入已达到 3840 万元。

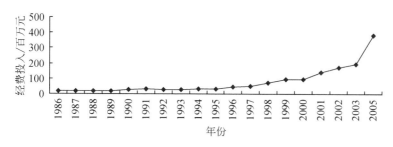

图 7-2　中国在生物技术研究领域的经费投入

资料来源：李学勇，2004；李容，2006

7.3.2.3　出台税收优惠政策

为了进一步加快技术创新与技术转移步伐，提高企业的积极性，中国政府出台了系列税收优惠政策。例如，在创办企业上可享受税收减免政策。根据国家规定，在国家高新技术产业开发区内新创办的农业生物企业经认定后，投产两年内免征所得税，两年后按 15% 的税率征收企业所得税（綦成元等，2007）。在技术转让收入方面，国家也有相应的税收优惠。例如，国家对企业技术转让收入在 30 万元以下的部分免征所得税，科技机构的技术转让收入免征营业税，高等学校技术转让免征所得税等。此外，国家还出台了鼓励高新技术产品出口的税收政策及高新技术企业计税工资所得税前扣除政策等。尽管这些政策是笼统地对高新技术领域作出的，但作为高新技术中的重要一员，农业生物领域也能充分享受这些税收优惠。

7.3.2.4　提供信贷支持

鉴于农业生物产业技术创新的高投入特性，中国政府对其加大了信贷支持力度。1991 年，国务院发出《关于批准国家高新技术产业开发区和有关政策规定的通知》，明确规定了一系列关于信贷方面的优惠政策。例如，银行对农业生物企业给予积极支持，尽力安排其开发和生产建设所需资金。银行可给高新技术产业开发区内的农业生物企业安排发行一定额度的长期债券，向社会筹集资金，支持高新技术产业的开发。

除此之外，相关政策性金融机构将对国家的重大科技专项，包括农业生物技术产业化等项目提供贷款，给予重点支持。此外，农业生物技术等高技术企业将得到国家开发银行发放的软贷款，用于项目的参股投资。与此同时，国家还将支持开展对高新技术企业的保险服务，支持保险公司出台信用保险、业务中断保险等险种，为高新技术企业提供多种保险服务，农业生物企业都可以得到这些政策的支持。

7.3.3 国内外农业生物产业技术创新政策的比较

7.3.3.1 组织管理方面

欧美等发达国家都有专门的管理机构对生物产业及技术创新实施影响并履行其职责，美国在这方面较为突出。例如，美国的生物技术委员会、BIO 等众多机构分工明确，在不同的方面支持该产业的发展。此外，英国、德国等国也都设立了专门的生物技术管理机构，协调本国生物技术与产业发展。

在中国，农业生物产业及技术涉及农业、科技、食物安全等多个领域，牵连的管理部门较多，包括国家发改委、科技部、卫生部、农业部、国家工商总局等多个部门。到目前为止，中国尚未成立对生物产业的高层领导部门来统筹生物产业与技术的发展，使得各管理部门之间缺乏高效协调和沟通，形成多头管理，造成有限的资金和资源被分散，不能很好体现国家战略和意志。

7.3.3.2 政府资金投入方面

美国拥有强大的经济实力，因而对农业生物产业技术创新的资金投入也处于世界领先地位。不论在研发阶段还是成果转化阶段，政府的投入都相当大，为该国的农业生物产业的发展提供了必要的资金支持。中国政府近年来也在不断加大对该领域的资金投入，但与美欧等国家相比，还存在一定的差距。如图 7-3 所示，美国政府在生物领域的研发投入占 GDP 的比重为 2.6%，德国为 2.58%，英国和法国的这一比例分别为 2.08% 和 2.42%，而中国政府对整个高新技术的投入还不到国内生产总值的 0.8%，在生物领域的比重仅约为 0.5%。

7.3.3.3 融资渠道方面

据有关资料显示，一项农业生物技术从研究到商业化生产在国外平均需要 2 亿美元的资金支持。因此，各国政府积极采取各项措施，促进农业生物领域的融资，中国也不例外。然而，如表 7-4 所示，与发达国家相比，中国对生物产业的投资大多数来源于政府或国有企业，资金渠道较为单一，没有形成完善

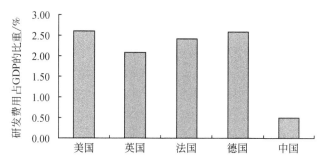

图 7-3 典型国家政府对生物研发的投资占 GDP 的比重

资料来源：乔颖丽等（2005）

的投资体系；而欧美等发达国家的融资渠道非常多，除了来源于政府和公司外，个人、银行、保险公司等都是其重要来源。究其原因，欧美政府十分重视对风险资本市场和中小企业发展环境的培养和优化，允许养老金和退休金部分投入风险市场，并形成了风险资金的退出机制，而中国在这些方面较欧美等国家存在较大差距。

表 7-4 世界各国生物产业创投资本金来源 （单位：亿美元）

项 目	美国	欧洲	英国	德国	亚洲	中国	全球
个人	13	8	6	5	3	—	12
公司企业	30	10	9	10	30	37	20
银行金融机构	—	27	18	59	20	5	20
政府部门	—	5	8	8	4	39	—
养老金	40	24	44	9	12	—	40
保险公司	9	9	6	6	19	—	40
其他投资者	7	17	—	2	12	19	8

资料来源：李志军，2004

7.3.3.4 在税收优惠方面

尽管中国对高新技术领域实施了一系列税收优惠措施，但这些措施并非完全适合生物领域。与国外发达国家相比，目前中国生物企业赋税较重，主要表现在以下三方面：①中国的科技税收政策主要包括增值税、所得税等税种，优惠方式以直接优惠为主，而中国生物企业主要以研究、中试、技术引进等间接费用为主，这些开支一般不能开增值税专用发票，因而不能纳入进项税额进行抵扣，造成生物企业增值税率大大高于其他行业，约为 13% ~ 14%。②由于生物技术从研究到开发周期较长，平均需要 8 年的时间，因而大多数企业享受不到"二免三减半"的所得税优惠（陈竺等，2005）①。③中国对科技的税收优惠仅限于税率优惠和税额的定期减免，没有采取国外已普遍使用的加速折旧、投资抵免、技术开发基金等方面的措施。在中国企业所得税法和企业财务制度中，虽然也规定企业可以申请实行加速折旧，但有较多限制，且不直接针对技术创新方面的设备。而美国则从联邦到各州都有生物技术产业的税收优惠政策，主要表现为降低资本利得率和所得税抵免，而英国除了以上税收优惠以外，还表现为资本利得推迟纳税（彭熠等，2006）。

7.3.3.5 促进中小生物企业技术创新方面

发达国家非常重视中小企业的作用，积极采取各种举措促进中小生物企业技术创新。例如，美国政府不仅制定了有利于中小企业发展的法律法规和各项政策，还制定了中小企业创新研究计划。此外，美国还设立了专项生物技术小型发明基金和技术转化基金，用于促进中小生物企业技术创新。在这些基金的支持下，美国形成了独特的"百万美元生物公司"模式②，仅 2003 年，美国批准成立的百万美元生物公司达 3337 家，平均资助额为 32.5 万元（王春法，2005）。

近十多年来，中国政府也陆续实施了"星火计划"、"火炬计划"、"成果推广计划"和"新产品计划"等科技与经济发展计划，对中小企业的技术创新活动产生了巨大的促进作用，但这些计划都以支持技术创新的商业化阶段为主（舒春等，2004），在技术创新的开发研究阶段，中国还未设立专门针对中小生物企业的创新基金。虽然目前设有全国中小企业创新基金，但基本上都是面向已经存在且有一定基础的企业，大量拥有生物技术的科技工作者很少有机会在国家资助下自主创业。

7.3.3.6 生物人才培养方面

美国和欧盟都非常重视创新人才的培养，纷纷制定了适合本国发展的生物人才培养策略。例如，美国不仅重视生物知识的全民教育，而且还注重高校对高端人才的培养，并形成了高校和研究机构人才创办企业的机制。截至 2003年，其生物技术领域的各种工程技术人员、管理人员等高级人才约 30 万人（彭熠等，2006）。欧盟也加大了人才培养与吸引力度，截至 2003 年，欧洲的

---

① 高新技术区内企业投产年度起免征所得税两年、三年减半征收的所得税优惠政策。
② 政府根据科学家的申请，以 100 万美元为上限，帮助有创新生物技术的学者注册成立新型生物技术公司。

生物技术高级人才就已经达到了 3.3 万（王春法，2005）。

目前，中国生物人才培养的主要渠道是高校。据不完全统计，2003 年，在中国高校中，设置生物学科专业的有 130 个，设置生物技术专业的有 122 个，设置生物工程专业的有 105 个，每年都为国家培养了一大批生物专业人才。但必须看到，中国高校模式还比较陈旧，新学科设置还处于较原始的状态，完全是自上而下审批，不能适应生物产业对人才的迫切需求。此外，在高校教育中，人才脱颖而出的条件尚未形成，部分高校教师很少承担研究课题，更不用说参加科技创新实践了，在这一模式下，中国培养出的生物人才质量不高。据有关资料显示，中国目前生物高级技术人才不足万人，而持续发表高水平科研本书的高产出率的生物科学家大约只有 500 人（朱玉贤，2005）。

7.3.4 国外农业生物产业技术创新政策对中国的启示

7.3.4.1 应构建一个多层次的政策体系

纵观国外的农业生物产业技术创新政策不难发现，其是一个多层次的政策体系，即包含促进创新的科技政策，还涉及促进产业发展的产业政策及人才培养政策等。这些政策之间相互联系、相互作用、相互补充，共同促进着生物产业的发展与技术创新。尽管中国也有促进生物产业创新的各种政策，但各个政策之间的关联度不高，尚未形成一个系统的政策体系。因此，中国应借鉴国外的政策经验，根据中国国情及农业生物产业的发展目标，构建具有中国特色的农业生物产业技术创新政策体系。

7.3.4.2 应成立专门的管理和组织机构

根据美欧等国的经验，国家设立专门的机构对农业生物产业进行管理，合理分工，制定宏观战略和规划，能够从宏观上对产业技术创新起到积极的引导作用。成立专门的生物产业管理机构，一方面有利于自上而下的实施产业政策，保证政策落到实处；另一方面，有相关的组织协调机构来解决各方面的问题，有利于及时发现和反馈生物产业发展中存在的问题，相应调整政策，增强政策的针对性与实施的有效性。

7.3.4.3 多元投资是农业生物产业技术创新的有力支撑

农业生物产业是高投入的产业，从研究开发到实验到成果转化都需要大量的资金投入。国外的经验表明，多元化的融资政策能为生物产业发展提供完备的资金条件，是生物产业技术创新的有力支撑。因此，今后中国政府一方面要加大对该产业的投入力度，另一方面，还要制定相应政策，拓宽融资渠道。

7.3.4.4 切实有效的税收优惠政策能够充分调动创新的积极性

从欧美等国的经验可以看出，生物技术发达的国家无一例外都实行了有效的税收政策，充分调动了企业参与创新过程的积极性。中国在这方面也出台了一些具体的政策措施，但与国外相比，中国最应引起重视的是如何在税制及税收优惠政策的设计上最大限度地保证税收优惠的有效性。并且，在成果转化方面，中国应该制定更多的税收优惠政策，让企业真正受益，有积极性去推动科研成果的商品化和产业化。

7.3.4.5 完善的法制是农业生物产业技术创新的重要保证

各发达国家均有明确的法律法规来加强该产业的合作研究，鼓励发明创新，并保护研发主体的利益。例如，美国已经形成强有力的法律体系，西欧也有关于基因技术等方面的法规。而中国在这方面是有所欠缺的，因此，中国相关的立法机构应当吸收国外的发展经验，完善相关的法律法规，保障技术创新稳定有序的良性发展。

7.3.4.6 产学研紧密结合，有利于加快农业生物产业技术创新的进程

国外生物产业发达的国家在制定各项生物政策和计划时都致力于加强产学研之间的紧密合作，美国、英国、德国等都曾提出了产学研合作创新的思想。根据美欧等国的经验，在促进产学研合作的过程中，一方面应加强科研院所和高校联合，共同开发课题，防止重复和资金浪费，另一方面，应促进科研院校与企业的合作，加快成果的转化。

7.3.4.7 企业是农业生物产业技术创新的主体

国外发达国家在促进生物产业技术创新时，都十分重视企业特别是中小企业的作用，把中小企业作为技术创新的动力与源泉，制定了促进中小企业发展的各项政策，并设立了专门的基金，促进中小生物企业创新，这些举措极大地促进了生物企业的技术开发与应用。美国政府认为，该国对中小企业技术创新的各项措施使其新型生物技术从实验室走向市场的时间缩短10年以上。中国农业生物企业大多数是中小企业，尚未成为产业技术创新的主体，因此，应借鉴国外的先进经验，加大对中小生物企业的培育和扶持力度，使其逐步发展壮大为产业技术创新的主体。

7.3.4.8 人才的培养是农业生物产业技术创新的关键

生物产业的发展，离不开技术的开发与创新，更离不开有创新精神的高科技人才，可以说，人才是生物产业技术创新第一重要的战略资源。发达国家为争夺生物技术的制高点，纷纷制定了符合本国国情的人才战略，并取得了一定的成效。目前，美国初步形成了高校教授创办企业，高校实验室培养企业实用型人才模式，英国、德国也致力于培养市场化的生物科技人才。中国目前农业生物人才总量储备不足，尤其是将科技成果转化成产品的工程化和市场化人才短缺，这已成为制约中国农业生物产业技术创新的瓶颈。因此，加强基础知识研究、应用知识研究及市场化与工程化技术人才队伍建设是未来中国农业生物产业发展的关键。

7.4 构建促进中国农业生物产业技术创新的政策机制及相关建议

美国和欧洲的实践证明，好的激励政策会加速生物技术创新的步伐，促进产业迅猛发展。因此，我们应在本国国情的基础上，借鉴国外富有成效的做法，激励中国农业生物产业的技术创新。

7.4.1 构建多层次的农业生物产业技术创新政策体系

7.4.1.1 构建原则

（1）科技政策、产业政策与经济政策相结合

产业技术创新是把科学技术融入产业发展与经济发展的一种创造性活动。科技政策与产业政策的融合对于促进社会发展，推动政府、大学、研究机构以及企业之间的联系，建立多种科研生产联合体，有效促进技术创新有极其重大的作用，而无论是科技政策还是产业政策的实施都要借助财政、金融甚至贸易等经济政策才能达到最终效果。因此，在构建农业生物产业技术创新政策时，要将各种政策相结合，使其充分发挥它们的作用。

（2）市场机制与政府干预相结合

理论和实践经验证明，政府在产业技术创新中的作用主要是弥补市场不足（张永谦和郭强，1999）。市场机制发挥作用的结果是给企业技术创新带来动力和压力，激励其积极应用新技术、开发新产品。但市场机制也有自身的局限

性与不足，会出现追逐短期利益和市场失灵的现象。因此，在充分发挥市场机制的前提下，政府还应制定有利于农业生物技术创新的各项政策法规，加强政府的宏观调控能力。

（3）创新与扩散相结合

生物产业技术创新是一个系列化的过程，其中，生物技术的创新与扩散是这个过程的两个关键环节。技术创新意味着知识的获取与突破，但要将其转化为现实生产力，还需要对新技术加以商品化。因此，农业生物产业技术创新政策既要激励技术创新主体，又要加快技术创新成果的转化，以求得更大的社会效益。

（4）自然科学与社会科学相结合

当代科学技术的发展使得自然科学与社会科学之间相互影响，联系也越来越紧密。农业生物产业技术创新就是将自然科学的研究成果融合到社会科学的产业化领域当中。因此，在政府制定创新政策时，要加强自然科学与社会科学的紧密结合，掌握农业生物产业技术创新及产业化的内在规律，运用科学的理论与政策指导实践。

7.4.1.2 政府农业生物产业技术创新政策体系的构成

农业生物产业技术创新政策具有目的的多层次性和作用对象的多样性特点，因而是一个内容丰富的政策体系。从政策的分类看，应该包括生物产业发展政策、科学技术政策及其他经济政策。在产业政策方面，针对农业生物产业特点和中国生物产业发展阶段，应进一步完善和建立促进农业生物产业发展的财政、金融等政策。在科技政策方面，要进一步完善科技管理体制，制定有关农业生物产业的科技发展战略或计划，完善知识产权政策、自主创新政策、技术引进与合作政策、科技成果转化政策。此外，农业生物产业技术创新政策还应包括涉及农业生物技术的贸易、中小企业的发展与创新等其他经济政策。

从政策内容组成上看，农业生物产业技术创新政策应该包括以下三方面：一是确定农业生物产业技术创新的方针与战略目标；二是确定农业生物产业技术创新的重点领域；三是确定实现目标的策略与措施（仲伟俊等，2005）。

从政府干预农业生物产业技术创新的途径上看，应该包括指导性政策、激励性政策、组织政策。农业生物产业技术创新的指导性政策主要指政府通过制定未来农业生物产业发展规划或生物科技发展战略与计划，从宏观上引导技术创新活动。组织政策主要是由政府组织或参与的各种组织形式推动农业生物产业技术创新，加速技术创新进程，如促进金融机构及产学研合作的各类措施。激励政策主要指政府通过各种直接或间接的经济刺激，诱导农业生物产业技术创新的发生，如各种财政、税收、货币等经济杠杆刺激技术开发。

从政策作用的环节来看，农业生物产业技术创新政策体系包括农业生物技术创新政策及技术推广与扩散政策、产业化政策及生物科技人才培养政策；从作用对象看，包括促进高校与科研单位的技术创新政策及促进生物企业技术创新政策等。

当然，以上各项政策并不是孤立地发生作用，它们互相联系、相互渗透、相互作用，共同形成了你中有我、我中有你的多层次农业生物产业技术创新政策体系。

7.4.2　构建促进中国农业生物产业技术创新的政策机制

任何一个政策体系的良性运行都离不开背后推动这些政策的运行机制。农业生物产业技术创新的政策机制是指政府通过一系列政策工具与手段使生物产业技术创新系统内部各主体要素之间、功能要素之间相互联系、相互作用的原理和方式。良好的政策机制能够运用一定的方式方法来调动和发挥各技术创新参与主体及资金、物质等条件要素的潜力，达到推动技术创新的目的。根据中国的具体国情及农业生物产业技术创新的特点，今后，在政府制定各项政策法规时，应逐渐构建和完善以下机制。

7.4.2.1　激励机制

政策的激励机制在一定程度上是对市场激励机制的一种补充。因为市场激励的范围一般是竞争性、赢利性和低风险性的领域，而那些周期长、风险高、投资大、无微观经济效益的领域则在短期内或永远也得不到市场的充分激励（庄卫民和龚仰军，2005），而农业生物产业技术创新具有高风险、高投入的特性，这就产生了产业技术创新领域中的"市场缺陷"，需要政策激励加以弥补。今后，政府应制定政策，对有突出贡献的科学家给予物质及精神方面的奖励，并采取设立生物技术开发基金或课题基金等形式，从技术创新的源头——科学知识的创新上给予激励。此外，政府还可以设立企业创新基金或应用财政、金融及贸易等工具制定一系列优惠政策，激励企业进行农业生物技术的开发与推广，鼓励产业自主创新。

7.4.2.2　保障机制

农业生物产业高投入、高风险的特点使技术创新具有较大的不稳定性，而且创新成果又极易被盗和流失，因而它所要求的环境条件比其他投资要苛刻得多。创造有利于技术创新的环境条件涉及很多方面，其中最重要的是实施一系列有效政策，为技术创新的发生提供政策保障。今后，政府不仅应加大投资，完善多元化的投资机制，在资金上为创新提供坚实的保障，还应建立健全知识产权保护和交易制度，完善立法，依法维护和保障技术创新者的合法权益，为创新提供制度上的保障。

7.4.2.3 协调合作机制

农业生物产业的技术创新过程离不开各参与方的合作，因此，政府应建立良好的协调合作机制。一要建立政府、企业及研究机构的协调合作机制。政府、企业、高校及科研机构都是生物产业技术创新过程中的参与者，其分工各有不同。因此，政府制定政策时，应通过制定重点研究计划、合作开发计划等多种形式，把产业各创新力量整合起来，建立政府、科技界、企业的多种方式的产业技术联盟，为抢占农业生物技术制高点，实现产业跨越式发展提供技术支撑。二要积极探索国际技术合作战略，建立国内外的技术合作机制。三要建立政府各部门间的协调机制。产业技术创新政策的实施涉及多个部门的参与。例如，一项生物产品的鼓励出口政策要求科技、教育、财政、商务、税务、海关、质检、知识产权等相关部门的密切配合，这就要求建立政府部门间的协调机制，协调好各职能部门的关系，减少因政策规定及操作上的抵触或脱节而给农业生物产业技术创新造成体制障碍。

7.4.2.4 约束机制

农业生物产业技术创新是涉及研究、开发、生产、销售等环节的复杂过程，其中涉及包括政府在内的各方主体的行为，任何一个环节或行为有偏差，就会影响产业技术创新的整体进程，因此，政府要加强对各行为主体的约束。一方面需要制定政策、法规对各环节主体的责权利进行规范，通过约束各参与主体行为保持技术创新的良性运作；另一方面，应制定符合中国生物技术发展目标的技术标准，如环保法律、技术标准、安全卫生法规、市场准入门槛等，通过淘汰不顾环境、安全、技术标准，大肆进行制造"负外部性"的企业，以促进整个产业的技术升级。

7.4.2.5 监督反馈机制

一项政策的执行好坏不仅与这项政策本身对经济环境的适用性有关，还与政策的执行情况密切相关。经济环境是不断发生变化的，政策的执行过程中也会遇到许多新问题和新情况，需要政策的执行者在执行过程中逐步摸索，不断对目标进行修改，使实施方案逐渐完善。为了确保政策的适用性及可行性，在这个过程，需要对经济环境的变化、政策效果及政策的执行情况进行有效的监控和及时的反馈，因而需要有良好的监控机制。具体来讲，一要建立涉及农业生物领域的重大事件反馈制度，并加强生物产业与政策的信息网络建设，为政府部门制定和完善政策提供参考。二要对政府行政部门执法情况和完成情况进行量化考评，建立相应的奖罚制度，加大专职监督机构、各级人大、各级政府的监督职能，充分发挥广大人民群众和新闻媒体等社会力量的监督作用，加强对政府部门的监督（魏芳和许良，2004）。

7.4.3 促进中国农业生物产业技术创新的政策建议

农业生物产业技术创新政策的机理及机制要发挥作用，离不开促进创新的具体政策措施，本书根据中国农业生物产业技术创新中存在的问题，在借鉴国外经验的基础上提出了以下政策建议。

7.4.3.1 成立中央政府主管的生物产业领导机构

目前，中国尚未成立对生物产业进行统筹管理的高层领导部门，因而有限的资源被分割，低水平重复建设的现象较为普遍。为了赶上世界生物产业跨越式发展的历史机遇，中国应借鉴国外经验，成立一个一元化的、反应迅速、决断有力的国务院生物产业领导机构或小组，统筹协调生物技术和生物产业发展，并制定农业生物产业技术战略及规划，规划应包括技术发展的指导方针、方向与目标、优先发展领域、技术研究重点和产业化研究重点、战略对策等，以促进中国农业生物产业的快速发展（国家发改委产业发展研究课题组，2004）。

7.4.3.2 完善生物产业技术创新的投资制度

农业生物产业技术创新的核心是资金与人才，而目前，资金匮乏已成为制约农业生物产业技术创新的重要问题。因此，构建符合农业生物产业技术创新特征的多元化投资、融资体系，对于中国把握产业变革的战略机遇，实施生物经济强国战略，提升中国农业生物产业的核心竞争力具有极为重要的作用（史忠良，2005）。

一方面，要加大对农业生物技术基础研究的投资力度。基础研究是农业生物产业技术创新的源头与基础，需要大量的资金投入，加之生物技术具有正外部性及公共产品特性，因此，它的研究往往需要政府的资金支持。发达国家政府在促进农业生物产业的过程中，无一例外地采用了加大政府投入的科技政策。因此，中国应借鉴国外经验，进一步加大政府对基础性研究的投资力度。今后，政府在强化投资方面，应当通过立法手段，把生物技术作为国家中长期科技投入的重点，进一步加大对原始创新性研究、关键技术和核心技术研发以及基础设施、共性技术平台建设的支持力度，保证国家财政每年投放到农业生物技术创新活动的经费占 GDP 的比重逐步提高。

另一方面，要拓宽融资渠道，健全融资体系。政府对于生物领域的公共投资主要用于提供高精尖平台技术的基础研究，而应用研究、产业化、市场化、规模化运作所需资金显然需要市场融资体系的支持。政府应做好以下三方面工作：

第一，政府应采取积极的金融措施。例如，可要求国家政策性银行对重大创新项目或融资较困难的中小生物企业进行专项无息、免息、低息贷款，也可以对生物技术创新项目的商业贷款实行财政贴息等，引导银行贷款向农业生物产业倾斜。

第二，要拓宽风险投资渠道，完善风险投资机制。一方面，要鼓励各种资金参与创业投资，壮大风险投资规模。我们可以借鉴国外的经验，通过国家引导与示范，设立包括国家、企业、养老基金、捐赠基金、个人、控股公司、金融机构、外国投资者等多元化的科技风险基金（李嘉，2005）。另一方面，还应该为风险资金建立灵活的退出机制。风险投资发达的国家多设有以发行和交易高科技风险企业股票为主的"第二证券市场"。结合中国的实际情况，可以借助香港二板市场挂牌发行股票以获得农业生物产业技术创新所需的资金，同时，要逐步完善内地的二板市场，建立一个适合国内生物产业发展的创业板，从根本上完善中国风险投资的退出渠道。

第三，可通过设立创新基金等形式带动银行和社会闲置资金进入农业生物产业。科技创新基金具有"四两拨千斤"的融资带动作用。据科技部创新基金管理中心统计，已经实施 5 年的国家科技型中小企业创新基金的引资效应为1∶17，即国家每投入 1 元钱，就能引导其他资金投入 17 元。所以，中国应多渠道、多方式设立生物技术创新基金，以带动更多的社会闲置资金进入农业生物产业（史忠良，2005）。

7.4.3.3 进一步完善对农业生物产业的税收优惠政策

针对目前农业生物企业税收较重的局面，中国应按照十六届三中全会通过的《关于完善市场经济体制若干问题的决议》的有关精神，积极稳妥地对现行有关生物产业的税制进行结构性的改革。

一方面，要逐步推行生物产业增值税改革，将生产型增值税向消费型增值税转变是中国税制改革的方向。今后，可以率先在生物领域推行消费型增值税，允许企业抵扣外购的技术设备等固定资产进项税金，减轻企业的赋税负担。此外，国家还可对生物研发企业实行增值税即征即退优惠措施，即对增值税一般纳税人销售其自行开发生产的生物技术产品，先按17%的法定税率征收增值税，再对实际税率超过3%的部分实行即征即退，用于企业的研究开发和扩大再生产。

另一方面，应对生物企业采取更有效的优惠政策。在所得税方面，可规定新创办生物企业自获利年度起享受"两免三减半"的所得税优惠；在关税及进口增值税方面，对进口的生物技术设备及配套的技术和配件，除国家有特殊规定外的，均可免征关税和进口环节增值税；在企业研究与创新方面，采取国外投资税收抵免和加速折旧政策，允许企业将用于研究与开发的税前利润用于税收抵扣，积极实行对生物企业的研究开发所使用固定资产实行加速折旧；在风险投资方面，应借鉴国外的做法，实行风险投资所得税减免政策，可以规定以股票方式投资生物企业的可适当减免投资所得税（陈竺等，2005）；在技术转让方面，应对技术专利或自主创新技术成果转让所得进行免税，其他成果转让所得也应适当降低税率。这些优惠政策的实施，不仅可以减轻生物企业的赋税负担，增加技术研究与开发费用，还可以提高技术成果的转化率，有利于加快生物产业技术创新步伐。

7.4.3.4 积极制定人才战略，加快农业生物人才的培养与吸引

目前，中国农业生物人才短缺，特别是尖端生物人才的数量与国外有较大差距。因此，中国要牢固树立人才资源是第一资源的观念，充分开发国内与国际人才，紧紧抓住培养、吸引、用好人才三个环节，制定相应政策。

一要不断深化科研人事制度改革，建立人才的流动机制。具体来讲，中国科研人事制度改革应实现从身份管理向岗位管理的转变，全面落实聘用制度，打破科研人员专业技术职务终身制，促进科技人才合理有序流动。今后，应逐步形成政府部门宏观调控、用人单位自主选人、科技人才充分竞争、中介机构提供服务的运行格局，支持科研人员在企业、科研机构和高校之间的自由流动（李嘉，2005）。此外，还应借鉴国外的先进经验，在政策和资金上给予一定支持，鼓励生物科技人才创办农业生物企业，加快农业生物创新技术的转化。

二要加快高校教育体制改革，培养复合型人才。今后，教育部门要根据市场需求及时调整专业结构和人才类型结构，依托高等院校及科研院所建立一批生物技术人才培养基地，加强对原始创新人才、生物技术工程人才、复合型人才的培养。此外，教育部门应适当改革高校科研经费的列支形式，在保持原先

靠竞争获得的基础上，增加一部分非竞争性专项高校生物科研基金，用于高校学生的实践能力和创新能力的培养，促进高校人才的脱颖而出。

三要制定优惠政策，积极吸引在国外的优秀农业生物人才。一方面，国家可以通过国际合作的形式，以丰厚的待遇聘请国外尖端生物专家作为中国的特聘教授或学科带头人，同时还应积极打开国门，为生物专家的永久居留提供便利条件。另一方面，中国在发达国家从事遗传工程研究与开发的留学生数量庞大，应为他们提供施展才华的条件和保障。例如，给予他们不低于国外的丰厚待遇、设立生物技术留学人员回国创业专项基金等多种形式吸引海外留学人员回国创业。

7.4.3.5　进一步完善知识产权保护制度

知识产权是保护技术创新的重要手段，其作用在于把知识要素转化为以利润等经济变量为特征的收益，是保持持久创新动力的源泉。因此，今后中国还应进一步健全和完善知识产权法律制度，激励技术创新行为的发生。

一要进一步完善相关知识产权保护法律。针对目前中国现实存在的专利权的归属问题，今后要在科学论证的基础上进一步完善相关法律，科学地界定职务成果与非职务成果，合理确定生物技术专利的归属问题，协调单位与个人之间在技术发明和创新转化中所产生的责权利关系，以调动两方面的积极性和创造性。

二要加快专利审批制度的改革。中国目前专利审查速度缓慢，使中国在激烈的国际竞争中处于被动。我们可以借鉴美国 FDA 的做法，简化生物专利审批手续，加快审批速度，建立高效运行的行政与专业审批制度与运行机制。同时，可以适当降低生物技术专利申请费和专利年费的标准，延长对农业生物技术专利的保护年限。

三要加快建立促进科技创新和知识产权管理有机结合的良性机制。各级科技行政管理部门要充分发挥导向作用，对于科技规划、重大专项和专题等计划课题，在立项前应当进行知识产权状况分析和评估，通过知识产权管理提升科技计划立项的质量和目标的准确性，避免低水平重复研究。在进行科技成果鉴定或验收之前，有关成果鉴定或验收的管理部门和组织单位应当要求科技成果完成者提交知识产权报告，对于需要申请专利的，应当要求当事人及时申请专利后再行组织鉴定（陈文刚，2006）。

7.4.3.6　建立农业生物产品的政府采购制度

发达国家的实践证明，政府的公共采购政策事实上就是政府激励企业技术创新政策的一个重要组成部分。美国是实施政府采购推动技术创新的最成功的典范。美国对半导体、集成电路、计算机等项目的政府采购极大地推动了这些行业的技术创新。这是因为政府采购政策的实施既可以创造对该技术及产品的市场需求，产生技术创新的"市场拉动"效应，又可以为企业的创新产品在市场开拓期提供比较稳定的市场保证，大大降低市场风险。因此，我们应借鉴外国成功的经验，在遵守世界贸易组织的"政府采购协议"的基础上建立生物产品的政府采购制度。今后，政府应通过预算控制、招投标等形式，规范和鼓励政府部门、事业单位择优购买国内农业生物技术及产品。

首先，应确定政府对农业生物产品占同类产品的最低比例，用制度的形式保证政府采购的政策效果。其次，应优先购买国内自主创新的农业生物技术产品。中国应建立自主创新产品认证制度，并将认证产品列入政府采购优先购买目录中，财政部门在预算审批过程中，在采购支出项目已确定的情况下，优先安排采购自主创新生物产品的预算。最后，应发挥财政、审计与监察部门的监督作用，规范政府采购行为，督促采购人自觉采购自主创新的生物产品，将政府采购制度落到实处。

7.4.3.7 建立农业生物产业基地，加强产学研的密切合作

集聚化发展是当今生物产业发展的一般趋势和重要特征，目前中国已建立了上海、北京、深圳、长春、石家庄等一批国家级医药生物产业基地，但尚未形成有一定规模和影响的农业生物产业基地。因此，我们应借鉴国外及中国生物基地的经验，建立以市场为导向、产业化为目的、企业为主体、公共研究体系为平台，形成辐射周边、官产学研相结合的农业生物产业基地。在设立基地时，应按照统筹规划、发挥比较优势、分类指导、稳妥推进的原则，在中国现有的53个高新技术开发区的基础上，选择农业生物资源丰富、大学与科研机构密集、产业基础好、创新能力强、市场化水平高、开放性强的地区建设一批国家农业生物产业基地。在基地建设与发展方面，国家应提供配套的法律保障及优惠政策，在吸引资金及人才等社会资源的同时，建设好一批瞄准农业生物技术发展前沿领域的国家实验室和生物技术创新平台，培育一批能够参与国际合作与交流的示范企业（彭熠等，2006）。此外，还应利用农业生物产业基地这个大平台，通过农业生物产业示范项目及其他引导措施，促进高校、研究机构与生物企业共同合作，完成从研究、中试、推广到产业化的全过程，加快农业生物产业技术创新的进程。

7.4.3.8　加大对农业生物中小企业的扶持，将其培养成产业自主创新的主体

产业技术创新实质上就是产业内以骨干企业为核心的技术创新活动。当前中国农业生物企业规模较小，经济实力薄弱，尚未成为产业自主创新的主体。因此，今后政府一方面应在税收、融资等政策方面加大对生物中小企业优惠和扶持，鼓励农业生物企业发展；另一方面，应设立生物企业创业基金或技术转化基金，鼓励高校或科研单位的技术专家创办农业生物企业或技术入股，在加快新成果转化的同时提升农业生物企业的整体技术实力，使其逐步壮大成为农业生物产业自主创新的主体。

7.5　本章小结

本章从制度层面探讨了促进中国农业生物产业技术创新的政策保障。本章首先从理论层面分析了农业生物产业技术创新政策的必要性与作用机理，然后在考察国外典型国家生物产业创新制度及政策的基础上，比较了中国与国外典型国家的差距，并从制度层面上对以上不足提出了相应的建议。

通过分析，本章得出以下结论：一是农业生物产业技术创新政策要发挥作用，往往是政府通过刺激市场对农业生物技术的现实需求，提供技术创新所需的稳定性，改善创新体系中各主体要素的组织关系及市场环境及体制等机理实现的。二是中国与欧美发达国家在促进农业生物产业技术创新的政策与制度上还存在着一定的差距，主要表现在组织管理、政府投入、融资渠道、税收优惠、人才培养及促进中小企业创新等政策方面。三是要实现中国农业生物产业创新政策的良性运转，应构建和完善创新的政策机制，如激励机制、保障机制、协调合作机制、约束机制及监督反馈机制等。四是根据中国现存的不足之处，不断完善中国农业生物产业的技术创新政策。具体来讲，应成立中央政府主管的生物产业领导机构；完善生物产业技术创新的投资政策；加大关于农业生物产业及创新方面的税收优惠；制定人才战略，加快生物人才的培养与吸引；完善知识产权保护制度；建立农业生物产品的政府采购政策；建立农业生物产业基地，加强产学研合作；加大对中小农业生物企业的扶持等。

参 考 文 献

白京羽，王君．2006．"十一五"期间生物产业支撑保证条件建设发展思路研究．见：国家
　　发展和改革委员会高技术产业司．中国生物产业发展报告（2005）．北京：化学工业出
　　版社．

北京科技风险投资股份有限公司．2001．风险投资与新经济．北京：经济管理出版社．

本·斯泰尔，戴维·维克托，理查德·内尔森等．2005．技术创新与经济绩效．浦东新区科
　　学技术局译．上海：上海人民出版社．

辰昌云．1998．英国生物技术产业．全球科技经济瞭望，（1）：37-39．

陈德智．2006．技术跨越．上海：上海交通大学出版社．

陈红霞．2005．大学在国家创新体系中的地位与作用．天津：天津大学．

陈劲．1994．从技术引进到自主创新的学习模式．科研管理，（2）：32-35．

陈劲．2000．完善面向可持续发展的国家创新系统．中国科技论坛，（2）：23-25．

陈九龙．2005．全球化背景下我国技术创新体系的建构．自然辩证法研究，（11）：67-70．

陈明炜．2005．企业技术创新能力评价体系研究．大连：大连理工大学．

陈权宝，聂锐．2005．基于 GPCA 的高技术产业技术创新能力演化分析．中国矿业大学学
　　报，（1）：117-122．

陈文刚．2006．我国生物技术产业如何应对框架下的挑战．世界贸易组织动态与研究，（1）：
　　19-23．

陈雅兰．2007．原始性创新的理论与实证研究．北京：人民出版社．

陈志兴，柳国华．2004．种子产业创新体系的构建与探析．种子，（8）：83-85．

陈竺，綦成元，任志武等．2005．中国生物产业发展战略研究//国家发展和改革委员会高技
　　术产业司．中国生物产业发展报告（2004）．北京：化学工业出版社：3-10．

程序．1997．美国孟山都公司作物基因工程研究开发的成就．世界农业，（9）：18-19．

程艳敏，刘岩．2007．世界生物经济的发展及对我国的借鉴．科学与管理，（1）：23-25．

崔辉梅，曹家树，樊丽淑等．2002．推进我国农业生物技术产业发展的途径研究．科学学与
　　科学技术管理，（1）：96-99．

邓建成．2002．中国农业技术创新体系构建．咸阳：西北农林科技大学．

董中保．1993．关于技术创新概念的辨析．科学管理研究，（4）：15-17．

饭沼和正 . 1995. 从模仿到创造——处于转折点的日本技术 . 张可喜译 . 太原：山西科学技术出版社：50-70.

范柏乃 . 2004. 城市技术创新透视 . 北京：机械工出版社 .

范绪锋 . 2002-03-07. 把大学作为国家知识创新体系主体 . 中国教育报 . 第 4 版 .

傅登祺 . 2004-04-07. 南非植物王国遭侵袭，生物多样性被破坏 . 中国环境报 . 第 3 版 .

傅家骥，姜彦福，雷家马肃 . 1992. 技术创新 . 北京：企业管理出版社 .

傅家骥 . 2003. 技术创新学 . 北京：清华大学出版社 .

傅新红，马文彬，杨锦秀等 . 2003. 试论农业技术创新的内涵和特征 . 山地农业生物学报，（22）：4332-4335.

古捷，叶静 . 2001. 企业创新模式的探讨之一——技术创新模式 . 改革与理论，（9）：52.

谷峻战 . 2003. 国外生物技术产业发展现状 . 全球科技经济瞭望，（5）：49-51.

谷永芬，郭振 . 2003. 构建中国特色的企业技术创新体系 . 数量经济技术经济研究，（11）：14-17.

郭郢，霍文娟 . 2001. 加速我国农业生物技术应用研究与产业化的几点思考 . 天津农业科学，7（1）：46-49.

国家发展改革委产业发展研究所课题组 . 2004. 我国生物产业发展的问题与政策建议 . 中国经贸导刊，（20）：25-26.

何金海 . 2006. 论自主创新 . 中国邮电大学学报，（3）：35-39.

何勤，苏子仪 . 1997. 我国医药产业技术创新的模式 . 科研管理，（2）：37-42.

何树全 . 2005. 试论我国国家创新体系的框架、问题与思路 . 中国科技论坛，（3）：64-67.

黄大昉，贾士荣，王磊等 . 2004. 农业生物产业化发展的战略思考//国家发展与改革委员会高技术产业司 . 中国生物技术产业发展报告（2003）. 北京：化学工业出版社：84-94.

黄其满 . 2000. 农业生物技术产业发展问题的思考 . 高技术通讯，（6）：107-109.

黄少坚 . 2006. 我国科技自主创新体系建设研究 . 山东社会科学，（8）：71-73.

黄懿 . 2006. 自主创新与模仿创新利弊分析及建议 . 中国科技信息，（4）：30.

霍文娟 . 2001. 加速我国农业生物技术应用研究与产业化的几点思考 . 天津农业科学，（7）：46-49.

纪云涛，高汝熹，陈志洪 . 2005. 美国现代生物产业：现状、特征与扶持政策 . 上海管理科学，（3）：33-35.

蒋建科 . 2007-01-20. 中国农业生物技术整体水平已经跃居世界先进水平 . 人民日报 . 第 2 版 .

晋胜国 . 1995. 我国国家创新体系的构建 . 海南金融，（5）：15-18.

科技部专题研究组 . 2006. 我国产业自主创新能力调研报告 . 北京：科学出版社 .

克利斯·弗里曼，罗克·苏特 . 2004. 工业创新经济学 . 华宏勋译 . 北京：北京大学出版社 .

匡致远 . 2003. 政府对高技术产业国际竞争力的影响 . 广东经济月刊，（3）：36-37.

李丹 . 2006. 建设国家技术创新体系的对策分析 . 自然辩证法研究，（9）：62-64.

李嘉.2005. 我国生物经济发展的现状分析及对策研究. 吉林：吉林大学硕士学位论文.

李宁, 程金根.2007. 生物农业国际合作进展//国家发展和改革委员会高技术产业司. 中国生物技术产业发展报告（2006）. 北京：化学工业出版社.

李荣平, 李剑玲.2003. 产业技术创新能力评价方法研究. 西北科技大学学报, （24）：13-17.

李容.2006. 中国农业科研公共投资研究. 北京：中国农业出版社.

李思经.1999. 中国农业生物技术产业发展战略分析. 高科技与产业化, （3）：25-29.

李素荣.2001. 中国汽车产业技术创新模式的战略抉择. 山东科技大学学报, （4）：52-54.

李学勇.2003. 加速农业生物技术跨越式发展切实推进新的农业科技革命. 中国农业科技导报, 5（1）：3-6.

李学勇.2004. 中国生物产业调研报告. 北京：中央文献出版社.

李亦群.2005. 我国农业生物技术产业现状与湖南的发展对策. 作物研究, （2）：80-82.

李垣, 汪应洛.1994. 关于企业技术创新模式的探讨. 科学管理研究, （1）：42-45.

李振唐, 雷海章.2005. 农业生物技术产业化及其实现途径. 广西社会科学, （5）：16-18.

李志军.2004. 生物产业融资的状况、问题与相关建议. 中国生物工程杂志, （8）：105-108.

林善浪.2004. 中国核心竞争力问题报告. 北京：中国发展出版社.

刘爱君.2002. 中国高新技术产业发展中的公共政策研究. 北京：中国社会科学院.

刘超.2003. 农业生物技术产业现状及趋势. 四川农业科技, （11）：6-7

刘超.2004. 论农业生物技术产业发展的特征和重要意义. 四川农业科学, （2）：6-8.

刘德学.2002. 基于全球生产网络的开放式产业创新体系构建. 科技管理研究, （2）：169-171.

刘凤勤, 徐波.2004. 我国信息产业技术创新模式与发展对策研究. 情报科学, （10）：1195-1198.

刘霁堂.2007. 高校与企业合作技术创新模式选择. 科技管理研究, （6）：61-63.

刘婧姝, 刘凤朝.2007. 产业技术创新能力评价指标体系构建研究. 科技和产业, （7）：8-11.

刘苏燕.2000. 技术创新模式及其选择. 华中师范大学学报, （1）：30-33.

刘向蕾.2005. 利用农业生物技术推动我国农业发展. 中国西部科技, （8）：32-33.

刘助仁.2005. 美国生物产业发展情况简介. 国际资料信息, （6）：30-31.

刘助仁.2007. 美国农业生物技术应用蓬勃发展——兼论美国农业生物产业公共政策的运用. 中国科技成果, （3）：37-39.

柳卸林.1997. 技术轨道和自主创新. 中国科技论坛, （2）：30-33.

路甬祥.1998. 建设面向知识经济时代的国家创新体系. 世界科技研究与发展, （6）：74-76.

路甬祥.1998. 知识经济创新体系与教育改革. 教学与教材研究, （4）：12-15.

吕春燕, 孟浩, 何建坤.2006. 研究型大学在国家自主创新体系中的作用分析. 清华大学教育研究，（5）：1-6.

伦德瓦尔．1992. 创新是一个相互作用的过程//G. 多西．技术进步与经济理论．北京：经济
　　科学出版社．

罗天强，李成芳．2002. 论产业技术创新．自然辩证法研究，（11）：69-71.

罗炜，唐元虎．2000. 国内外合作创新研究述评．科学管理研究，（4）：14-17.

马春艳，冯中朝．2007. 产业技术创新途径的比较与博弈选择．商业时代，（13）：78-79.

马春艳，冯中朝．2007. 我国农业生物产业创新政策机制研究．经济纵横，（1）：28-30.

马春艳，冯中朝．2007. 我国农业生物产业技术创新的路径选择．农业现代化研究，（4）：
　　476-479.

马春艳．2007. 技术专家办企业的农业生物技术推广模式探讨．经济问题，（3）：70-72.

迈克尔·波特．2005. 竞争战略．陈小悦译．北京：华夏出版社．

孟方．2003. 我国高新技术企业技术创新发展模式研究．湖南：中南大学．

裴晓红．2006. 中小企业技术集成模式研究．哈尔滨：哈尔滨理工大学．

彭纪生，刘春林．2003. 自主创新与模仿创新的博弈分析．科学管理研究，（6）：18-22

彭继民．2006. 为什么要提高自主创新能力．西部论丛，（8）：22-25.

彭熠，黄祖辉，郭红东．2006. 中国生物技术产业国际竞争力分析与评价．科学学研究，
　　（2）：207-214.

齐建国．1997. 技术创新——国家系统的改革与重组．北京：经济管理出版社．

綦成元，任志武．2005. 国家生物产业基地建设规划思路研究//国家发展和改革委员会高技
　　术产业司．中国生物产业发展报告（2004）．北京：化学工业出版社．

綦成元，察志敏，任志武等．2005. 中国生物产业指标体系及动态检测研究//国家发展和改
　　革委员会高技术产业司．中国生物产业发展报告（2004）．北京：化学工业出版社．

綦成元，王昌林．2006. 生物产业"十一五"发展思路总体构想//国家发展和改革委员会高
　　技术产业司．中国生物产业发展报告（2005）．北京：化学工业出版社．

綦成元，王昌林，任志武等．2007. 促进生物产业发展的政策研究//国家发展和改革委员会
　　高技术产业司．中国生物产业发展报告（2006）．北京：化学工业出版社．

曲凤宏，黄泰康．2005. 美、日、德国家医药创新体系的比较．中国新药杂志，（12）：
　　1377-1379.

全国生物技术农业应用学术讨论会全体代表．1995. 关于加快我国农业生物技术发展的建
　　议．中国软科学，（8）：73-75.

乔颖丽，田颖莉，贾金凤．2005. 现代农业生物技术产业化发展的思考．河北北方学院学
　　报．

任志武，王君．2006. 十一五期间生物产业重点领域发展思路研究//国家发展和改革委员会
　　高技术产业司．中国生物产业发展报告（2005）．北京：化学工业出版社．

邵庆国．2004. 构建完整的企业技术创新政策链条．科学学与科学技术管理，（5）：21-23.

沈桂芳．2004. 农业生物技术及其产业发展趋势．国际技术经济研究，（2）：16-19.

沈伟桥．1998. 我国农业生物技术及其产业化的现状与发展对策．高等农业教育，（4）：

75-77.

施培公.1996.自主创新与中国企业创新的长远战略.中外科技政策与管理,(1):44-47.

石定寰,柳卸林.1998.建设我国国家创新体系的构想.中国科技论坛,(5):8-12.

史清琪,尚勇.2000.中国产业技术创新能力研究.北京:中国轻工出版社.

史忠良.2005-06-21.构建多元化投融资体系,加快生物技术产业发展.光明日报.

舒春,綦良群,常伟.2004.日本、美国、中国三国高新技术产业政策的比较分析.科技与
管理,(5):20-22

谭目兰,徐宏毅.2006.湖北省医药产业技术创新模式研究.湖北省社会主义学院学报,
(1):65-68.

汤波,李宁.2007.生物农业:动物生物技术产业//国家发展和改革委员会高技术产业司.
中国生物产业发展报告(2006).北京:化学工业出版社.

汤世国.1988.技术创新——一个值得重视的研究领域.中国科技论坛,(5):63-66.

唐正义.2003.我国农业生物技术发展探析.内江师范学院学报,(6):42-46.

汪碧瀛.2005.高新技术企业技术创新模式选择模型.西安电子科技大学学报(社会科学
版),(1):94-97.

汪应洛.1990.充分发挥大学在技术创新中的作用.中国科技论坛,(4):16-18.

王昌林,张昌彩.2008.我国生物产业发展问题重重.http://www.chnmc.com[2009-11-
25].

王春法.2005.关于中国生物产业技术创新战略的思考//国家发展和改革委员会高技术产业
司.中国生物产业发展报告(2004).北京:化学工业出版社.

王海刚.2004.技术创新模式探析及选择.技术与创新管理,(1):15-17.

王健.2007.我国高新技术产业技术创新能力研究.哈尔滨:哈尔滨工业大学.

王静波,王萍.2003.国外生物技术产业发展政策研究.中国生物工程杂志,(11):95-98.

王明明,李静潭.2006.美国、欧盟和日本生物技术产业政策研究.生产力研究,(10):
173-175.

王森.2002.德国的生物产业.全球科技经济瞭望,(12):52-55.

王伟强,许庆瑞.1993.技术创新效益特征研究.科学管理研究,(6):20-22.

王友同,吴文俊,吴梧桐.2003.世界生物技术产业与生物经济.药物生物技术,(4):
199-208.

魏芳,许良.2004.关于完善我国科技创新政策运行过程的几点思考.科技管理研究,(2):
24-26

吴友军.2004.产业技术创新能力评价指标体系研究.商业研究,(11):27-30.

向钦.2005.我国以企业为中心的技术创新体系的构建及完善.高科技产业,(4):71-74.

项桂娥.2005-04-26.生物技术产业创新模式及其制度安排.光明日报.

徐宝祥.2002.吉林省信息产业杖术创新模式众发展战略研究.社会科学战线,(2):
232-237.

许庆瑞.1997.组合技术创新的理论模式与实证研究.科研管理,(3):21-24.

杨德林，陈春宝 . 1997. 模仿创新自主创新与高技术企业成长 . 中国软科学， （8）：107-112.

杨洁 . 1999. 企业创新论 . 北京：经济管理出版社 .

杨强，汪秀婷，袁红 . 2001. 湖北省传统产业技术创新模式的思考 . 科技进步与对策，（2）：80-82.

杨胜利 . 2004. 生物技术产业的现状与发展趋势//国家发展和改革委员会高技术产业司 . 中国生物产业发展报告（2003）. 北京：化学工业出版社 .

杨水旸 . 2005. 自主创新的理论基础和基本模式探讨 . 工业技术经济，（7）：2-4.

杨文杰 . 2004. 杨凌农业生物技术产业化模式的探讨 . 生态经济，（12）：219-222.

杨晓西，罗礼卿 . 2002. 21 世纪技术创新的模式探讨 . 华南理工大学学报，（11）：38-42.

杨永福 . 2000. 产业技术结构分析 . 中国软科学，（3）：106.

叶兴国，王艳丽，丁文静 . 2006. 主要农作物转基因研究现状和展望 . 中国生物工程，（5）：12-14.

殷伦 . 2004. 持续创新为英国生物技术产业赢得竞争力 . http：//www. foodqs. cn/news/gispz-sol. ［2009-11-25］.

于小飞 . 2006. 中国 IT 产业技术创新能力研究 . 大连：大连理工大学 .

袁维海 . 2005. 构建以企业为主体的自主创新体系 . 技术经济 .（9）：25-27.

约瑟夫·熊彼特 . 1993. 经济发展理论 . 何畏，易家洋等译 . 北京：商务印书馆 .

张保明 . 2002. 从美国科技中心计划看集成创新 . 中国软科学，（12）：100-104.

张凤，何传启 . 1999. 国家创新系统：第二次现代化的发动机 . 北京：高等教育出版社 .

张俊祥，周永春，程家瑜 . 2005. 全球生物技术产业的发展及态势 . 中国科技论坛，（2）：32-34.

张木然 . 2004. 德国生物技术产业进入中期调整阶段 . 全球科技经济瞭望，（2）：58-60.

张启发 . 2005. 对我国转基因作物研究和产业化发展策略的建议 . 中国农业信息，（2）：2-4.

张倩男，赵玉林 . 2008. 高技术产业创新能力演变与影响因素分析——以湖北省为例 . 中南财经大学学报，（1）：34-138.

张仕元 . 2004. 构建资本流通渠道，加快我国生物技术产业发展//国家发展和改革委员会高技术产业司 . 中国生物技术产业发展报告（2003）. 北京：化学工业出版社 .

张嵩 . 2001. 英国生物农药的开发与应用 . 全球科技经济瞭望，（2）：63.

张薇，董瑜，张秋菊，等 . 2008. 国内外农业科技发展趋势分析研究 . 北京：中国科学院文献情报中心：11-13.

张伟 . 2005. 巴西生物技术产业概况 . 生物技术世界，（8）：5-8.

张鑫 . 2006. 国家创新体系中现代中介组织作用机制研究 . 沈阳：东北师范大学 .

张银定，王琴芳，黄季焜 . 2001. 全球现代农业生物技术的政策取向分析和对我国的借鉴 . 中国农业科技导报，（6）：56-60.

张银定 . 2001. 我国现代农业生物技术的发展和政策取向研究 . 保定：河南农业大学 .

张永谦，郭强.1999.技术创新的理论与政策.广州：中山大学出版社.

张云源.1990.技术创新的模式与实践.科学管理研究，(1)：53-57.

章力建，黄其满.2001.关于当前我国农业生物技术产业发展的若干思考.中国农业科学，(1)：1-4.

章力建，李建萍.1995.我国农业生物技术产业化的对策思考.农业科技管理，(5)：2-5.

赵军良.2002.我国农业生物技术发展的对策及建议.北方园艺，(4)：10.

赵彦云，张明倩.2004.北京市制造业竞争力分析与对策研究.北京社会科学，(3)：81-88.

赵宇.2005-08-30.德国：生物科技快速发展.中国青年报.

中国科技发展研究战略小组.2006.中国科技发展研究报告.北京：科学技术出版社.

中国科学院.2004.科学发展报告.北京：科学出版社.

仲伟俊，胡钰，梅姝娥等.2005.民营科技企业的技术创新战略与政策选择.北京：科学出版社.

周静珍.2004.我国产学研合作创新的模式探讨.南京：南京工业大学.

周正祥，李金宝.2002.技术创新的创新政策集成.中国软科学，(2)：84-86.

朱桂龙，彭有福.2003.产学研合作创新网络组织模式及其运作机制研究.软科学，(4)：49-52.

朱行，郭晓东.2007.全球转基因作物发展回顾和对策.未来与发展，(6)：13-16.

朱信凯，涂圣伟，杨顺江.2005.国际生物技术产业政策评论及对我国的启示.中国软科学，(11)：18-23.

朱玉贤.2005.中国产业人才战略设想//国家发展和改革委员会高技术产业司.中国生物技术产业发展报告（2004）.北京：化学工业出版社.

朱祯.2001.农业生物技术产业化发展状况及趋势.2001第四届中国北京高新技术产业国际周现代农业科技专家论坛专集：65-71.

庄卫民，龚仰军.2005.产业技术创新.上海：东方出版中心.

Achilles D. 2008-03-12. germany biotechnology biotech traces in german rapeseed seeds 2007. USDA Foreign Agricultural Service. http：//www. fas. usda. gov/.

Alundvall B. 1998. Innovation as an interactive process：from user-producer interaction to the national system of innovation//Dosi G，Freeman C. Technical Change and Economic Theory. London：Pintef.

Arrow K J. 1962. The Economic Implications of Learning for Doing. Review of Economic Studies，(6)：181-196.

Asheim B，Gertler M. 2005. The grography of innovation：regional innovation system. In：Fagerberg J，Nelson R R，Mowery D C. The Oxford Handbook of Innovation. Oxford：Oxford University Press.

Barton D E. 1992. Core capabilities core rigidities：a paradox in managing new product development. Strategic Management Journal，13：111-125.

Battelle Technology Parternership Practice and SSTI. http: //www. BIO org. 2008-07-05. Labotatorias of Innovation: State Bioscience Initiatives.

Beuzekom B V, Arundel A. 2008. OECD BIOTECHNOLOGY STATISTICS-2006. Website: http://www. OECD. org.

BIA. 2008. encouraging & supporting innovation. bioScienceUK 2005. http: //www. BIA. org. [2008-03-10].

Bickford R. 2007. South Africa, republic of biotechnology pretoria's biotechnology annual with minor corrections 2006. USDA Foreign Agricultural Service. http: //www. fas. usda. gov [2007-12-10].

Biotech-china. 2008. new stage, new vision, new opportunity- Biotech China 2007. http: //www. biotech-china. com [2008-03-20].

Burgelman. R. 2001. Research on technological innovation. Management and Policy. 7: 121-124.

Cohen S. 2006. EU-25 biotechnology annual agricultural biotechnology report 2005. USDA Foreign Agricultural Service. http: //www. fas. usda. gov [2006-12-20]

Cohen S. 2008. EU-27 biotechnology annual agricultural biotechnology report 2007. USDA Foreign Agricultural Service. http: //www. fas. usda. gov [2008-05-04]

Cooke P. 2001. Biotechnology clusters in the U K: lessons from localisation in the commercialisation of science. Small Business Economics, 17: 43 – 59.

Cooke P. 2002. Regional innovation systems: general findings and some new evidence from biotechnology clusters. Journal of Technology Transfer, 27: 133-145.

DaSilva E. 1998. Review: university—industry collaboration in biotechnology: a catalyst for self-reliant development. World Journal of Microbiology & Biotechnology, 14: 155-161.

Davis L, North D. 1970. Institute change and American economic growth: a first step towards theory of institutional innovation. Journal of American History, 30 (1): 131-149.

De Poel I V. 2003. The transformation of technological regimes. Research Policy, (32): 49-68.

Dhankhar D. 2007. India biotechnology annual 2006. USDA Foreign Agricultural Service. http: //www. fas. usda. gov [2007-10-30].

Einsele A. 2007. The gap between science and perception: The case of plant biotechnology in Europe. Adv Biochem Engin/Biotechnol, 107: 1-11.

Ernst & Young. 2007. Per Aspera Ad Astra 2004. http: //www. ey. com [2007-09-10].

Ernst & Young. 2008. beyond boeders, the global perspective (2005, 2006, 2007). http: //www. ey. com [2008-05-08].

EuropaBio. 2008. EuropaBio annual report 2006. http: //www. europabio. org [2008-01-20].

French Biotch. 2008. The French biotechonology industry on the launchpad. http: //www. France-biotech. org [2008-12-30].

Freeman C. 1982. The Economics of Industrial Innovation. Boston : The MIT Press.

Freeman C. 1987. Technology and Economic Performance: Lesson from Japan. London: Printer

Publishers.

French biotech. 2008. Opportunities beyond "cliches". http: //www. france-biotech. org [2008-02-20].

Hautea R A, Escaler M. 2004. Plant biotechnology in Asia. Agbioforum, 7: 1-2.

Herard M C. 2008. France biotechnology annual 2007. USDA Foreign Agricultural Service. http: // www. fas. usda. gov [2008-05-06].

Hoh R. 2007. Malaysia biotechnology annual 2006. USDA Foreign Agricultural Service. http: // www. fas. usda. gov [2007-10-30].

IBEF. 2008. biotechnology: unprecedented growth opportunity. http: //www. IBEF. org [2008-04-05].

ISAAA. 2007. Global status of commercialized biotech/GM crops: 2006. ISAAA Brief 35-2006: Executive Summary. http: //www. ISAAA. org [2007-10-31].

Katz M. 1986. Ananalysis of cooperative research and development. Rand Journal of Economics, 2: 527-543.

Landavall B A. 1992. National System of Innovation. London: Priter Publisher.

Malerba F. 2002. Sectoral systems of innovation and production. Research Policy, 31 (2): 247-264.

Malerba F. 2007. Innovation and the dynamics and evolution of industries: progress and challenges. International Journal of Industrial Organization, 25 (4): 675-699.

Mansfield E, Rapopoet J, Romeo A, et al. 1997. Social and private rates of return from industry innovation. Quarterty Journal of Economics, 91: 221-240.

Mansfield E. 1968. The Economics of Technological Changes . New York: Norton.

Matsumoto T, Laude R P. 2006. Toward the development of biotechnology in Asia. In: Rai A. , Takabe T. Abiotic Stress Tolerance in Plants. Denmark: springer Netherlands. 255-260.

Moza M K. 2005. Collaborations to improve biotech industry in India. Current Science, 88: 25.

OECD. 1997. National Innovation System. http: //www. OECD. org/dsti/sti/s-t/inte/nis [1997-12-30].

Patra S K, Chand P. 2005. Biotechnology research profile of Indian. Scientometrics, 63: 583-597.

Porter M 1998. Clusters and the New Economics of Com-petition. New York: Harvard Business Review.

Prevezer M. 2001. Ingredients in the early development of the U S biotechnology Industry. Small Business Economics, 17: 17-29.

Radosevic S. 1999. Transformation of science and technology systems into systems of innovation in central and eastern Europe: the emerging patterns and determinants. Structural Change and Economic Dynamics, Elsevier, 10 (3): 277-320.

Romer P M. 1990. Endogenous technological change. January Political Economy, 98 (5): 71-100.

Rosenberg N, Nelson R R 1999. American universities and technological change in industry. Reserch Pllicy, 23: 323-348.

Sakakibara M. 1997. Heterogeneity of firm capabilities and cooperative research and development: an empirical examination of motives. Strategic Management Journal, 18: 143-164.

Silva J F. 2008 (a). Brazil biotechnology update of biotechnology issues in brazil 2007. USDA Foreign Agricultural Service. http://www. fas. usda. gov [2008-05-30].

Silva J F. 2008 (b). Brazil annual agricultural biotechnology report 2007. USDA Foreign Agricultural Service. http://www. fas. usda. gov/ [2008-08-15].

Silveira G D. 2001. Innovation diffusion: research agenda for developing economies. Technovation, 21: 767-773.

Sivakumar G. 2003. Agricultural biotechnology and Indian newspapers. Master of Science Policy, 32: 49-68.

Smits R. 2002. Innovation studies in the 21st century: questions from ausers perspective. Technological Forecasting & Social Change, 69: 861-883.

Sncits R. Ruud Smits. 2001. Innovation studies in the 21st century: questions from ausers perspective. Technological Forecasting & Social Change, 69: 861-883.

Solow R M. 1993. Technical change and the aggregate production function//Mansfield E. The Economics of Technical Change. Camberly: Edward Elgar Publish Limited.

Thomas R, Hubert G. 1998. Technology development mode: a transaction cost conceptualization. Strategic Management Journal, 19: 515-531.

Westphal L E, Rhee Y W, Pursell G. 1981. Korean Industrial Competence : Where It Came From. Washington: World Bank.

附　　录

附表 1　农业生物技术政策取向分类

	促进型政策	认可性政策	谨慎型政策	禁止型政策
公共研究投资政策	有很明确的优先发展战略和规划，投入大量的财政资金，促进转基因技术的开发及技术的应用	有优先发展战略和规划，但财政资金主要用于对已有的转基因技术在本国的应用上面，而并不开发新的转基因新技术	未制定优先发展战略和规划，没有财政资金而只有国外援助资金用于转基因技术在本国的开发与应用	未制定优先发展战略和规划，既没有财政资金，也没有援助资金用于转基因技术的开发与应用
生物安全管理政策	仅参照别国的审批情况进行象征性的评价或管理，甚至根本不进行安全性检测与评价	以产品为基础的科学的个案分析方法，认为转基因技术本身没有潜在的危险性	以技术为基础的严格的生物安全管理审批程序，认为转基因技术本身具有潜在的危险性	实行非常严格的生物安全管理审批程序，甚至禁止从事有关的基因工程工作
知识产权保护政策	实行专利保护和植物新品种保护（按 UPOV 1991 年文本）的双重保护体系	只实行植物新品种保护（按 UPOV 1991 年文本），不保护农民特权（留种权）	植物新品种保护（按 UPOV 1978 年文本），保留农民特权，即农民可以自留种子	没有制定对植物新品种进行保护的法规，或者即使有法规而执法力度不够

资料来源：张银定等，2001

附表 2　各个国家发展农业生物技术的政策取向

	促进型政策	认可性政策	谨慎型政策	禁止型政策
公共研究投资政策	美国、欧盟、中国			
生物安全管理政策		美国、中国	欧盟	
知识产权保护政策	美国、中国	欧盟		

各位专家：

大家好！

由于本人目前正在进行农业生物产业技术创新能力的测算，涉及指标权重的问题，恳请各位专家不吝渊博的学识和时间对指标权重进行打分，非常感谢得到大家的帮助。

祝大家工作愉快，身体健康！

期盼您的回复！非常感谢！

指标体系分为一级指标和二级指标，请分别为其打分。

下表是农业生物产业创新能力的一级指标，请按照您认为的重要程度赋予相应的分数，四项指标总分为 10 分。

目标层	一级指标	权重分数（总分合计 10 分）
农业生物产业技术创新能力	技术资源配置与研发能力	
	创新产出能力	
	创新政策环境支撑力	

下面是按一级指标分层的三组二级指标，每组二级指标的总分各为 10 分，请按照您认为的重要程度赋予相应的分数。

第一组：资源配置与研发能力的指标体系

	二级指标	权重分数（总分合计 10 分）
资源配置与研发能力	研究投入强度（研发经费/产值）	
	科技人员占从业人员比例	
	产业专利申请数	
	产业专利申请数增长率	
	有研发技术活动的农业生物企业数量	
	研究成果数量	

第二组：技术创新产出能力的相关指标

	二级指标	权重分数（总分合计 10 分）
创新产出能力	农业生物产业产值	
	全员劳动生产率	

中国农业生物产业技术创新路径及政策研究

第三组：有关农业生物产业创新政策力的指标

	二级指标	权重分数（总分合计10分）
创新政策支撑力	生物安全管理制度	
	知识产权保护制度	
	公共研究投资政策倾向	

附表4 农业生物产业创新能力标准化数据

指标	中国	美国	法国	德国	加拿大	英国
X_1	74.5	100	49	47.5	40	55
X_2	95.4	91.7	100	74.1	40	92.4
X_4	40	100	42.7	51.4	41.4	45.2
X_5	100	40	46.0	50.8	44.6	41.6
X_6	91.6	100	47.1	40	72.6	41.3
X_8	49.6	100	40	41.4	49.3	53.4
X_9	52.6	100	40	40.8	51.7	43.8
X_{10}	40	44.2	41.7	41.7	100	53.3
X_{11}	100	100	40	40	100	40
X_{12}	100	100	40	40	100	40
X_{13}	40	40	40	40	40	40

后　记

　　在本书即将付印之即，我的心情是五味陈杂，久久难以平静。研究中的艰辛和挫折还历历在目，本书完成的喜悦和收获又接踵而至，然而，所有这些都不及埋藏在心中的对关心、爱护、帮助和支持我的人们的深深谢意。

　　本书是在教育部新世纪人才支持计划项目（NCET-07-0342）的支持下完成的。在研究过程中，得到了华中农业大学经管学院冯中朝教授的悉心指导。冯教授渊博的知识、严谨的作风、精益求精的治学态度永远是学生学习的榜样。然而，冯教授教给我"终生之用"的并非只有这些，更多的是那无处不在的人格魅力，他宽宏的大师风范、高尚的品德、洒脱的处世之道和无私奉献的精神使学生无比敬仰，也是学生一生的精神食粮。在本书即将付印之际，谨向我最尊敬、最崇拜的冯中朝教授表示深深的敬意和谢意！

　　在书稿撰写过程中，笔者还有幸得到了华中农业大学易法海教授、陶建平教授、祁春节教授、周德翼教授的指导，收获了许多宝贵的意见，借此机会，向他们表示最诚挚的谢意；此外，在模型专家评分环节，我还得到了李崇光教授、王雅鹏教授、郑炎成教授、张俊飚教授、凌远云副教授、何坪华副教授、柳鹏程副教授的帮助，向他们表示最衷心的感谢；还要特别感谢杨光圣教授和李艳军教授在实证调查中给予的帮助。

　　最后，还要感谢我的父母，他们一直默默地给予我无尽的关心和支持，感谢时刻牵挂我的身体并日夜盼望我早日完成学业的外祖父和外祖母，感谢我的丈夫刘波，谢谢他在繁忙的工作之余主动承担家务，在我焦虑与沮丧时给予及时地安慰与鼓励。

　　谨以此书献给已经故去的外祖母和帮助我、支持我和关心我的老师、朋友和亲人！

马春艳

2011 年 5 月于武汉家中